T0208623

Ein Haus aus Sprache

Helga Kraft

EIN HAUS AUS SPRACHE

Dramatikerinnen
und das andere Theater

Verlag J.B. Metzler
Stuttgart · Weimar

Die Deutsche Bibliothek – CIP-Einheitsaufnahme
Kraft, Helga W.:
Ein Haus aus Sprache : Dramatikerinnen und das andere Theater / Helga Kraft.
– Stuttgart ; Weimar : Metzler, 1996
ISBN 978-3-476-01279-1
ISBN 978-3-476-03577-6 (eBook)
DOI 10.1007/978-3-476-03577-6

ISBN 978-3-476-01279-1

© 1996 Springer-Verlag GmbH Deutschland
Ursprünglich erschienen bei J.B. Metzlersche Verlagsbuchhandlung
und Carl Ernst Poeschel Verlag GmbH in Stuttgart 1996

Für meine Schwester Marianne

Inhalt

VII

KAPITEL 4
Die Ent-Täuschung der ›neuen Frau‹ auf der Bühne
Unbekannte Dramatikerinnen vom Ende des 19. Jahrhunderts
bis nach 1945   75

TEIL ZWEI
Das ›andere‹ Theater der Gegenwart
99

KAPITEL 5
Inszenierte Geschlechterdifferenzen.
Herausforderungen an die normative Heterosexualität   107

KAPITEL 6
Das ›andere‹ Theater und seine experimentelle Form.
Die Ästhetik der Dekonstruktion   132

KAPITEL 7
Faschismus, Xenophobie und das fremde Ich auf der Bühne.
Der ›andere‹ analytische Blick von Dramatikerinnen 172

ANHANG

IX

Vorwort

Ein Haus aus Sprache unternimmt den Versuch, deutschsprachige Dramatikerinnen und den Wert ihrer Stücke vom Mittelalter bis heute bekannt zu machen. Erst Ende der achtziger Jahre wurde langsam damit begonnen, die Leistungen dieser Schriftstellerinnen aufzuwerten, und ich habe einige Resultate dieser neuen Forschung in die folgende Diskussion aufgenommen. Der Umfang des Buches läßt leider keine Vollständigkeit zu, und so müssen die gewählten Autorinnen und Stücke exemplarisch für andere stehen, die es ebenfalls wert wären, in der Theater- und Literaturgeschichtsschreibung ausführlich behandelt zu werden.

Die Werke der meisten hier vorgestellten Autorinnen wurden entweder von dem an patriarchalischen Belangen orientierten Kanon erst gar nicht aufgenommen, oder sie fielen schnell wieder aus der Geschichtsschreibung als trivial heraus. Wenn diese Werke jedoch mit postmodernen Maßstäben, besonders mit Methoden der Gender-Forschung, analysiert werden, enthüllt sich ein Reichtum an aufschlußreichen Beobachtungen, der dazu einlädt, nicht nur die Werke dieser Frauen neu zu lesen, sondern auch unsere Kultur mit den neu entdeckten Einsichten anzureichern und die Namen dieser Dramatikerinnen wieder in die Literaturgeschichte aufzunehmen. Hierzu macht *Ein Haus aus Sprache* einen ersten Versuch, wobei die theoretischen Überlegungen von Michel Foucault, Luce Irigaray, Julia Kristeva, Judith Butler, Elizabeth Grosz u.a. den Blickpunkt der Untersuchungen bestimmten.

Zunächst werden drei Frauen vorgestellt, deren Leistungen – bisher unsichtbar – am Anfang des deutschen Theaters und Dramas stehen: Hrotsvith von Gandersheim, eine Nonne, die als erste in der deutschen Geschichte schon im 10. Jahrhundert Dramen verfaßte, Caroline Neuber, die das Wandertheater in ein Nationaltheater umwandelte, und Luise Gottsched, die der deutschen Komödie den ersten Anstoß gab. Sodann wird auf die überraschende Tatsache eingegangen, daß im achtzehnten und neunzehnten Jahrhundert Frauen geradezu eine Unzahl von Dramen schrieben. Einige der zum Teil nur wenig erforschten Stücke werden in diesem Buch in ihrer Besonderheit gewürdigt. Ein durchgehender roter Faden in diesen Werken ist der Widerstand der Autorinnen und Protagonistinnen gegen eine Geschlechterfixierung, eine Reaktion, die sich gegen die patriarchalische Konstruktion der Frau als geistig weniger fähiges Wesen richtete, die sie von der zu ihrer

Zeit aufkommenden Definition eines autonomen, aufgeklärten Menschen ausschloß. Da die Dramatikerinnen aus dem jeweils gängigen Diskurs herausfielen, versanken auch solche, die zeitweilig Erfolg verbuchen konnten, wieder in Vergessenheit. In *Ein Haus aus Sprache* wird versucht, diesen Prozeß der Ignorierung und Marginalisierung ihrer Leistungen am Beispiel von Charlotte Birch-Pfeiffer zu demonstrieren. Über neunzig Dramen dieser Autorin haben im neunzehnten Jahrhundert jahrzehntelang das Publikum in allen deutschsprachigen Ländern begeistert. Wer war diese Frau, und warum ist sie heute wieder unbekannt?

Auch die meisten Frauen, die um die Wende des zwanzigsten Jahrhunderts Dramen schrieben, hatten kein besseres Schicksal. So interessant es vom heutigen Standpunkt ist, ihre Auseinandersetzung mit dem Bild der ›neuen Frau‹ in ihren Stücken zu verfolgen, so bleibt doch die Tatsache bestehen, daß diese Avantgarde–Produktionen keinen oder nur kurzen Erfolg erzielten. Die erhoffte Gleichberechtigung und Emanzipation der Frau, die sie auf der Bühne testeten, scheiterte schon in ihren Modellen. Ihr Beharren auf gleichen Fähigkeiten von Frauen und Männern konkurrierte in der Weimarer Zeit immer noch mit dem Bild des einseitigen Naturwesens der Frau als Mutter, das auch in der Hitlerzeit dominierte. Die Karriere von Dramatikerinnen wie Langner, Rubinstein und Winsloe, die ein Theater für ihr Metier brauchten, wurde meist deshalb beendet, weil sie ins innere oder äußere Exil gezwungen wurden.

Im zweiten Teil von *Ein Haus aus Sprache* geht es nicht mehr so sehr darum, die Autorinnen des zwanzigsten Jahrhunderts bekannt zu machen, als ihre Werke nach den besonderen Leistungen zu untersuchen, mit denen sie zum Diskurs unserer Zeit beitragen. Auch hier mußte leider eine Auswahl getroffen werden, die wieder exemplarisch für viele andere, notwendigerweise weggelassene Werke steht. Als ein Hauptmerkmal entdeckte ich eine innovative Behandlung von Geschlechterdifferenzen, die bei Lasker-Schüler, Fleißer, Reinshagen und Roth besonders stark ausgeprägt ist. Dramatikerinnen der Gegenwart experimentieren besonders wirkungsvoll mit der Sprache. Die experimentelle Form ihres Theaters wird anhand von theoretischen Äußerungen der Autorinnen sowie am Beispiel einiger Stücke von Jelinek, Leutenegger, Reinshagen und Steinwachs diskutiert. Eine neue, weibliche Sprache haben die Dramatikerinnen nicht gefunden, nur ein weibliches Sprechen, mit dem sie allerdings im Theater die Sprachbilder, die sich als Klischees ins Unterbewußtsein eingenistet haben, in ihrer Unwahrheit erkennbar machen können. Auch das Tanztheater von Pina Bausch und

Reinhild Hoffmann trägt zum Thema einer neuen Artikulation bei, denn Tanz wird bei ihnen zur Sprache. Alle Autorinnen sehen das Theater als Chance, die Möglichkeit einer Änderung von Mißständen in Kultur und Zivilisation in den allgemeinen gesellschaftlichen Diskurs einzubringen.

Das Theater, das Gerlind Reinshagen als »Haus aus Sprache« sehen will, ist für die Dramatikerinnen im neuen Sinn eine moralische Anstalt. Es verwundert deshalb nicht, daß sich die Frauen mit brisanten Themen wie Faschismus und Xenophobie beschäftigen. Diese Themen werden im letzten Kapitel des Buches ausführlich behandelt. Die Beiträge zum Theater von Kalkowska, Lasker-Schüler, Sachs, Reinshagen, Jelinek und Fless entwickeln eine erstaunlich starke öffentliche Kritik an unserer Gesellschaft aus einer ganz neuen Perspektive: derjenigen der Frau.

Ein Anhang mit einer Auswahl von Stücken deutschsprachiger Dramatikerinnen möge den Lesern zeigen, wie reich der Schatz der Werke ist, die oftmals noch – aber hoffentlich nicht mehr lange – unveröffentlicht und unzugänglich in Archiven schlummern. Provokative Schauspiele neuer Autorinnen, die seit einiger Zeit oft in die Theaterpläne deutschsprachiger Länder aufgenommen werden und auch im Druck erscheinen, deuten an, daß Dramatikerinnen nun wohl doch endlich eine Chance haben werden, in zunehmendem Maße in der Öffentlichkeit Gehör zu finden.

Mein Dank geht an den Deutschen Akademischen Austauschdienst, der die Forschung zu diesem Projekt in Deutschland durch ein Stipendium möglich gemacht hat. Außerdem bin ich dem Dekanat des College of Liberal Arts and Sciences, University of Florida, für ein Freisemester und Unterstützung dankbar. Zuspruch und stilistische Hilfe erhielt ich von Dr. Monika Schausten, Universität Köln, und Dr. Richard Kraft, Florida State University.

TEIL EINS

Und es gibt sie doch …
Die unbekannten Stückeschreiberinnen

KAPITEL 1

Am Anfang des Dramas war die Frau ...
(Hrotsvith von Gandersheim,
Caroline Neuber, Luise Gottsched)

Stückeschreiben: Ein Männerberuf?

»Welche Dramatikerinnen kennen Sie?« Auf diese Frage lautet die Antwort nach langem Hin- und Herüberlegen manchmal: »Elfriede Jelinek ...«, und »da war voriges Jahr noch etwas im Theater von ..., wie hieß sie denn noch?« Im kulturellen Klima der deutschsprachigen Länder konnten sich Frauen im Theater nicht durch ihre Leistungen als Dramatikerinnen und Stückeschreiberinnen, sondern einzig und allein als Schauspielerinnen in das Volksgedächtnis einprägen. Es wurde von ihnen nicht mehr erwartet, als das zu reproduzieren, was von Männern vorgeschrieben worden war.

Auch die Leselisten an den Schulen – von der Grundschule bis zur Universität – verzeichnen Leerstellen, wenn es um die Dramenproduktion von Frauen geht. Einzelstudien sind in den Bibliotheken kaum zu finden. Kein Wunder, denn die Literatur- und Theatergeschichtsschreibung weiß wenig von Dramatikerinnen im deutschsprachigen Kulturbereich.

Wer ist deshalb nicht überrascht zu hören, daß es schon immer viele Frauen gab, die fürs Theater geschrieben haben? Noch verwunderlicher scheint es, daß viele ihrer Stücke auch oft aufgeführt und gerne besucht wurden. Bis jetzt noch kann man sich in den deutschsprachigen Ländern über diese Schriftstellerinnen nur unter Schwierigkeiten informieren, denn ihre Leistungen schlummern weitgehend im Verborgenen. Es scheint, als sei hier ein Tabu wirksam, ein wunder Punkt spürbar, der nicht berührt werden darf, denn Frauenliteratur und besonders Frauendramen wurden in der Vergangenheit gern als Trivialliteratur, als Melodramen eingestuft. Gewisse Vorstellungen des Bildungsbürgertums in bezug auf ›künstlerischen Wert‹, ein spezifisch deutsches Phänomen, sind bis jetzt noch nicht ganz überholt. Im Gegensatz dazu wurde in den letzten fünfzehn bis zwanzig Jahren in den angelsächsischen Ländern ein Bibliotheksregal nach dem anderen mit Sekundärliteratur, Forschungsberichten und Biographien zu Dramatikerinnen, feministischem Theater und Frauenbühnen gefüllt; in Deutschland stehen sie zum Thema deutschsprachiger Stückeschreiberinnen leer. Diese Abwesenheit im deutschen Sprachbereich wird in letzter Zeit von amerikanischen WissenschaftlerInnen geprüft, die sich dieser Waisenkinder der Forschung angenommen haben.

In diesem Buch wird versucht, exemplarisch den Prozeß zu analysieren, der die Dramatikerinnen in den deutschsprachigen Ländern der Vergessenheit preisgab. In der Vergangenheit wurde viel darüber theoretisiert, inwieweit das Verfassen von Dramen ein Wissen der Autoren um die Dynamik des öffentlichen Lebens voraussetzte. Die spezifische Körperlichkeit und die daraus resultierende Geistesverfassung der Frau – hieß es – mache sie zu einer produktiven Interaktion mit dem öffentlichen Leben untauglich. Noch bis weit ins 20. Jahrhundert hinein wurde die Meinung zur Wissenschaft erhoben, daß kreative Frauen ihrer Natur nach eher zu Lyrik oder zu Roman-, zu Tagebuch- oder Briefeschreiben tendierten. Selbst Dramatikerinnen stimmten in diesem Diskurs mit ein, um entmutigt aufzuhören, Dramen zu schreiben (z.B. Marieluise Fleißer).

Die amerikanische Literaturwissenschaftlerin Susanne Kord hat jedoch kürzlich in peinlichst genauer Archivarbeit nachgezählt und zu ihrem Erstaunen festgestellt, daß Autorinnen im 18. und frühen 19. Jahrhundert ebensoviele Dramen verfaßt haben wie Romane, und daß sogar eine ähnliche Anzahl zur Aufführung gelangte wie Schauspiele von männlichen Autoren. Zwischen 1700 und 1920 zählte sie etwa 315 deutsche Dramatikerinnen und 1.500 bis 2.000 Dramen, die in diesem Zeitraum veröffentlicht wurden (Kord, »Male Drama...«, 1). Die Zahlen sind bestechend, doch verändert sich das Bild, wenn wir nachprüfen, wie viele Dramen von Frauen gedruckt worden sind. Der Grund dafür, daß Bücher von Frauen weit weniger häufig veröffentlicht wurden als Texte ihrer männlichen Kollegen, lag zum Teil darin, daß es bis zur zweiten Hälfte des 19. Jahrhunderts kein Copyright gab. Jedes veröffentlichte Stück durfte von Theaterintendanten kostenlos aufgeführt werden. Hingegen mußte jede Bühne für ein noch ungedrucktes Originalstück Tantiemen bezahlen. Das galt für Autoren und Autorinnen. Jedoch konnten Männer nach einiger Laufzeit im Theater ihre Werke leicht veröffentlichen. Die Dramatikerinnen erhielten hingegen nur unter Schwierigkeiten Zutritt zum Verlagswesen und sind allein schon deshalb vielfach vergessen. Um auch gedruckt zu werden, mußten sie zum männlichen Pseudonym greifen, einer Strategie, die sie für Theateraufführungen nicht benötigten. Deshalb wurden Stücke von Dramatikerinnen meist nur kurzlebig auf Theaterbühnen bekannt. Die meisten Autorinnen verblieben auch hier in der Anonymität, denn ihre Namen wurden im Theaterzettel oft gar nicht erwähnt.

Es ist inzwischen bekannt, daß im herrschenden Essentialismus-Diskurs des achtzehnten, neunzehnten und frühen zwanzigsten Jahrhunderts die angeblichen Fähigkeiten der Frauen aus biologischen Überlegungen heraus konstruiert wurden, wozu jedoch die Beweise aus dem Anekdotischen stammten und ohne wissenschaftliche Grundlage waren. Die ›Natur‹ der Frau erhielt ein gewisses Profil, mit dem sich Männer nicht identifizieren mochten. Das ›aufgeklärte Subjekt‹ konnte nur ein Mann sein, der Gefühle durch Verstand zu lenken wußte. Die Frau hingegen war durch ihre mütterlichen Instinkte von Emotionen und irrationalen Gefühlen getrieben und deshalb am besten überwacht in der Privatsphäre der Familie aufgehoben. Dort schlug ihr angeblich ›angeborener Wunsch nach Hingabe‹ zu Buche. Es wäre ›gegen ihre Natur‹, in der Öffentlichkeit hervortreten zu wollen. Was immer Frauen deshalb auch schrieben oder auf die Bühne brachten, die von Männern dominierte Kritik der Zeit suchte und fand das Triviale, das Private, das Kleinliche, das ihnen nicht Zukommende. Die abschätzigen Rezensionen trugen zu einer Geschlechtertypisierung der Autorinnen bei. Schwarz auf weiß drang diese Einschätzung in das Volksbewußtsein als Tatsache ein.

Erst seit kurzem wird Schritt für Schritt der Beitrag von Dramatikerinnen zur Kulturdebatte aufgewertet. Kord argumentiert, daß im achtzehnten und neunzehnten Jahrhundert das Genre ›Drama‹ für die ›hohe Literatur‹ dichtender Männer reserviert, den dramatisierenden Frauen dagegen das Genre ›Theater‹ zugeordnet war. Durch diese Geschlechterunterscheidung im Genre konnten Bühnenerfolge von Stückeschreiberinnen leicht auf kleinere Proportionen zusammengestaucht werden. ›Theater‹, das war zum Großteil Massenunterhaltung für Ungebildete, Melodrama, moralisierender Kitsch. Ausnahmen waren die Stücke der ›Dichterfürsten‹, die selten Publikumserfolge waren, weil die Masse sie eben nicht verstand bzw. goutierte, sondern nur ein kleiner Kreis Eingeweihter. So gelang es auch kaum einer Frau, außer Komödien und lustigen Schauspielen eine Tragödie auf die Bühne zu bringen. Das war Männersache.

Damit wäre die ganze Dramenproduktion von Autorinnen abgewertet und könnte auf den Abfallhalden der Geschichte verkommen. Doch nicht erst von Kafkas Mistkäfer Gregor Samsa (in seiner Geschichte *Die Verwandlung)* hat unsere Generation gelernt, daß es interessante Entdeckungen zu machen gibt, wenn Dinge näher betrachtet werden, die von unserer Kultur auf den Rümpelhaufen geworfen wurden. Glücklicherweise wurde inzwischen auch erkannt, daß alte Wertmaßstäbe einem herrschenden politischen Diskurs entsprangen, der einen ideologischen Kanon bestimmte und von dem gewisse Gruppen profitierten. Nunmehr wird klar, daß die Produkte von Frauen nie auf ihren Eigenwert untersucht, sondern bei ihnen lediglich die Abweichungen vom Kanon als Mängel gerügt wurden.

Wenn wir heute historische Texte betrachten, interessiert es uns nicht so sehr, wie ein Bildungsbürger, der den Diskurs seiner Klasse absorbiert hatte, die Kulturprodukte seiner Zeit bewertete. Auch an frühere, aufstrebende Kritiker der unteren Klassen können wir uns nicht halten, denn sie paßten sich dem gleichen Kunstdiskurs an, um auf diese Weise eine höhere Klassenzugehörigkeit zu bekunden oder zu erwerben. Dadurch hatten sie eine gute Chance, in den Kreis der Autoritäten aufgenommen zu werden.

Erst in den letzten fünf bis sechs Jahren sind einige Studien erschienen, die zum ersten Mal Aufschluß über den Reichtum an Dramen deutschsprachiger Autorinnen der Vergangenheit geben. Noch gibt es viele Lücken in der Aufarbeitung. Keine der Studien kann sich auf reichhaltige Vorarbeiten stützen, und alle müssen ihre Vorhaben gewissermaßen entschuldigen. Das erste Buch zum Thema, von Dagmar von Hoff, *Dramen des Weiblichen. Deutsche Dramatikerinnen um 1800,* erschien erst im Jahre 1989. Die amerikanische Literaturwissenschaftlerin Karin Wurst leitete ihre Studie aus dem Jahre 1991, *Frauen und Drama im achtzehnten Jahrhundert,* mit dem Kapitel »Das Phänomen der Abwesenheit dramatischer Werke von Frauen« ein. Und die schon erwähnte Germanistin Susanne Kord bekennt zu Anfang ihres Buches *Ein Blick hinter die Kulissen. Deutschsprachige Dramatikerinnen im 18. und 19. Jahrhundert* (1992), daß sie Autorinnen lediglich vorstellt. »(...) Da es sich hier um weitgehend unbekannte Texte handelt und Dramen weiblicher Autoren noch kaum in unser literarisches Bewußtsein gedrungen sind, ist ›Vorstellen‹ hier gleichbedeutend mit Analysieren.« (Kord, 11) Auch die Wissenschaftlerin Anne Stürzer beklagt in ihrem Buch *Dramatikerinnen und Zeitstücke. Ein vergessenes Kapitel der Theatergeschichte von der Weimarer Republik bis zur Nachkriegszeit* (1993) die Abwesenheit von Forschungsmaterial. Das erste Kapitel ihrer Studie nennt sie deshalb »Literaturgeschichte als Spurensuche«.

Demgegenüber wäre aber durchaus anzunehmen, daß Dramatikerinnen des zwanzigsten Jahrhunderts – besonders der zweiten Hälfte – bekannt und erforscht sein müßten. Dem ist in Deutschland nicht so.

In den deutschsprachigen Ländern wurden nur marginal hier und da in einigen feministischen Zeitschriften und Anthologien der eine oder andere Artikel oder ein Kapitel über deutschsprachige Stückeschreiberinnen veröffentlicht. Hingegen erschien 1994 in den USA eine Studie der Theater- und Literaturwissenschaftlerin Katrin Sieg *Exiles, Eccentrics, Activists. Women in Contemporary German Theater*, die wesentliche deutschsprachige Dramatikerinnen des zwanzigsten Jahrhunderts vom feministischen Standpunkt aus behandelt. Da eine breitgestaffelte Leserschaft für angelsächsische Dramatikerinnen besteht, nimmt ihr Verlag kaum ein Risiko auf sich, auch das deutsche Kulturgebiet in diese Sparte mit einzubeziehen. Dieser Trend, eine potentielle Leserschaft anzusprechen, muß in Deutschland erst noch beginnen.

Warum dieses Zögern in deutschsprachigen Ländern? Es liegt sicher teilweise daran, daß die Theoriedebatte in den Kulturwissenschaften (*cultural studies*) rückständig ist und noch oft am alten Kanon hängt. ›Popular culture‹ klingt für den ›(Ein)bildungs‹-Bürger nach angsteinflößender Trivialität, mit der man sich nicht identifizieren kann. Würden junge, dynamische WissenschaftlerInnen dieses aus dem Rahmen fallende Thema wählen, müßten sie fürchten, vom akademischen Betrieb ungefördert zu verkümmern oder verdrängt zu werden. Wenige feministische Forscherinnen sind in Positionen, von denen aus sie Vorbilder oder Rollenmodelle für diese jungen AvantgardistInnen sein können. Die oben erwähnte Studie von Dagmar von Hoff entstand mit Unterstützung einer verschwindend kleinen Anzahl von Professorinnen im Fach; und schon drei Jahre nach Erscheinen war das Buch beim Verlag nicht mehr beziehbar. Es ist zu hoffen, daß aufgrund der Vorarbeit amerikanischer Wissenschaftlerinnen die Angst vor einem heiklen Gebiet abgebaut wird und daß auch *Ein Haus aus Sprache* dazu beiträgt, die Wichtigkeit und Ergiebigkeit des Themas vor Augen zu führen. Der blinde Fleck in der Geschichtsschreibung, der Frauen ausklammerte, kann nicht mehr ignoriert werden. Er hat schon angefangen, sich zu einem immer schärfer werdenden Bild geschichtlicher Wirklichkeit zu verändern.

Am Anfang war die Dramatikerin: Hrotsvith von Gandersheim

Wer hätte gedacht, daß in Deutschland eine Frau am Anfang der Dramenproduktion steht! Hrotsvith von Gandersheim (um 940 – nach 973) ist praktisch die einzige Dramatikerin, die bis vor kurzem in einigen Werken der Literaturgeschichte verzeichnet war. Jedoch hört man in den Gymnasien nicht viel mehr als ihren Namen, und auch der ist z.B. in Heinz Kindermanns zehnbändiger *Theatergeschichte Europas* nicht erwähnt. Ihre Abwesenheit in diesem Nachschlagewerk kann eigentlich nicht damit verteidigt werden, daß Hrotsviths Märtyrerdramen wahrscheinlich zu ihrer Zeit nicht aufgeführt wurden. Es werden schließlich Dramen aus der byzantinischen Zeit besprochen, von denen man auch nicht weiß, ob sie zur Aufführung kamen.

So zeigt sich in der Geschichtsschreibung über das Theaterleben des frühen Mittelalters ein gewisses Paradox, denn im Falle von Hrotsvith wird oft argumentiert, daß es sich bei ihrer frühen Dramenproduktion um einen isolierten Ausnahmefall handelte. Vom nachantiken Theater wird jedoch berichtet, daß es zur Zeit Hrotsviths aufblühte und »das religiöse Theater im 10. Jahrhundert (...) fast gleichzeitig in all den Teilen West- und Mitteleuropas ein[setzte], in denen das Christentum Fuß fassen konnte.« (Kindermann, Bd.1, 226) Hrotsvith ist die einzige, die im Rahmen dieser Entwicklung als Autorin schriftlich fixiert ist, und es ist im Grunde nicht zu beweisen, ob sie gleich nach ihrem Tode in Vergessenheit geriet, bis sie im 15. Jahrhundert von Conrad Celtis wieder entdeckt wurde. Inzwischen hat man mehrere ihrer Manuskripte an verschiedenen Orten in Deutschland und Österreich gefunden, so daß ein Einfluß auf die mittelalterliche Theaterproduktion in Europa nicht auszuschließen ist.

Als gebildete Kanonisse von Adel, die im sächsischen Stift Gandersheim bei Braunschweig lebte, befaßte sie sich mit römischer Literatur und schreckte nicht davor zurück, die zu der Zeit als anstößig empfundenen Dramen von Terenz zu studieren und im Lateinunterricht mit ihren Schülerinnen als Lesestoff durchzunehmen. Schließlich hatte schon Augustinus im fünften Jahrhundert die dramatischen Werke der Römer und Griechen zum Studium empfohlen. Noch zu seiner Zeit war die Aufführung von Theaterstücken allerdings verpönt, da in früher Christenzeit die Konvertierten auf der römischen Bühne als dumme Narrenfiguren erschienen und weil man befürchtete, daß die weltlichen Themen der vorchristli-

Abb. 1: Hrotsvith von Gandersheim (940 – ca. 973)
Übergibt (knieend) Kaiser Otto I. ihr Werk. Als Kanonisse war Hrotsvith nicht
an das Gelübde der Keuschheit und Armut gebunden. In der Frauenwelt des
Klosters lebte sie in einem Freiraum, wo sie Wissenschaft treiben und ihre
intellektuellen Talente entwickeln konnte. Ihre Stücke sind die einzigen aus
dem Mittelalter überlieferten Dramen. Im deutschen Raum traten erst wieder
im 15. Jahrhundert individuell bekannte Dramatiker auf.

chen Dichter die Zuschauer von ihrem geistlichen Heilsweg abbringen könnten. Im Stift Gandersheim ließ sich Hrotsvith jedoch von Terenz' rhythmischen Formen inspirieren, und sie experimentierte mit Reimprosa. Dabei verwandelte sie die weltlichen Themen in geistliche Legendengeschichten und schrieb in der Zeit von 960 bis 970 sechs Dramen in lateinischer Sprache: *Gallicanus, Dulcitius, Calimachus, Abraham, Pafnutius, Sapientia*. Dennoch wird die Dichterin auch in der ›Bibel der Germanisten‹ de Boor/Newalds *Geschichte der Deutschen Literatur* (Band 1) von de Boor nur mit einem Satz im Vorbeigehen zum Thema »Lateinische Dichtung des 10./11. Jahrhunderts«) erwähnt: »Gar nicht anders steht es mit der Gewohnheit, in die ›Lücke‹ der deutschen Literatur lateinische Dichtungen von der Art des Waltharius oder des Ruodlieb oder gar Hrotsviths geistliche Terenznachahmungen zu stellen.« (de Boor, 102) (Was bedeutet dieses ›gar‹?) Damit scheint sie genügend abgehandelt zu sein, besonders da wir nun wissen, sie habe ›Nachahmungen‹ verfaßt. Das ist die Sprache der Marginalisierung. In Wilperts *Deutschem Dichterlexikon* erhält sie immerhin eine dreiviertel Spalte, doch auch hier werden ihre Werke durch Wendungen wie ›doch eigentlich‹ ihres Wertes beraubt: »Zwar dichter, mit lebendigem Dialog, doch eigentl. dialogisierte Legenden ohne Aktaufbau« (336).

Die Leistungen der Dramatikerin werden in letzter Zeit in steigendem Maße, wenn auch verstreut, in verschiedenen Artikeln gewürdigt. Einige KritikerInnen sind überzeugt (Mary Butler), daß ihre Stücke schon zu ihren Lebzeiten aufgeführt worden sind. Die detaillierteste Studie erschien 1988 nicht in Deutschland, sondern in den USA (Katharina M. Wilson, 1988). Langsam wird sich die Dramengeschichtsschreibung bewußt, wie bemerkenswert die Leistung von Hrotsvith ist. Es wird ihr bestätigt, daß sie die ersten Dramen der Christenheit geschrieben hat; außerdem wurde bekannt, daß sie die erste Historikerin Deutschlands (sie schrieb eine Geschichte ihres Stiftes) war und daß ihre Legenden die einzigen im Mittelalter sind, die von einer Frau geschrieben wurden. In ihren Hagiographien findet sich auch zum ersten Mal eines der Hauptthemen der westlichen Dramengeschichte bzw. der Literatur überhaupt: das Faust-Thema. Die griechischen Heiligen Basilius und Theophilus schließen in dieser Legende einen Pakt mit dem Teufel ab und verkaufen ihre Seele, um weltliche Reichtümer zu gewinnen. Selbst wenn es richtig ist, daß Hrotsviths Modell spätere Faust-Bearbeitungen nicht beeinflußt hat, zeigt die Aufnahme des Themas zu ihrer Zeit doch ungewöhnliche Sensibilität und präfiguriert die

Auseinandersetzung weltlicher und geistiger Prinzipien im Bewußtsein einer breiten Öffentlichkeit.

Vom postmodernen Standpunkt aus betrachtet, transportieren Hrotsviths Märtyrerdramen, die zu Beginn des Christentums spielen, ungewöhnliches stilistisches und gedankliches Gut. Es geht darin um antiautoritäres Verhalten, Ermächtigung der Schwachen, Entschärfung der absoluten Waffe: der Todesdrohung. Und es geht um die Subjektivität von Frauen sowie um Sexualität.

Alle Frauen in ihren Stücken konstruieren gewissermaßen ihre eigene Identität, indem sie über ihre Fremdbestimmung hinausreichen und ihre Keuschheit auf extreme Weise zum Lebenszweck oder Todeszweck erheben. Da sie im heidnischen Staat nicht selbst bestimmen können, wünschen sie sich nichts lieber als das irdische Leben zu verlassen, um sich mit dem von ihnen selbst gewählten Bräutigam Jesus zu vereinen. Sie sehnen sich in geradezu masochistischem Eifer danach, gefoltert und verbrannt zu werden, weil sie dadurch um so sicherer zum ›wahren‹ Leben gelangen. So wird die Bedeutung von Tod und Töten der gewöhnlichen Bedeutung beraubt und als etwas Positives, dem Leben Überlegenes dargestellt, das zur Stärkung des Selbst beiträgt. Die Väter und Liebhaber in spe in den Stücken wollen oft widerspenstige Frauen und Töchter umbringen; ein Henker steht bereit, und die Frauen ergeben sich gern der Folter. Das Leben auf Erden soll so schnell wie möglich für die erhoffte Realität im Himmel ausgetauscht werden. Totsein und Lebendigsein sind bei Hrotsvith auswechselbare Kategorien: einige der Ermordeten erwachen wieder zum Leben, und das Thema Nekrophilia fehlt nicht. So will Calimachus im gleichnamigen Stück in einem Grabgewölbe die Leiche der Drusiana schänden, die gerade auf eigenen Wunsch verschieden ist, um seiner Vergewaltigung zu entkommen (Hrotsvith, 215). Todesverachtung dient zur Stärkung und Ermächtigung der Frau. Mit diesem Paradoxon wird die patriarchalische Übermacht unterminiert. Die Frauen nehmen die orthodoxe Auffassung, das Leben auf Erden sei nur eine ›virtuelle‹ Realität, wörtlich und führen damit die kirchliche Macht ad absurdum.

Der Glaube, der die Frauen zur ›einzigen‹ Wirklichkeit führen soll, gibt ihnen vor allem die Kraft, die Inbesitznahme durch Männer zu verweigern. Diese Inbesitznahme geschieht in der Praxis, wenn Frauen den natürlichen ›niederen‹, animalischen Sexualtrieben folgen. Keine der Frauen in Hrotsviths Dramen jedoch legt solche Triebe an den Tag. Es gibt zwar Prostituierte, die aber ihre Sexualität als Ware und nicht zur Triebbefriedigung einsetzen und sich auch schnellstens zur Enthaltung konvertieren lassen (z.B. in *Abraham*, Hrotsvith, 225-237). Es überrascht, daß nicht der Besitz von Jungfräulichkeit alleinrettend ist, sondern die sexuelle Enthaltsamkeit, denn auch eine keusche Ehefrau, die nicht mit ihrem Manne kopuliert, kann sich neue Macht über ihr Leben erwerben, wie Drusiana in *Calimachus*. Bei Hrotsvith behalten die Frauen die Macht über ihren Körper, und es ist immer der Intellekt und nicht die Biologie, auf die es ankommt.

Es scheint, daß die Absage der Frauen an die sinnlichen Freuden der Körperlichkeit, die mit Abhängigkeit vom Ehemann und harten Hausfrauenpflichten verbunden sind – wie Hrotsvith sie in ihren Dramen schildert –, Parallelen in ihrem eigenen Leben hat. Sie lebte in einem reichen Benediktinerstift, das totale Souveränität im Lande besaß und sogar eigenes Geld münzen durfte. Hier war sie vor den Pflichten der Frau als Tochter, Ehegattin und Mutter, die zu dieser Zeit entweder dem Vater oder Ehemann dienen mußten, geschützt. Obgleich sie an kirchliche Pflichten gebunden war, konnte sie ein Leben mit eigenen Interessen führen, was in der Regel Männern vorbehalten war. Nur diese christliche Enklave erlaubte es, ihren Intellekt zu fördern und ihre Bildung der eines hochgebildeten Mannes anzugleichen. Christlichsein, Keuschsein half hier zur Emanzipation. So sind viele Frauen in ihren Dramen auch weise und gelehrt, die heidnischen Männer dagegen ungebildet und ungehobelt. Diese Dramenstellen reflektieren auch die unterschiedlichen Maßstäbe der Erziehung, die auf Frauen und Männer zutrafen: außerhalb des Klosterlebens wurden Männer zu ›Kriegern‹ erzogen. Sie bildeten sich hauptsächlich athletisch aus und lernten reiten und kämpfen, während die ›hôhen frowen‹ lesen und schreiben lernten und sich in den Wissenschaften auskannten. Die Mutter in einem der Dramen, *Sapientia*, verwirrt den heidnischen Kaiser mit einer langen Abhandlung über Mathematik (Hrotsvith, 267). Weisheit ist für Hrotsvith, wie schon für Augustinus, Offenbarung des göttlichen Wesens. Menschen, die studieren, können daran teilnehmen und stehen Gott näher als andere.

Es muß jedoch darauf hingewiesen werden, daß die Situation der gelehrten Kirchenfrauen auf einer klassenspezifischen Sonderregelung beruht. Hrotswith konnte nur deshalb Canonisse werden, weil sie einer adligen Familie entstammte. Sie war keine Nonne, mußte deshalb keinen Armutseid leisten und konnte auch jederzeit das Stift verlassen, um zu heiraten. Daß ihr daran nicht gelegen war, ist auch in ihren Dramen offensichtlich. Frauen der unteren Schichten hingegen wurden auch als Nonnen zumeist zu niederer Arbeit verpflichtet. Das Keuschheitsgebot gibt den privilegierten Stiftsfrauen jedoch offiziell einen Ausweg, der sie aus der Fremdbestimmung entläßt und ihnen erlaubt, selbst zu Handelnden zu werden. Es ging der Dichterin sicherlich auch darum, in ihrer lateinisch sprechenden Gemeinde einen gewissen christlichen Lebensstil populär zu machen, in dem auch Frauen eine Rolle spielten. Die christliche Heilslehre hatte im Grunde etwas Monotones für die meisten Sterblichen an sich, und sie nutzte den genialen Einfall, Vorführungsformen zu adaptieren, bei denen sich die meisten Leute amüsieren konnten, was ihre Aufmerksamkeit erweckte. Solche Formen fand sie bei Terenz, der oft groben alltäglichen *Slapstick* und moralisch Anstößiges in seine Komödien einbaute. Auch schreckte Hrotsvith nicht vor mittelalterlichem Küchenhumor zurück. In ihren Stücken kommen fast durchweg machthungrige Männer vor, die stark sexualisiert sind und die junge, unschuldige Frauen vergewaltigen und verderben wollen. So schuf sie ein seltsames Genre, das ein ernsthaftes, religiöses Thema behandelt, aber als Komödie konzipiert ist und den Tod am Schluß als Happy-End behandelt.

Von Hrotsviths sechs Stücken tragen zwar fünf als Titel Männernamen, doch stehen Frauen fast immer im Mittelpunkt. Auch hier wird das Aristokratische hervorgehoben, denn sie sind zumeist von hoher Geburt und oft Töchter von Königen. Die Frauen treiben die Handlung voran, sie erreichen ihr Ziel, und durch sie werden auch heidnische Männer bekehrt. Die verfolgten, weiblichen Christinnen behalten als Schwächste der Schwachen die Oberhand. Selbstverständlich spielt die Autorin nicht mit postmodernen Versatzstücken, sondern war fest in ein Glaubenssystem eingebunden. Da dieses kirchliche Glaubenssystem jedoch Frauen in steigendem Maße ausschloß, kultiviert sie hier eine Nische, zu der Frauen nicht nur durch ihre Keuschheit, Gläubigkeit und Unterwürfigkeit Zutritt haben, sondern auch durch ihr Wissen, ihre Weisheit, durch ihren Tatendrang und Mut. Vom Objekt verwandeln sie sich zum Subjekt. Das Aufmüpfige der Frauen wird z.B. durch die strafende Reaktion des römischen Tyrannen Dulcitius im gleichnamigen Stück ausgedrückt: »Diese Frechen, die sich unsern Vorschriften widersetzen, legt sie in Ketten und werft sie in den dumpfigen Kerker (...)« (Hrotsvith, 203). In einem der Dramen, *Sapientia*, wird auch darauf hingewiesen, daß es hauptsächlich die Frauen sind, die zum Christentum übergehen. Es wird hier ein politischer Druck sichtbar, der von den Frauen durch passiven Widerstand gegen das herrschende politische System ausgeübt werden konnte. Obgleich Hrotsvith Material einer römischen Zeit benutzt, die längst vergangen ist, formt sie daraus eine Botschaft für ihre Zeit. Es wird deutlich, daß Frauen eine

Chance bekommen, wenn sie ihre Sexualität unter Kontrolle halten. Nur die dummen, heidnischen Männer im Drama sind getrieben, ihre Sexualität voll auszuleben und die schönen Christinnen zu diesem Zwecke ungefragt zu mißbrauchen. Daß dies eine Machtgebärde ist, wird schnell klar: Durch Vergewaltigung kann man diese antiautoritären Frauen, die sich weigern, die alten Götter und deren Gesetze anzuerkennen, für alle Erdenzukunft verderben. Auch im heidnischen Rom mußten die Frauen schließlich jungfräulich und keusch sein. Es war eine beliebte Strafe, die Mädchen in ein Bordell zu stecken, wenn sie nicht willfährig waren (*Sapientia*).

Im Gegensatz zu Terenz findet sich in Hrotsviths Dramen kein dramatischer Aufbau im aristotelischen Sinn, sondern eine eigene Kunstform, die von Kritikern bemängelt wurde. Die Einheit der Handlung, des Ortes und der Zeit, die Kartharsis, ein Ende, das sich zwangsläufig aus einem inneren ›Charakterfehler‹ des Helden entwickelte – all das war im Mittelalter nicht bekannt und findet sich bei Hrotsvith nur in rudimentärer Form. Ihr scheint es eher daran gelegen zu sein, eine gewisse Macht des Glaubens dramatisch zu demonstrieren, an der auch Frauen teilhaben konnten. Dabei gelingt ihr der alltägliche Dialog und der Slapstick vorzüglich. Göttliche Wunder nehmen sich oft tatsächlich wie schwarze Magie aus: So umarmt Dulcitius (im gleichnamigen Stück) Töpfe und Pfannen und glaubt dabei fälschlich den Sexualakt mit Hirena, der jungfräulichen Christin zu vollziehen, die er schänden will. Von Ruß geschwärzt und verwirrt zieht er sich verlacht zurück zu seinem Eheweib, und wird obendrein noch für den Teufel gehalten. Hirena bleibt unberührt. Das ist die Tradition, die sich in der mittelalterlichen Kleinepik und z.B. bei Hans Sachs fortsetzt.

In all den Stücken kann man auch ein verleugnetes, sinnliches Begehren entdecken, dem Hrotsvith vielleicht durch die Negativdarstellung der Sexualität gewissermaßen aus zweiter Hand Wirklichkeit verleiht. Es wäre lohnend, diese psychologische Komponente zu erforschen. Man könnte auch fragen, ob es die dargestellten ›sinnlichen Gelüste‹ oder deren Zurückweisung ist, die VerfasserInnen und LeserInnen der Dramen anregten. Das Teuflische, das die Kirche der Körperlichkeit und besonders der Geschlechtlichkeit verlieh, wird hier genutzt, um einen Freiraum für Frauen zu finden, den die Kirche durch ihre Lehren im späten Mittelalter wieder größtenteils verschloß. Die Dramen geben also den Frauen durch Lesen oder Schreiben die Gelegenheit, ihre geschlechtlichen Triebe aus der Verdrängung zu befreien. Die Frage, ob vielleicht der Preis, der für dieses unabhängige Leben bezahlt wird, zu hoch ist, kann mit einem Katalog von negativen Alternativen beantwortet werden. Beispiele eines miserablen, fremdbestimmten Lebens zur Zeit Hrotsviths gibt es viele: früher Tod im Kindbett, physische und psychische Mißhandlung durch den Ehemann, Unterordnung unter die Oberhäupter der Familie, nicht endende Arbeit mit der Kindererziehung und dem Haushalt, Leben unter dem allgemeinen Glauben an die Minderwertigkeit der weiblichen Vernunft und an die angeborene Sündhaftigkeit in der Nachfolge der Urmutter Eva.

Ihre unfraulichen literarischen Leistungen entschuldigt Hrotsvith gewissermaßen, indem sie sich als schwaches Weib deklariert. Sie sei aber legitimiert, da sie – wie sie vorbringt – von Gott zu ihren Niederschriften ermuntert wurde. Anders als z.b. bei der Mystikerin Mechthild von Magdeburg, die Eingebungen Gottes ›automatisch‹ niedergeschrieben haben will, möchte sie die Sprache bewußt wirkungsvoll gestalten, um dadurch die Zustimmung von kirchlichen Würdenträgern zu erlangen und allgemein das Interesse an Gottes Botschaft zu vertiefen.

Nicht-aristotelisches Theater hat inzwischen unsere Bühnen erobert, und die Nörgeleien der Kritiker, sie schreibe keine ›echten‹ Dramen, können nunmehr in einem neuen Licht betrachtet werden. Einige Kritiker sehen jetzt Hrotsviths Stücke als Vorformen des Brechtschen epischen Theaters. In den 70er und 80er Jahren wurden sie auch oft erfolgreich aufgeführt (cf. Butler), und die erste Aufführung ist im Jahre 1900 nachgewiesen (Nagel, 76). So verwundert es nicht, daß der Dramatiker Peter Hacks direkt auf ihre Dramen zurückgriff, als er zu seiner DDR-Zeit historische Stücke umarbeitete. So schrieb er 1976 das Stück *Rosie träumt*, das er eine »Bearbeitung nach Hrosvith von Gandersheim« nennt. Es soll auf dieses Stück in Detail eingegangen werden, um die geschlechterspezifischen Unterschiede zwischen seiner und ihrer Dramenproduktion hervorzuheben. Hacks sucht sich aus allen ihren Stücken interessante Themen, Figuren und Details heraus und wirft sie unbekümmert latinisierend in ein Potpourri eines postmodernen Stückes, in das die Dichterin aus dem Mittelalter selbst eingeht. Wie schon in seinem Titel angedeutet, wird bei Hacks die Dichterin selbst zur Figur ihrer Stücke und damit zu seiner Kreation. Schon die Verkleinerungs- oder Verniedlichungsform ihres Namens – Hrosvith – Rosi – gibt zu denken. Während z.B. im Originalstück *Sapientia* die drei Schwestern Fides, Spes und Karitas heißen, nennt Hacks sie Fides, Spes und, schnoddrig, Rosi. Es sticht hervor, daß die Männer im Stück längere, interessantere Rollen erhalten, wenn es sich z.B. um Dialoge zu Krieg, Profitgier und Kapitalismus handelt. Der Teufelspakt, der Liebesakt mit den Töpfen, der lakonische Umgang mit lebenden Toten, die Hinrichtung der Töchter durch den eigenen Vater, die Bekehrung des heidnischen Königs Gallicanus sind in die Storyline mit einbezogen. Jedoch ist der Slapstick deftiger (Dulcitius kopuliert mit dem Ofen auf offener Bühne, während bei Hrotsvith der Liebesakt mit den Töpfen nur als Teichoskopie berichtet wird), und die Ironie ist stärker. Auch ändert Hacks die Perspektive auf signifikante Weise: es geht nicht mehr um die Ermächtigung von Frauen. Die Keuschheit als Machtposition verliert an Wichtigkeit. Hingegen wird eine traditionelle, romantische Liebesfähigkeit der Frauen ausgespielt. So wird Rosies Liebe zu Gallicanus thematisiert. Sie hilft ihm, obgleich er sie vergewaltigen wollte! Wie bei einem marxistischen Schriftsteller zu erwarten, wird auch das religiöse Moment verwandelt. Gallicanus' Bekehrung am Ende kostet ihn das Leben. Bei Hrotsvith wird Gallicanus vom Tode erweckt und vom Apostel Paulus bekehrt, während ihm und Rosie bei Hacks der Kopf abgeschlagen wird. Hacks führt sie in die Sphäre ein, die bei Hrotsvith nicht gezeigt werden kann: der Ort, wohin die Menschen nach dem Tod kommen. Diese Sphäre stellt sich lediglich als einer von vielen Himmeln heraus. Auch Totschläger sind hier zu finden, denn zu Rosies Enttäuschung gibt es keine Hölle. Weder werden Bösewichte bestraft noch Glaubende belohnt: Hacks konstruiert einen ironischen marxistischen Himmel. Die Jungfrau Maria gibt Auskunft: Jesus sei schon längst von den Bischöfen aufgegessen worden. Damit mag Hacks wohl andeuten, daß die Lehre Jesu vom orthodoxen Katholizismus zerfressen ist. Als Rosie die Jungfrau fragt, ob sie denn an Gott glaube, den sie in diesem Himmel nicht entdecken könne, antwortet die Jungfrau Maria: »Man muß glauben, wenn man noch kann« (Hacks, 121), d.h. eine fiktive patriarchalische Autoritätsfigur ist bei Hacks weiterhin erwünscht. Das Zitat ist ziemlich unverhohlen auf die ›toten Götter‹ des Kommunismus gemünzt und die Zerstörung der Ideale durch den ›realen Sozialismus‹. Alle Opfer helfen nichts, und nichts wird besser. Ein Dutzend Jahre vor dem Fall der Mauer hat Hacks als einer von vielen DDR-Schriftstellern schon die Ideologie des Landes versteckt kritisiert, ohne jedoch das patriarchalische System anzugreifen. Schließlich beläßt Hacks die Jungfrau Maria in diesem ›Himmel‹, als weibliche Vermittlungsfigur zwischen den Menschen und dem, was möglicherweise nichts ist. Die Frau ist bei ihm weiterhin als Sinnstifterin inskribiert, die das alte System aufrechterhält. Frauen bleiben in den Dienst für eine Männerwelt eingespannt.

Am Anfang der Nationalbühne war Caroline Neuber...

Von Hrotsvith bis zum 18. Jahrhundert sucht man in der Literaturge-schichtsschreibung vergeblich nach Stückeschreiberinnen in den deutsch-sprachigen Ländern. Der Grund dafür ist u.a. darin zu finden, daß die Klosterkultur des Mittelalters kein Interesse am Drama zeigte und daß sich nach der Reformation ein anti-intellektuelles Frauenbild im Sinne Luthers durchgesetzt hatte. Vom 16. Jahrhundert bis zum frühen 18. Jahrhundert jedoch war es kein Makel, eine gelehrte Frau zu sein. Am Anfang der Aufklärung, als der aufstrebende Großbürger seine Identität entwickelte, verstärkte eine gebildete Gattin an seiner Seite das Bewußtsein seines Wertes. So forderte z.B. der Schriftsteller Hein-rich Brockes in der Wochenzeitschrift *Patrioten* Akademien für Mäd-chen. Dort sollte nicht nur Religion und Hauswesen geboten werden, sondern auch das, was sonst nur Jungen lernten: »ein reines zierliches Deutsch, die Zeichnungs-Kunst, die Musik, die Beredsamkeit, die Ver-nunft, Natur- und Sittenlehre, die Rechen- und Meßkunst, die Erd- und Himmelsbeschreibung samt den vornehmsten Geschichten, insbe-sondere des Vaterlandes« (Beuys, 316). Diese Proklamation erschien im Jahre 1724, als die Theaterleiterin und Schauspielerin Caroline Friede-ricke Neuber 27 Jahre alt war und die Dramatikerin Luise Kulmus (spä-ter verh. Gottsched) gerade elf Jahre. Es leuchtet demnach ein, daß im Jahre 1738 die Universität Göttingen guten Gewissens Sidonia Zäune-mann zur kaiserlichen Poetin krönen konnte (Beuys, S. 318). Auch Dorothea Christiana Erxleben (1715-1762) wurde als erste promovier-te Ärztin in Deutschland anerkannt, nachdem durch eine Sonderge-nehmigung des preußischen Königs Friedrich des Großen 1741 ihre Aufnahme an die Universität Halle genehmigt worden war.

So erhielten einige Frauen durch diesen gesellschaftlichen Diskurs ihre Chance, aus der Rolle als Mutter und Ehefrau auszubrechen. Sie wurden in dem Wagnis bestärkt, zu schreiben, auch für die Bühne. Da-bei darf nicht vergessen werden, daß dies nur auf einige, wenige Frauen zutraf und daß die meisten Frauen weiterhin ohne Ausbildung in ihrer traditionellen Rolle verharrten und diese auch als angemessen ansahen.

Die erste Frau, die im 18. Jahrhundert für die Bühne schrieb und als Seitenfigur in die Geschichtsschreibung eingegangen ist, war mit der Theaterwelt verwachsen: Caroline Friedericke Neuber, geb. Weißen-born (1697-1760) legte als Prinzipalin einer Theatertruppe in Leipzig den Grundstein zu einem Nationaltheater. Es war zu der Zeit noch notwendig, daß ihr Mann Johann Neuber als Oberhaupt der Truppe zeichnete, wenn auch nur dem Namen nach. Caroline Neuber leitete *de facto* das Unternehmen, besorgte die Geschäfte und bestimmte die künstlerische Richtung. Ihr Theater ging in die Theatergeschichte ein, da es durch die Qualität der Stücke bekannt wurde und wagte, die Werke der neuen Bildungsbürger aufzuführen. Die Neuberin kooperierte mit dem Leipziger Professor Gottsched und seinem Kreis, der sich an der dramatischen Kunst Frankreichs orientierte und der das deutsche Wandertheater reformieren wollte. Es wurden Stücke aus dem Französischen übersetzt und auch neue Dramen, oft im Alexandriner, geschrieben. Ziel war es, die alte Slapstick- und Stegreif-Bühne in ein neues, literarisches Theater zu verwandeln. Die französche Reimart des Alexandriners paßte sich nicht dem deutschen Sprachfluß an, und so wirkten diese Dramen seltsam steif und monoton. Gottscheds eigenes Stück *Der sterbende Cato* langweilte schon zu seiner Zeit das Publikum. Er hielt jedoch ein volles Bildungsprogramm für seine Zeitgenossen bereit: Die Tragödie sollte zur Besserung des Menschen eingeführt werden; die Komödie sollte veredelt werden, um dem Publikum eine anständige, gehobene Unterhaltung zu bieten. Die Neuberin – wie Caroline Neuber genannt wurde – machte mit, und so bescheinigt ihr die Literaturgeschichte, daß sie den Hanswurst bzw. Harlekin von der Bühne vertrieben hat. War das lobenswert? Wenn man bedenkt, daß diese Hanswurst-Stücke eher ein Kasperltheater für Erwachsene waren, die kaum geprobt wurden und in denen improvisierte Geschichten schlecht und recht aus dem Stegreif abgewickelt wurden, so war dies sicher eine gute Tat. Jedoch scheint die deutsche Bühne im Gegensatz zu anderen Ländern wenig Humor auf niederer oder auf höherer Stufe ausgebildet zu haben. Lustige ›Slapstick-Figuren‹ vom italienischen Pulcinello der Renaissance-Bühne bis zu Laurel und Hardy des amerikanischen Films hatten keine deutsche Nachfolge mehr, nachdem der Hanswurst demonstrativ von der Neuberin in aller Öffentlichkeit verbrannt worden war und mit der Zeit tatsächlich verschwand, und Ausländer suchen auch heute noch oft vergeblich in deutschen Lustspielen nach Humor. In Österreich hingegen wurde diese Tradition im Volkstheater (Nestroy und Raimund) fortgeführt und z.B. durch Mozarts *Zauberflöte* veredelt und bei Jelinek wieder aufgenommen. Der Trend in Deutschland ist natürlich nicht der Neuberin anzulasten, die etwas in Deutschland einführen wollte, was es schon in England und Frankreich gab: literarisches Theater, moralisch lehrsame Tragödien und gut einstudierte Qualitätskomödien, seien sie von Molière oder von Luise Gottsched.

Auf das eigene Stückeschreiben kam Caroline Neuber – wie später viele Theaterautorinnen – durch ihren Beruf als Schauspielerin. Im

Theatermilieu war die Rollenaufteilung im privaten Leben nicht so scharf abgegrenzt wie in bürgerlichen Haushalten, wo sich selten eine Frau als Dramatikerin zu versuchen wagte. Oftmals gehörten ganze Familien zu einer Truppe, und da die Ehefrau ebenfalls mitverdiente, favorisierten die Machtverhältnisse in der Familie nicht unbedingt die Wünsche des Mannes. Es ging hier eher um Talent und Erfolg. So war es akzeptabel, daß eine Schauspielerin in diesem Milieu auch für die Bühne schrieb. Der Konsum an Stücken war groß, weil fast jeden Abend ein neues Stück aufgeführt wurde, damit genügend Extrageld einkam. Das Abweichen von ihrer Frauenrolle blieb oft unbemerkt, denn die Stücke wurden meist namenlos angekündigt. ›Echte‹ Kunst war zu dieser Zeit immer männlich und distanzierte sich – zumindest nach außen hin – vom Kommerziellen. Fiel also solch ein Stück durch, lag es am Unverständnis und der fehlenden Gelehrsamkeit des Publikums.

Caroline Neubers Interesse am literarischen Theater stammte sicher aus ihrem Elternhaus, das dem Bildungsbürgertum angehörte. Ihr Vater war Rechtsanwalt, und sie hatte Latein und Französisch gelernt. Aus gutem Grund verließ sie ihre Familie in jungem Alter. Gerichtsakten eines Prozesses im Jahre 1712 bestätigen, »ihr Vater habe sie körperlich schwer mißhandelt und wiederholt gedroht, sie zu erschießen.« (Bekker-Cantarino, *Die Schauspielerin,* 90) Sie baute ihren Erfolg auf der neuen Toleranz für aktive Frauen. Als Schauspielerin spielte sie oft Männerrollen, und es wurde ihr sogar von einem der Großen des Literaturkanons, Gotthold Ephraim Lessing, männlicher Geist zugesprochen. Sein Urteil lautet zweideutig:

Man müßte sehr unbillig sein, wenn man dieser berühmten Schauspielerin eine vollkommene Kenntnis ihrer Kunst absprechen wollte. Sie hat männliche Einsichten, nur in einem Artikel verrät sie ihr Geschlecht. Sie tändelt ungemein gerne auf dem Theater. Alle Schauspiele von ihrer Erfindung sind voller Putz, voller Verkleidung, voller Festivitäten; wunderbar und schimmernd. (Zitiert nach Becker-Cantarino, *Der lange Weg zur Mündigkeit. Frauen und Literatur 1500–1800,* J.B. Metzlersche Verlagsbuchhandlung: Stuttgart 1987)

Es existieren viele Schriften von Caroline Neuber (Briefe, Bittgesuche, Gelegenheitsgedichte), aber es gibt keine kompletten Schauspiele von ihr. Hingegen hat sie für das Theater ›Deutsche Vorspiele‹ geschrieben. Nur wenige davon wurden in Druck gegeben, und sie sind nur aus zeitgenössischen Berichten, Theaterzetteln etc. bekannt. Die Vorrede zu ihrem veröffentlichten *Deutschen Vorspiel* (1734), in dem sie den Streit um ein besseres Theater thematisiert, macht deutlich, daß sie aus einem Selbstbewußtsein heraus schrieb, das neu war. Obgleich sie sich, wie es einer Frau zustand, bescheiden selbst herabwürdigte, durchdringt Stolz und Vertrauen auf die Qualität ihrer Produktion ihre Worte: Lieber Leser. Hier hast du was zu lesen. Nicht etwan von einem großen gelehrten Manne; Nein! nur von einer Frau, deren Namen du außen wirst gefunden haben, und deren Stand du unter den geringsten Leuten suchen mußt: Denn sie ist nichts, als eine Comödiantin; von Geburt eine Deutsche. Sie kann von nichts, als von ihrer Kunst Rechenschaft geben: Wenn sie gleich so viel wissen sollte, daß sie einen jeden Künstler verstehen könnte; wenn er von seiner Kunst redet. Fragst du: Warum sie auch schreibt? So antwortet sie dir das, dem Frauenzimmer gewöhnliche, Darum! Fragt dich jemand: Wer ihr geholfen hat? So sprich: Ich weiß es nicht; oder: Es könnte doch wohl sein, daß sie es selbst gemacht hätte (...) Sie hat zwar niemalen durch Schriften bekannt sein; sondern nur, als eine Comödiantin anderer Leute Leidenschaften bescheiden, vorsichtig, aufrichtig und natürlich vorstellen wollen: Itzt aber, da sie ihre eigene Rolle auf, und vor der ganzen Welt zu spielen genötigt wird; so schämet sie sich auch nicht ihren ersten sichtbaren Auftritt in diesen Blättern gedruckt zu geben. (Neuberin, 20)

In diesem Vorspiel geht es – mythologisch verkleidet – um einen Streit zwischen Neubers Truppe und einem Konkurrenztheater, das Hanswurstiaden auf die Bühne bringt. Wie die amerikanische Literaturwissenschaftlerin Becker-Cantarino ausführt, hat sich Caroline Neuber in diesem Schlüsselstück ihre Rolle auf den Leib geschrieben. Sie erscheint als Melpomene, Muse der Tragödie. Ihr Kontrahent der konkurrierenden Theatertruppe, Müller – früher hatte er bei der Neuberin den Harlekin gespielt – verkörpert als Pferd-Mensch mit Fellschurz, Bocksprofil und Pferdeschweif die niederen Triebe des verpönten Theaters. Melpomene-Neuberin stützt sich in ihrem Anliegen, mit dem sie ihr neues Theater akzeptiert sehen will, nicht auf eine schwache Weiblichkeit, sondern auf ihre ehrlichen Absichten und besonders auf ihr Können. Sie paßt in dieses Vorspiel schon eine Sicht der Frau ein, die noch lange im Theater fehlen wird. Aus den Schriften der Caroline Neuber spricht bereits ein weibliches Selbstvertrauen, ein Bestehen auf Rechte und Leistung sowie Ablehnung von unterwürfiger Schmeichelei dem Adel gegenüber und zerstörerischem Kampf ums Überleben. (Becker-Cantarino, 317) Sie gab nicht auf, für ein besseres Theater zu kämpfen, und die Titel ihrer weiteren Vorspiele deuten auf ein intensives Engagement hin: *Die von der Weißheit wider die Unwissenheit beschützte Schauspielkunst* (1736) und *Die Verehrung der Vollkommenheit durch die gebesserten deutschen Schauspiele* (1737).

Die zunehmende Abwertung der Frau im 18. Jahrhundert ist sicherlich auch Grund dafür gewesen, daß die Neuberin schließlich – besonders nach einem endgültigen Streit mit Professor Gottsched – die Unterstützung verlor. Sie verbrachte ihre letzten Lebensjahre mittellos, oft hungrig und in dürftigster Kleidung. Todkrank wurde sie aus einem Dorfgasthaus bei Leipzig ausgewiesen, da eine Komödiantin nicht in einem angesehenen Gasthaus sterben durfte. Das Ende der Neuberin ist symptomatisch für das achtzehnte Jahrhundert, das zwar Aufklärung predigte, doch Frauen, die sich durch einen zweideutigen herrschenden Diskurs ermuntert fühlten, wieder radikal ausschloß. Der aufgeklärte Mensch war der Mann, und die Geschlechtsideologie speiste die Machtverhältnisse, die sich noch lange nicht ändern sollten. Die Dienste für sein Wohlbefinden konnte der Herr des Hauses nur von einer unterwürfigen, hingebungsvollen Ehefrau, die keine Ambitionen hatte, erwarten. So drängte sich in der Männerliteratur und der patriarchalischen Gesetzgebung ein Idealbild der Frau in den Vordergrund, das von ›Natur‹ aus passiv war, und von dem sie sich nicht ungestraft lösen konnte. Trotzdem ist es Caroline Neuber gelungen, eine Zeitlang aufgrund ihrer eigenen Leistung ihr Leben in den Freiräumen der ›aufgeklärten Vernunft‹ zu gestalten. Sicherlich wurde dieses ›anomale‹ Verhalten zu ihrer Zeit auch der Tatsache zugeschrieben, daß sie keine Kinder geboren hatte und deshalb keine ›richtige‹ Frau war.

Die »Mutter der deutschen Komödie«: Luise Adelgunde Gottsched

Es gibt gleich zwei Mütter des deutschen Dramas: Hrotsvith von Gandersheim und Luise Adelgunde Kulmus, verh. Gottsched (1713-1762). Der letzteren wird in letzter Zeit bescheinigt, die »Mutter der deutschen Komödie« (z.B. Kerth und Russell) zu sein. Bis vor kurzem noch wurde Gotthold Lessing als Urheber der deutschen Komödie in den Literaturgeschichten gefeiert, und die Schriftstellerin war nur beiläufig als ›die Gottschedin‹ bekannt, als Frau des berühmten Herrn Johann Christoph Gottsched, Verfasserin irgendwelcher unbedeutender Stükke, die ihren Weg nicht in den Kanon fanden.

Wie vorher Hrotsvith, hatte sich Luise Gottsched ein für eine Frau ihrer Zeit ungewöhnliches Wissen angeeignet. Während einer Audienz bei der österreichischen Kaiserin in Wien bemerkte Maria Theresia, daß sie als ›gelehrteste Frau Deutschlands‹ gelte. Dieses Lob lehnte die Gottsched-Gattin ab, wohl um nicht die ihr abverlangte weibliche Bescheidenheit zu verletzen oder ihren Gatten in den Schatten zu stel-

Abb. 2: Luise Adelgunde Kulmus, verh. Gottsched (1713–1762)
Erst seitdem Frauenliteratur etwas aufgewertet ist, wird Luise Gottsched als
›Mutter der deutschen Komödie‹ bezeichnet. Schon früh hatte die Dramatikerin sich entschlossen, einen ›gelehrten Lebenswandel‹ zu führen. Sie war erfolgreich, und ihre Komödien wurden oft aufgeführt. Dabei war sie einer
Dreifachbelastung ausgesetzt, denn sie erledigte jahrelang wissenschaftliche
Detailarbeit für ihren Mann. Außerdem besorgte sie auch alle »Wirtschaftsan-
gelegenheiten, an Küche, Wäsche, Kleidungen (...) ohne alles Geräusch aufs
ordentlichste«, was Professor Gottsched später lobend in einer Gedenkschrift
erwähnte. Über die »Beschwerlichkeiten« ihres Lebens klagt sie zwar, z.B. in
einem Brief vom Jahr 1742 an eine Freundin, doch fügt sie hinzu: »Ich will
nicht murren, sondern nach allen Kräften meinen Beruf erfüllen.«

22

len. Eine weitere Ähnlichkeit zu Hrotsvith besteht darin, daß auch Luise Kulmus in ihren Stücken klugen Frauen einen zentralen Platz auf der Bühne einräumt und daß die weiblichen Figuren in ihren Fähigkeiten keineswegs dem Manne nachstehen. Wie Hrotsvith hat auch sie Stücke in anderen Sprachen studiert und übersetzt, zumeist aus dem Französischen (Molière, François de Grafigny, Voltaire, etc.).

Es ist befremdlich, daß in einer amerikanischen Übersetzung ihrer Dramen aus dem Jahre 1994 die Autorin auch heutzutage noch als ›Frau Gottsched‹ bezeichnet wird. Das sei in der deutschen Literaturgechichte ›so üblich‹ gewesen, wird lakonisch festgestellt. (Kerth/Russel, xi) Geschichte hat für die Übersetzer anscheinend noch eine ›absolute Bedeutung‹, die fixiert bleiben muß. Es hätte nur einen Buchstaben mehr gekostet, die Autorin ›Luise Gottsched‹ zu nennen, und man hätte sogar zwei Buchstaben sparen können, hätten die Geschichtsschreiber den Namen ›Luise Kulmus‹ benutzt, ihren Geburtsnamen, unter dem die Dramatikerin auch zu Lebzeiten bekannt war. Oder handelt es sich hier vielleicht um versteckte Voreingenommenheit? Die Übersetzer fanden es sogar nötig, in der kurzen Einleitung einen überlangen Abschnitt zur Lebens- und Wirkungsgeschichte des Ehemannes einzubauen. Es soll nicht abgestritten werden, daß sich die ästhetische Grundlage ihrer Werke teilweise auf Johann Christoph Gottscheds Ideen aufbaute, jedoch wird durch diese Betonung auch heute noch subtil die Tendenz vermittelt, daß die Leistung der Frau keine Selbständigkeit besitzt. Welcher andere Dichter hat nicht Theorien anderer Wissenschaftler oder Künstler einbezogen, die jedoch in der Diskussion des dichterischen Werkes Nebensache sind? Es wird hervorgehoben, daß Johann Christoph Gottsched als der erste deutsche Förderer des Theaters bekannt und wichtig sei. Hierdurch wird leider ein Zeichen gesetzt, durch das ›Frau Gottsched‹ weiterhin als Anhängsel ihres berühmten Mannes erscheint, weil ›es so üblich war‹. So weisen die Übersetzer darauf hin, daß die Autorin hauptsächlich ihren Mann unterstützte und in einem Brief nachdrücklich selbst behauptete, daß eine Frau lesen solle, um besser und weiser zu werden, nicht aber um gelehrt zu erscheinen. (Gottsched, *Briefe*, Bd.3, 17) Sicherlich hat sie damit nicht gemeint, daß es zu ihrer Zeit dem ›gelehrten Menschen‹ um den ›Schein‹ zu tun war. Unausgesprochen bleibt, daß der Mann seine Gelehrtheit nicht verbergen mußte, die Frau aber sehr wohl, und unausgesprochen blieb, daß eine Frau außerdem vorbildliche Hausfrau und sorgende Ehefrau zu sein hatte. Trotzdem hatte Luise Gottsched wichtige wissenschaftliche Abhandlungen und Dramen aus dem Französischen übersetzt und war dadurch und aufgrund ihrer Komödien zeitweise berühmter als ihr Mann, der gegen Ende seiner Karriere wegen seiner steifen französischen Theorie gewissermaßen verlacht bzw. verachtet wurde.

Die Lebensauffassung und die geistigen Interessen und Aktivitäten von Luise Gottsched sind in das Bild des von ihr propagierten idealen Frauentyps ihrer Dramen eingegangen. Diese Frau in ihren Stücken ist fast immer jung und ohne berufliche Anstellung. Sie kommt im Gegensatz zu den Frauenfiguren in Männerdramen ihrer Zeit ausgiebig zu Wort. In ihrem ersten Stück, *Die Pietistery im Fischbeinrock, oder die doktormäßige Frau, in einem Lust-Spiele vorgestellet*« (veröffentlicht 1837), das sie noch vor der Ehe im Elternhaus in Königsberg als Zweiundzwanzigjährige verfertigt hatte, haben die Frauen das Sagen. Auch wenn Frau Glaubeleicht, die ›doktormäßige Frau«, verspottet wird und ihr Schwager, Herr Wackermann, Vernunft behält, beherrschen Frauen den Dialog der einzelnen Szenen. Ihnen ist der größte Teil des Textes gewidmet. Außerdem erscheint in diesem Stück, wie in ihren anderen, eine junge Frau, die die Stimme der Autorin repräsentiert. Hier ist es Fräulein Luischen, die Vernunft und gesunden Menschenverstand in sich vereint. Sie ist keineswegs anti-intellektuell, sie durchschaut jedoch falsche Gelehrsamkeit. Ihre eigenen Gefühle werden bestätigt (sie will den Mann heiraten, den sie liebt), aber sie weicht nicht von ihren Pflichten als Tochter ab. So wartet sie mit der Heirat, weil die Mutter ihr die Zustimmung verweigert. Dieser Frauentyp, der die positiven weiblichen Eigenschaften mit gewissen ihr versagten positiven männlichen Charakteristiken vereint, wird von Frauen bis Ende des 19. Jahrhunderts in Dramen und Romanen postuliert. Liebenswürdigkeit, Zuwendung, entwickelte Talente, Ausnutzung des Verstandes: Ja – Passivität, Servilität, Aggression, Brutalität: Nein.

Keineswegs stellt Luise Gottsched Frauen als Opfer der Männergesellschaft dar, höchstens manchmal als dümmliche Kollaborateurinnen. Im Zentrum dieses Stückes stehen Argumente gegen den von ihr abgelehnten Pietismus, um den zu ihrer Zeit heftige Kämpfe von Seiten der lutherisch-orthodoxen Kirche geführt wurden. Da die Pietisten den Glauben direkt aus dem Text der Bibel beziehen – ohne Exegese der Kleriker – wird gewissermaßen das Selbststudium gerechtfertigt, das auch Frauen als Bibelleserinnen meinten beanspruchen zu können. Man könnte daher annehmen, daß Luise Gottsched in dieser Religionsart eine Ermächtigung von Frauen zum Selbststudium sah. Jedoch will sie im Gegenteil mit ihrem Stück zeigen, daß solche Eigenstudien der Ungebildeten ohne Grundvoraussetzungen katastrophalen Unsinn statt echtes Wissen produzieren. Der Nachdruck, den sie auf den Verstand legte, ließ sie auch das Studium der Theologie innerhalb der formalen Wissenschaften plazieren. Weil bibellesende Frauen die autoritativen Schriften nicht verstünden und in ein Gefasel ohne Sinn gerieten, wobei sie eine klare deutsche Sprache verkomplizierten und verunzierten, mußte Gottsched diese Art der Pseudo-Gelehrsamkeit – die sie auch zur Genüge bei Männern feststellt – ablehnen. Im Keim kritisiert sie schon eine elitenhafte Sprache, die andere ausschließt. Sie befürchtet, daß durch dieses illusorische Studium den Frauen der gesunde Menschenverstand verkümmert, weshalb z.B. die gute Frau Glaubeleicht so einfach von Herrn Scheinfromm, der nur auf ihr Geld aus ist, betrogen werden kann. Nicht nur die Sprachverwirrung der Frauen, sondern auch das Eigennützige und Selbstherrliche dieser Art von ›Männern des Denkens‹, die ihre sogenannte Wissenschaftlichkeit ausbeuten, wird gnadenlos satirisiert. Egoismus gibt es aber auch zur Genüge bei Frauen. So will die Schwester, Fräulein Dorchen, unbedingt Luischen den Bräutigam abspenstig machen. Ihre Kaltherzigkeit paßt zu ihrer Naivität, mit der sie die ›falschen Lehren‹ der Pietisten ungeprüft bejaht. Eine moralisch integere Grundtendenz ist bei Gottsched die Voraussetzung zu einer positiven Wissenschaftlichkeit.

Obgleich Frau Glaubeleicht und ihre Freundinnen, Frau Zanckenheim und Frau Seufftzer, in ihrer falschen Gelehrsamkeit dargestellt werden, stehen sie doch immerhin im Zentrum des Stückes. In den französischen Komödien, wie z.B. in den Werken Molières, sind es meistens Männer, die als Hauptfiguren gegängelt werden: der eingebildete Kranke, der Geizige usw. Bei Luise Gottsched werden darüber hinaus noch negative Frauentypen durch sympatische Frauengestalten aufgewogen. Die Autorin muß sich sicher nicht zurückhalten, diese Gestalten als gelehrte Frauen zu charakterisieren. Schließlich gab es wenige genug. Die Frauen benehmen sich oft wie gut gebildete Menschen, die mit Takt und natürlichem Empfinden das Richtige sagen und tun. Nirgends in ihren Stücken werden die Frauen verwiesen, sich doch um unbedarfte, häusliche ›Frauensachen‹ zu kümmern und sich nicht in Männerangelegenheiten zu mischen. Von den Namen der Figuren her ist zu erkennen, daß Luise Gottsched Typen auf die Bühne bringen will und sich nicht für delikate Charakterentwicklungen interessiert.

In *Ein Blick hinter den Kulissen* bemerkt die amerikanische Literaturwissenschaftlerin Kord, daß bei Luise Gottsched nicht das typische Happy-End, das mit einer Heirat zusammenfällt, vorkommt. Sie nennt es ›sitzengeblieben und nochmal Glück gehabt‹:

Die Vertreterinnen der Vernunft in ihren Stücken äußern meist den Entschluß, unverheiratet zu bleiben, und können der Stimme der Vernunft oft deshalb folgen, weil die Autoritätsfigur der Familie eine Person mit beschränkter Macht ist: die Mutter. (Kord, S. 44)

Die Ehe, die zu dieser Zeit den Zentralpunkt der Komödien ausmachte, wird bei Luise Gottsched lediglich zur finanziellen Transaktion oder zur Arena von Machtkämpfen.

Außer der ersten, schon erwähnten Komödie schrieb die Autorin im Auftrag ihres Mannes für seine *Deutsche Schaubühne*: *Der Menschenfeind (1742)*, *Die ungleiche Heirat (1744)*, *Die Hausfranzösin* (1744), *Der Witzling (1745)*, *Das Testament (1745)*. Das einzige Trauerspiel, das die Dramatikerin verfaßt hat, heißt *Panthea* und erschien in ihrem produktivsten Jahr 1744.

Luise Gottsched handelte sich mit ihren ungewöhnlichen Aktivitäten kein glückliches Leben ein. Sie mußte die Eskapaden ihres Mannes mit anderen Frauen und seine Eifersüchteleien gegen ihren Erfolg verkraften. Wegen ihrer Kinderlosigkeit wurde sie gewissermaßen als Krüppel angesehen. Es verwundert nicht, daß sie Autorinnen der zweiten Frauenbewegung des zwanzigsten Jahrhunderts inspirierte. So schrieb 1986 Renate Feyl eine fiktive Lebensgeschichte der Dramatikerin unter dem Titel *Idylle mit Professor*. Feyl hat sich intensiv mit Quellen (besonders Briefen) befaßt und füllt erfundene Situationen, Beschreibungen und Gedanken an Leerstellen ein, um eine authentische Atmosphäre zu kreieren. Sie produziert jedoch eher ein Frauenleben aus heutiger Sicht, wobei sie ganz und gar den kreativen Prozeß ausspart, fast gar nicht auf Luise Gottscheds Werke eingeht, und nicht einmal einen einzigen Theaterbesuch – auch nicht bei der Aufführung ihrer eigenen Stücke – beschreibt. Das gesamte Theatermilieu, in das die Gottscheds so intensiv verwoben waren, sticht durch Abwesenheit hervor.

In den letzten zwanzig Jahren wurden die Werke von Luise Gottsched beträchtlich aufgewertet. Es fehlen jedoch noch ausführliche Interpretationen ihrer Werke, die sie mit postmodernen Methoden in die weibliche Kulturlandschaft des 18. Jahrhunderts integrieren.

Literaturverzeichnis

Becker-Cantarino, Barbara. »Von der Prinzipalin zur Künstlerin und Mätresse«, in: *Die Schauspielerin*. *Zur Kulturgeschichte der weiblichen Bühnenkunst*, Möhrmann, Renate, Hrsg. Frankfurt/M.: Insel Verlag, 1989.

— *Der lange Weg zur Mündigkeit*. *Frauen und Literatur 1500-1800*. Stuttgart: Metzler Verlag, 1987.

Beuys, Barbara. *Familienleben in Deutschland*, Hamburg: Rowohlt, 1980.

de Boor, Helmut. *Geschichte der Deutschen Literatur von Karl dem Grossen bis zum Beginn der höfischen Dichtung, 770-1170*, Erster Band, München: C.H. Beck'sche Verlagsbuchhandlung, 1949.

Butler, Mary Marguerite. *Hrotsvitha: The theatricality of her plays*. New York, 1960.

Case, Sue-Ellen, *The Divided Home/Land*. *Contemporary German Women's Plays*. Ann Arbor: University of Michigan Press, 1992.

Gottsched, Luise Adelgunde. *Briefe der Luise Adelgunde Victorie Gottsched gebohrne Kulmus*, Henriette von Runckel, Hrsg., 3 Bände. Dresden: Harpeter, 1771-1772.

— *Die Pietistery im Fischbeinrock, oder die doktormäßige Frau, in einem Lust-Spiele vorgestellet, ein Lustspiel aus dem Jahre 1837*, in: *Gottscheds Lebens- und Kunstreform in den zwanziger und dreißiger Jahren*, Fritz Brüggemann, Hrsg., Deutsche Literatur in Entwicklungsreihen, Reihe Aufklärung, Band 3. Stuttgart: Reclam, 1935; Darmstadt: Wissenschaftliche Buchgesellschaft, 1966.

— *Pietism in Petticoats and Other Comedies*, übersetzt von Kerth, Thomas und Russel, John R. Columbia, S.C.: Camden House, 1994.

Hacks, Peter. *Das Jahrmarktsfest zu Plundersweilern; Rosie träumt, Zwei Bearbeitungen nach J.W. von Goethe und Hrosvith von Gandersheim*. Aufbau Verlag: Berlin und Weimar, 1976.

Hrotsvith von Gandersheim. *Werke in deutscher Übersetzung*. München, Paderborn, Wien: Verlag Ferdinand Schöningh, 1973.

Kindermann, Heinz. *Theatergeschichte Europas*, Salzburg: Otto Müller Verlag, 1970.

Kord, Susanne. *Ein Blick hinter die Kulissen. Deutschsprachige Dramatikerinnen im 18. und 19. Jahrhundert*. Stuttgart: Metzler Verlag, 1992.

— »Male Drama and Women's Theater: Gendered Genres in Germany«. Vortrag, gehalten am 27. Dezember 1994, Jahrestagung der Modern Language Association, San Diego, USA.

Nagel, Bert. *Hrotsvit von Gandersheim*, Stuttgart: Metzler Verlag, 1965.

Neuberin, Friedericke Caroline. *Ein deutsches Vorspiel von F.C. Neuberin*. Arthur Richter, Hrsg. Deutsche Literaturdenkmale, 63. Leipzig, 1897.

Sieg, Katrin. *Exiles, Eccentrics, Activists. Women in Contemporary German Theater*. Ann Arbor: University of Michigan Press, 1994.

Stürzer, Anne. *Dramatikerinnen und Zeitstücke. Ein vergessenes Kapitel der Theatergeschichte von der Weimarer Republik bis zur Nachkriegszeit*. Stuttgart: Metzler Verlag, 1993.

Wilpert, Gero von. *Deutsches Dichterlexikon,* Stuttgart: Kröner Verlag, 1976.
Wilson, Katharina. M. *Hrotsvit of Gandersheim: The Ethics of Authorial Stance.*
Leiden, Niederlande und New York: E.J. Brill, 1988.
Wurst, Karin A. *Frauen und Drama im achtzehnten Jahrhundert, 1770 - 1800,*
Köln, Wien: Böhlau Verlag, 1991.

KAPITEL 2

Widerstand gegen
die weibliche Geschlechterfixierung
Dramatikerinnen vom 18. bis Mitte
des 19. Jahrhunderts

Nach Luise Gottscheds dramatischer Produktion herrscht zwanzig Jahre lang Schweigen: zwischen 1750 und 1770 sind bisher nur wenige Dramen von Frauen ermittelt. (Kord, 48) Im Laufe des achtzehnten Jahrhunderts wuchs die Opposition zum ›Blaustrumpf‹, und im Diskurs steigerten sich die Stimmen, daß es der ›Natur der Frau‹ abträglich sei, sich intellektuell zu betätigen, besonders in der Öffentlichkeit.

Die gesellschaftliche Konstruktion von ›Natur‹ kann in der philosophischen und populären Literatur nachverfolgt werden, aber nirgends wird die proklamierte Wahrheit über die Natur der Geschlechter wissenschaftlich belegt. Im Jahre 1797 erschien z.B. ein Almanach für »ledige und verheirathete Frauenzimmer« mit dem Titel *Anmuth und Schönheit aus Misterien der Natur und Kunst*. In diesem Almanach heißt es: »Natur ist weiter nichts als die große Kunst keine Manier zu haben.« (*Anmuth*, 116) Diese paradoxe Behauptung soll wohl erklären, daß hier Tinkturen zur Erhaltung und Herstellung äußerer Schönheit und Rezepte zur inneren Schönheit verbreitet werden. Das Resultat war die ›schöne Seele‹, zu der die ideale Frau dieser Zeit mutieren sollte. Der anonyme Autor behauptet: »Ich bin überzeugt, daß je reiner und zarter Ihre Seele das Schöne auffaßt, um so edler wird auch Ihr moralisches Gefühl seyn…« (*Anmuth*, ix) So kristallisierte sich unbemerkt eine Ideologie, basierend auf der sogenannten »natürlichen Verschiedenheit der Geschlechter«, heraus, die in unserem Almanach so formuliert wird:

Indem nun der weiblichen Gestalt, Anmuth und Grazie, Sanftmuth und Gefälligkeit, Zärtlichkeit und Ergebenheit angeschaffen, und die männliche mit dem Ausdruck von Muth und Entschlossenheit, von Kraft und Würde beseelt wurde, beziehen sich beide wie Hälften eines unsichtbaren Ganzen auf einander, und befördern gemeinschaftlich die wunderbare Einheit der Natur, welche zugleich das Ganze auf das innigste verknüpft, und das Einzelne auf das Vollkommenste ausgebildet zeigt. (*Anmuth*, 71)

Weiter heißt es, daß der Ausdruck von Geist in den Ausprägungen beider Geschlechter wesentlich verschieden sei:

Die Philosophie der Frauen ist nicht Vernünfteln sondern Empfinden. Wer aber zu viel denkt, behält keine Zeit und keine Kraft zum Empfinden; und *(sic)* denn die Gesichtsfalten, das ernste Gepräge der Philosophen auf der Stirne der Frauen, welch unausstehlicher Kontrast! (*Anmuth,* 101)

Gelehrte Frauen werden meistens als egoistisch und rechthaberisch bezeichnet, sowie als unfähig, Widerspruch dulden zu können. Gegen Ende der Abhandlung tritt langsam ein Grund für diese imaginierte Weiblichkeit zutage:

Alle Frauenzimmer müssen lesen, um durch einen gebildeten Verstand die Männer besser zu unterhalten, besser zu verstehen, mehr Abwechslung in die häuslichen Freuden zu bringen. Sie müssen freilich lesen, um davon sprechen zu können nicht aber um mit imponirender Auskramung ihre Freundinnen und die Männer zu verdunkeln; sie müssen aufgeklärt aber nicht schulgelehrt seyn. (*Anmuth,* 102)

Ein Jahr nach dem Erscheinen des Almanachs veröffentlichte Ernst Ferdinand Klein, Anwalt, Justizrat und Professor für Strafrecht an der Universität Halle einen Artikel mit dem Titel »Muß das weibliche Geschlecht mit dem männlichen durchgehends gleiche Rechte haben?« (Klein, 202-213) Eine Analyse von Kleins Schriften (Alder, 94 ff.) entdeckt in seinem Gleichheitsgebaren die Tendenz, die Frau wieder dem Manne unterzuordnen. Die ›natürliche Verschiedenheit der Geschlechter‹ legitimiert die subalterne Position der Frau: Es ist die ›Schwäche‹ der Frau, die es notwendig macht, dem Mann ein ›Schutzrecht‹ über sie einzuräumen. Aus Schwäche kann zwar Schonung, keineswegs aber Recht erwachsen. Gleichwohl besteht die rechtliche Möglichkeit, daß ein Mann der Ehefrau seine Rechte abtreten kann. Klein will sich über diese Lücke im Gesetz nicht weiter auslassen: »Allein es ist gut, die Idee, daß dergleichen Verträge statthaben können, nicht erst rege zu machen, und das ist eben die Ursache, weswegen ich glaube, daß die Gesetze diesen Fall mit Stillschweigen übergehen müssen.« (Klein, 213)

Trotzdem gibt es gegen Ende des 18. Jahrhunderts einen Aufschwung in der literarischen und theatralischen Produktion – auch für Frauen. Sicherlich liegt dies an der rapide anwachsenden Leserschaft im allgemeinen. Neben dem Roman gewinnt nun auch das Schauspiel an Popularität. So stieg die Produktion von Stücken zwischen 1750 und 1810 im ganzen um mehr als 900 Prozent. Zwischen 1751 und 1760 sind nur 125 Stücke, und zwischen 1781 und 1790 sind 1135 Stücke in

Christian Gottlob Kaysers *Vollständigem Bücher-Lexikon. Schauspiele* (Leipzig, 1836) verzeichnet.

Charlotte von Stein und Frauenstücke des späten 18. Jahrhunderts

Obgleich Frauen in der zweiten Hälfte des 18. Jahrhunderts in ihren gesellschaftlichen Einschreibungen zumeist erstarrt waren, haben einige von ihnen auf Grund ihrer Biographie eine Sonderrolle gespielt. In ihren Werken haben sie eine andere, unabhängige Weiblichkeit postuliert, oder sie haben dargestellt, welche Mächte die Frau in eine unnatürliche Abhängigkeit zwingen.

Wenigen ist bekannt, daß auch Charlotte von Stein (1742 – 1827) Beiträge zum deutschen Drama geleistet hat. Handelt es sich hier um eine andere Frau als die Frau von Stein, die nur deshalb berühmt geworden ist, weil sie eine lange, interessante Bekanntschaft mit Goethe unterhielt? Ja, es ist die gleiche Frau, die als Schriftstellerin unbekannt geblieben und eine der vielen Dramatikerinnen ist, über die die amerikanische Wissenschaftlerin Susanne Kord in einer detaillierten Studie Auskunft gibt. Wenn man von Steins Dramen kennt, fragt man sich, warum wohl ihr Eigenwert bislang niemals gewürdigt worden ist. Sie verfaßte wenigstens vier Dramen: *Rino*, Schauspiel (1776), *Dido*, Trauerspiel (1796), *Die zwei Familien,* Komödie (1800), *Die Probe*, Lustspiel (1809), die starke Frauen in den Mittelpunkt stellen. Es gibt zu denken, daß zwischen dem ersten Stück – an dem sie gerade schrieb, als sie Goethe kennenlernte – und dem zweiten Stück, *Dido*, zwanzig Jahre vergingen. Letzteres entstand zu einem Zeitpunkt, als die enge Freundschaft zu dem Dichter nicht mehr existierte. Hatte der Einfluß Goethes etwa ihr lange Zeit Minderwertigkeitskomplexe eingeflößt, so daß sie sich erst in reiferem Alter wieder intensiv mit der Dramatik zu beschäftigen wagte? Ihr wachsendes Interesse für eine Rückkehr zu diesem Genre wird dadurch belegt, daß sie in ihren Sechzigern am Weimarer Liebhabertheater Stücke inszenierte und auch selbst einmal auftrat. Dabei bewies sie eine weibliche Perspektive z.B. dadurch, daß unter ihrer Leitung Goethes *Iphigenie* ohne männliche Schauspieler auf die Bühne gebracht wurde.

Was ihre eigenen Stücke so interessant macht, ist die Darstellung von Frauen als starke, politische Figuren, die eine bessere Herrschaft über ihr Land garantieren als die übliche Männerherrschaft. Geschlechterdifferenzen werden mit umgekehrten Zeichen beleuchtet. Charlotte von Stein hat in ihrer Tragödie *Dido* eine der Versionen des griechischen Mythos gewählt, bei dem die Frau im Zentrum steht, während z.B. Vergil eine Version bearbeitet, bei der Aeneas im Mittelpunkt steht. Diese andere Version verleiht der Frau wesentlich mehr Macht und Kraft als bei Vergil, wo Dido lediglich aus leidenschaftlicher Liebe zum Helden motiviert ist. Hier begeht sie Selbstmord, weil er sie verläßt. In der anderen Version, auf die sich von Stein bezieht, wird die Stadt Didos, Karthago, von einem Feind, Jarbes, bedroht, der durch eine Vermählung mit Dido seine Machtansprüche an ihr Land verwirklichen will. Dido, die ihren Staat friedlich geleitet hat, ist nicht machthungrig, sondern sie liebt die Menschen in ihrem Land und will sie vor dem Tyrannen retten. Die Männerherrschaft ganz allgemein wird von Charlotte von Stein als destruktiv dargestellt: »O zerstörendes Geschlecht! ohne euch wär uns die Kriegslust unbekannt.« (von Stein, 502) Wie auch bei Goethe geht es hier um eine Mythologiebearbeitung, die das Äußere in das Innere verlegt. Doch wird hier besonders die Fähigkeit zu lieben als moralisches Maß des menschlichen Charakters herausgestellt. Dido kann lieben, Jarbes kann es nicht, und darin liegt auch der Unterschied in bezug auf ihre Fähigkeit, gute Herrscher zu sein. Das Persönliche wird hier schon mit dem Öffentlichen identifiziert: weil Dido im Privaten lieben und vertrauen kann, ist sie bei von Stein auch die bessere Regentin, und ihr Staat wird unter ihrer Leitung gewissermaßen zu einem utopischen Modell für ihre Zeit.

Charlotte von Stein interpretiert nicht nur Mythologie für die Gegenwart, sie verkleidet umgekehrt die Gegenwart auch in Mythologie. Das Drama wurde während der französischen Revolution geschrieben, und diejenigen im Volk, die Revolution um jeden Preis wollen, sind negativ dargestellt. Das Blutvergießen ist ihr zuwider, und es ist nicht mit Sicherheit zu sagen, ob sie mit dieser Haltung einfach den Standpunkt ihres adligen Standes vertritt. Es geht ihr eher »um den ruhigen Gang nach einem besseren Ziele« (von Stein, 502), einen langsamen Prozeß, den ihrer Meinung nach Frauen aufgrund ihres fehlenden Egoismus (der bei Männern mit Tatensucht auftritt) besser vorantreiben können.

Aber auch Persönlichkeiten ihrer Zeit hat sie in ihr Drama eingearbeitet. Es ist interessant zu entdecken, daß die verschlüsselte Goethe-Figur in ihrem Stück nicht gut wegkommt. Sie erfindet drei Intellektuelle, den Poeten Orgon, den Philosophen Dodus und den Geschichtsschreiber Aratus. Orgon ist leicht als Goethe erkennbar. Was für eine Meinung sie im Jahre 1796 von ihm hatte, ist daran zu erkennen, daß die Figur in ihrem Stück aussagt, Gelehrte seien das Höchste der

Menschheit, und alle anderen seien »das Gewürme, das unbemerkt zertreten wird«. (von Stein, 495) Vielleicht ist in das folgende Zitat von Steins ihre eigene Erfahrung als Frau im Verhältnis zu Goethe eingegangen. Orgon gibt z.B. von sich: »(…) auch der mittelmäßigste Dichter findet ein Weib, das ihm huldigt, ob ich mich gleich von der Königin dieses nicht rühmen kann (…) ich gestehe, dass ich mich gern loben höre, es mag von Güte, Schmeichelei oder Albernheit herrühren (…)« (von Stein, 502). Dido-Stein huldigt ihm nicht oder nicht mehr, das wird klar.

Es ist bezeichnend, daß die drei Intellektuellen, im Gegensatz zu fast allen anderen in der Stadt, dem Staat nicht treu sind, denn sie kollaborieren mit Jarbes. Von Stein muß Grund haben, den Gelehrten ihrer Zeit politisch zu mißtrauen. Ihre Figur Dido hofft, durch Übergabe der Regierung an ihren Bruder und durch Selbstexil den Tyrann Jarbes von sich und ihrem Land abzuwenden. Doch er vereinnahmt die Stadt dennoch. Sie nimmt den Giftbecher und läßt sich öffentlich verbrennen, um ihr Volk gegen Jarbes aufzustacheln. Ihre engste Freundin, Elissa (in der Antike ein anderer Name für Dido), die gewissermaßen als Doppelfigur von Dido fungiert, bleibt am Leben und symbolisiert so die Unzerstörbarkeit der humanen Qualitäten: Treue und Liebe. (Kord, 182) Ganz eindeutig ist die Frau hier nicht auf ihre stereotype Rolle reduziert, und mit der Heldenverehrung wird aufgeräumt. Daß es nicht an der Zeit ist, ein Happy-end zu kreieren, verstand sich von selbst.

Zwischen 1770 und 1790 erscheinen eine Anzahl weiterer Dramatikerinnen mit Werken im Stil der Empfindsamkeit auf der Szene, die eine neue Imago der Frau einbringen. Obgleich sie nicht die Frau als dem Manne ebenbürtig oder sogar überlegen zeigen, wie es Charlotte von Stein andeutet, ist jedoch ein Aufbegehren gegen die männliche Autorität spürbar. Die interessantesten sind Friederike Sophie Seylers (1738-1789), Viktoria von Rupp (ca. 1755 – ca. 1824), Sophie Marianne von Reitzenstein (1770-1823) und Marie Antonie Teutscher (1752-1784). In ihren Dramen geht es an der Oberfläche um ›Lohn der Tugend‹ (Kord, 48), doch neue Themen werden in ihre Komödien eingeschmuggelt. Am Ende werden zwar immer die verlangten ›weiblichen Tugenden‹ wie Passivität, Hingabe, Gehorsam usw. mit einem glücklichen Ende von Verlobung und Heirat belohnt. Dies schlägt sich in vielen Titeln nieder: *Jenny und die Uneigennützigkeit, Marianne oder der Sieg der Tugend* (Rupp), *Die seltene Beständigkeit* (Reitzenstein). Doch eigentlich geht es gar nicht um diese Tugenden. Statt dessen heißt die wirkliche Tugend der Frauenfiguren ›Standhaftigkeit im Unglück‹. (Kord, 52) Ob sie diese Standhaftigkeit in der

Ehe weiter beweisen müssen, geht in der Regel aus dem Stück selbst nicht hervor.

Die Frauenfiguren in einer anderen Gruppe von Dramen der Empfindsamkeit verfolgen das Ziel der Frauen, selbst ihren Ehemann wählen zu dürfen. Dabei ist das Hauptthema der Stücke die ›Bekehrung des Tyrannen‹, d.h. des Vaters, der die ausschließliche Autoritätsfigur darstellt und die Liebesheirat verhindern will. Mütter fehlen auch in diesen Dramen, wie sie ebenfalls in Stücken von Männern entweder fehlen, sterben, verschwinden, oder am Ende einfach nicht mehr da sind (siehe Wallach, 53-72). Sophie Eleonore von Titzenhofer (1749-1823) hat zu diesem Thema anonym 1776 ein Versdrama in drei Akten, *Lausus und Lydie,* geschrieben, Emilie von Berlepsch (1755-1830) *Eginhard und Emma* (1787) und Susanne von Bandemers (1751-1828) *Sidney und Eduart, oder Was vermag die Liebe?* (1792). Kord stellt fest:»Wo Väter auftreten ist ihre Rolle überall dieselbe: der Vater ist der Zerstörer des Glückes seiner Kinder, bringt das Stück an den Rand der Katastrophe und gibt in der letzten Szene urplötzlich nach.« (Kord, 57)

Ein neues, kritisches Thema in Stücken von Frauen wird in Karin Wursts Buch *Frauen und Drama im achtzehnten Jahrhundert* vorgestellt, das neben einer Einleitung Nachdrucke der Originalstücke bietet. Es ist ihr Verdienst, Stücke wieder verfügbar zu machen, anhand derer sich moderne Leser selbst von den Leistungen von Dramatikerinnen aus dem 18. Jahrhundert überzeugen zu können. Wie bei den meisten Dramen von Frauen (ausgenommen Luise Gottsched) ist es unbekannt, ob sie jemals aufgeführt wurden. Das Drama *Düval und Charmille* (1778) von Christiane Karoline Schlegel, geb. Lucius (1739-1833) ist von Interesse, denn in dieser Tragödie wird die in der Familie übliche Praxis der schlechten Behandlung der Frau hervorgehoben:»Sowohl Frau als auch Mann gestehen dem Mann das uneingeschränkte Recht zu, die Frau auf alle erdenkliche Art zu mißhandeln, und rechtfertigen diese Mißhandlung, wo sie können.« (Kord, 101) Karin Wurst erklärt das Beunruhigende dieses Stückes für das zeitgenössische Publikum mit dem Fehlen einer expliziten Moral. Die Ehefrau Mariane weiß, daß ihr Mann Düval eine Geliebte hat; sie akzeptiert dies als das bessere zweier Übel, weil der Ehemann deshalb weniger aufbrausend ist und sie nicht so oft psychisch mißhandelt. Weil Düval wegen der geplanten Entsagung der Geliebten Amalie von Charmille seine Männerphantasien nicht weiter ausleben kann, will er den Liebestod mit ihr sterben. Und weil er sicher gehen will, daß sie auch wirklich den von ihm begehrten Selbstmord mit ihm zusammen begeht, ermordet er sie vorsichtshalber, ehe er sich selbst erschießt. Wurst ist der Quelle der Geschichte dieses Dramas nachgegangen und zeigt, daß die Autorin von einer Zeitungsnotiz inspiriert wurde. Diese Tatsache veranlaßte die Kritiker, ihr eine Original-Autorschaft abzusprechen. Andere Kritiker bemängeln das Fehlen jeglicher Moral. Die Ehefrau Mariane – die der Geliebten Amalie sehr zugetan ist – kann sich sogar eine ménage a trois vorstellen, was auch in Goethes früher Version des Dramas *Stella* (1776) gewünscht wird. Die dekadenten Moralbegriffe des Adels waren zu der Zeit zumindest in der Öffentlichkeit zurückzuweisen. Eine mögliche Freundschaft zwischen den beiden Frauen kann nicht akzeptiert werden (was auch Goethe in den neunziger Jahren einsah, als er das Happyend einer ménage a trois durch einen Doppelselbstmord in *Stella* abänderte). Karoline Schlegel gelingt es aber, einen besitzergreifenden, herrschsüchtigen, ja brutalen reichen bürgerlichen Mann darzustellen, der von modischer Empfindsamkeit überwältigt wird und der das Objekt seiner Besitzgier zerstört, um bis zum Schluß darüber verfügen zu können. Die Folgen für Geliebte, Ehefrau und Kind spielen keine Rolle. Am Ende dieser Tragödie gibt es keine Katharsis, kein Mitleid mit dem Helden. Die ›Heldin‹, Mariane, hat keinen Einfluß auf das Geschehen, doch es gelingt ihr, die Konsequenzen patriarchalischer Praxis für die Frau zu entdecken. Das Stück weist für die heutigen Leser eine zynische, weibliche Sicht auf, die selbstverständlich nicht in den Kanon eingehen konnte.

Eine Unterminierung des Tugendsystems durch Dramatikerinnen ist auch in Marianne Ehrmanns (geb. Brentano, 1755 – 1795) Stück *Leichtsinn und gutes Herz oder Die Folgen der Erziehung* (1786) zu entdekken. Besondere, vom Kanon abweichende Elemente öffnen unsere Sicht für den anderen Blick der Autorinnen:

Interessent bei dieser Frauendarstellung [in *Die Folgen der Erziehung*] ist, daß Ehrmann die scheinbar widersprüchlichen Züge, die der dominante literarische Diskurs zwei einander polar gegenüberstehenden Frauengestalten (die tugendhafte jungfräuliche Tochtergestalt einerseits und die wissende laszive Mätressengestalt andererseits) zuordnet, in *einer* Frau realisiert. Diese Abweichung von den tradierten Gegebenheiten des Genres kann als Unterwanderung des Tugend-Laster-Gegensatzes, wie er auf die Frauengestalten festgeschrieben ist, interpretiert werden. (Wurst, 85)

Dadurch wird Bewegung in die Statik der weiblichen Rollen mit ihrem festgeschriebenen Tugend-Laster-Schema gebracht. Wurst stellt fest, daß in diesem Stück im Gegensatz zu den bürgerlichen Trauerspielen keine absolute Vorstellung von Tugend und Laster, sondern Handlungsintentionen, der gute Wille, in Betracht gezogen werden.

Die Anthologie enthält auch das Stück *Zwillingsschwestern* (1797) von Charlotte Eleonore Wilhelmine von Gersdorf, geb. von Gersdorf (1768 – 1847). Es geht hier schon ums Geld, doch – im Gegensatz zu den Stücken im 19. Jahrhundert – bedeutet Geld im Besitz der Frau anscheinend nicht die gleiche Freiheit bzw. Macht wie für den Mann. In den Händen der Frau kann Geld lediglich den Schein der Freiheit bedeuten. Doch auch hier ist der weibliche Standpunkt vertreten: »Der Mann muß bestimmte Leistungen erbringen, die den Leistungen der Frauen ebenbürtig zu sein haben.« (Wurst, 95) Wenn der Mann dies nicht tut, kann er »durchschaut, entlarvt und für nicht wert befunden werden (…) und die Frauen haben die Macht, diesem Mann die Leistungen zu entziehen.« (Wurst, 95)

Es ist Dagmar von Hoff mit ihrem Buch *Dramen des Weiblichen, Deutsche Dramatikerinnen um 1800* (1989), zu verdanken, daß sie mit dieser ersten Studie über Stückeschreiberinnen in Deutschland die Aufmerksamkeit auf ein unangetastetes Potential gerichtet hat, mit dem der Mangel an geschichtlichem Wissen um die Jahrhundertwende vom 18. zum 19. Jahrhundert behoben werden kann. In dem Buch gelingt es der Autorin, unbekannte Stücke vom späten achtzehnten und frühen neunzehnten Jahrhundert bekannt zu machen und mit einer postmodernen Perspektive, durch eine Gender-Analyse, neu zu interpretieren. Gegen den Strich gelesen stellen die Dramatikerinnen die Psyche der Frauen ihrer Zeit in ihrer erzwungenen Passivität und ihrer Deformierung dar. Von Hoff stellt fest, daß viele Dramatikerinnen Heldinnen auf die Bühne stellen, die sich zwar dem Tugenddiskurs der Zeit unterwerfen, die aber in Monologen eigene Ideale von Unschuld und Innerlichkeit ausformulieren. Das führte aber dazu, daß sich das »dramatische Gefüge entleert, und die Heldinnen erstarren in der Pose des weiblichen Opfers, wenn sie sich entmachten oder in ihrer Krankheit festschreiben.« (von Hoff, 83) Von Hoff findet in den Stücken Symptome, die darauf hinweisen, wie Frauen unter dem patriarchalischen System und einer aufoktroyierten Weiblichkeit deformiert werden. An einzelnen Bruchstellen ihrer Werke kommt diese Tatsache zum Vorschein. Die Dramen, bei denen von Hoff zu diesem Schluß kommt, gehören zwei Gruppen an. Einerseits werden Stücke analysiert, bei denen sich Autorinnen mit einer Ritterromantik aus ›weiblicher Sicht‹ befassen. Es sind Eleonore Thons *Adelheid von Rastenberg. Trauerspiel in fünf Aufzügen*« (1788), Elise Bürger, *Adelheit Gräffin von Teck, ein Ritterschauspiel in fünf Aufzügen* (1799) und Amalie von Helvig, *Die Schwestern von Corcyra* (1812). Von Hoff stellt fest:

Die weiblichen Helden stehen jetzt im Mittelpunkt des dramatischen Geschehens, behaupten sich aber nicht im Sinne der männlichen Heldenkonzeption,
sondern, eingebunden in den Tugenddiskurs, machen sie die Erfahrung, daß
ihnen nichts anderes möglich ist, als sich einzugrenzen. (von Hoff, 65)

Eine Dramenkonzeption, in denen die Heldinnen den Anspruch auf
eine Tat erheben und die Gesellschaft herausfordern, kommt demge-
genüber am Anfang des 19. Jahrhunderts auf. In Christine Westphalens
Charlotte Corday (1804) tötet Charlotte ihren Feind Marat, um größere
Untaten zur Zeit der französischen Revolution zu verhindern; in Karoline Ludecus' *Johanna Gray* (1806) gewinnt die Heldin den englischen
Thron; und in Karoline von Günderodes *Hildgund* (1805) plant die
Heldin, Attila zu töten, eine Rettungstat für ihr bedrohtes Land. Typisch für diese Dramen ist die strenge klassische Form: Vers, Rhythmus,
Klang und eine längere monologische Form akzentuieren die weibli-
chen Hauptgestalten. (von Hoff, 83)

Christine Westphalens Stück *Charlotte Corday* reflektiert die Inszenierung einer neuen weiblichen Identität. Charlotte nimmt historische
und mythische Bilder zum Vorbild und kann damit ihr »unbedeutend
Ich« (zitiert nach von Hoff, 93) mit Bedeutungen ausfüllen und Grö-
ßen- und Machtphantasien, die im Imaginären begründet sind, freile-
gen. Gerade Charlottes Weiblichkeit – Weichherzigkeit und Mitleid –
macht sie für das Entsetzliche der politischen Realität sensibel »und
zugleich unfähiger, diese Realität zu steuern«. (Kord, 125) Deshalb ist
ihre Handlungskraft zögerlich, und wenn sie ihre Tat vollbringt und
Marat tötet, erscheint sie als wahnsinnig Rasende, entfremdet von ihrem eigenen Handeln. Als Frau hat sie ihre Grenzen überschritten, und
sie geht am Ende als Opfer geschmückt in den Tod. »Sie ist die erhöhte
Heldin, die letztlich trotz aller vorgegebenen politischen Bezüge nicht
politisch agiert. (…) Die Rasende verfügt über keine Sprache, ihr Anliegen zum Ausdruck zu bringen. Ihr Dasein ist ein blindes Ausagie-
ren.« (von Hoff, 95)

In dem Stück *Johanna Gray* findet eine weibliche Omnipotenz dadurch Verklärung, daß Johannas Güte die Unzufriedenheit des Volkes in
Begeisterung und Treue verwandelt. Ihre Amtshandlungen sind aus
dem Gefühl, dem Bereich des Weiblichen, begründet. Von Hoff bemerkt:

Die Autorin ist offensichtlich von der Figur der Königin fasziniert, unterwirft
ihre Heldin aber zugleich einem bürgerlichen Tugendkodex, was dazu führt,
daß sämtliche Konflikte (wie z.B. das Verhältnis Johanne Grays zur Macht und
zum Ehemann Guilfort etc.) ausgehöhlt werden, um die Heldin als weibliches
Opfer darzustellen. (von Hoff, 89)

Karoline von Günderode, Annette von Droste-Hülshoff, Amalie Marie Prinzessin von Sachsen, Marie von Ebner-Eschenbach

Die meisten der in dieser Sektion beleuchteten Dramatikerinnen sind adlig und tragen zumindest ›von‹ vor ihrem Namen. Die Adelsklasse erlaubte es Frauen, Literatur zu verfassen und in der Öffentlichkeit aufzutreten. Sie hatten ja Zeit, denn genügend Dienstboten standen zur Verfügung oder sie waren kinderlos (z.b. Günderode, Amalie von Sachsen). Ihre Stücke haben emanzipatorische Aspekte, die auch ein Verständnis der unteren Klassen verraten. So erscheint im 19. Jahrhundert ein Phänomen, das während der bürgerlichen Frauenbewegung Ende des vorigen Jahrhunderts und zu Anfang der zweiten Frauenbewegung in den siebziger Jahren dieses Jahrhunderts wieder auflebte: Frauen gehobener Klassen kümmerten sich um die Verbesserung der Situation von Frauen.

KAROLINE VON GÜNDERODE ist bisher nicht als Dramatikerin bekannt, obgleich sie ausgiebig mit einer weiblichen Perspektive im Drama experimentiert hat. Ihre Dramen verdienen es, in den Literaturdiskurs mit eingebracht zu werden. Entgegen Christa Wolfs Meinung kann behauptet werden, daß es gerade Karoline von Günderodes Dramen sind, die neue und tabusprengende dramatische Elemente einführen. (von Hoff, 95) Nur wenige Eingeweihte wissen, daß es neun Dramen bzw. Dramenfragmente von ihr gibt, wovon allerdings nur eines, *Mahomed, der Prophet von Mekka,* fertiggestellt wurde. Die Autorin veröffentlichte es mit dem Fragment *Udohla* im Jahre 1805. Weitere Fragmente sind *Magie und Schicksal* (1805) und *Nikator* (1806). Ihre Stücke erschienen kurz vor ihrem Selbstmord im Alter von siebenundzwanzig Jahren (1807). Die Frau ist in diesen Werken gewissermaßen »der Knochen, um den sich zwei Männer streiten«, und die Frauen »setzen alles daran, nicht besessen zu werden – daher besteht der Höhepunkt ihrer Unabhängigkeit in ihrer entschiedenen Abweisung der Männer.« (Kord, 115) Günderodes Dramen führen eine Auflösung der Geschlechterkonzeption ein, und der Rollentausch in diesen Texten ist der eigentliche Skandal. Günderodes Dramulet *Mora (1804)* erschien in *Gedichte und Phantasien* und *Hildgund* (1805), ein Fragment, in *Poetische Fragmente* unter dem männlichen Pseudonym Tian. Sie entwirft hier »die ›Jungfrau in Waffen‹, die Kämpferin mit einem universellen Handlungsanspruch, wie es für den Amazonenmythos, der zur Zeit der Romantik kursierte, üblich war.« (von Hoff, 96) Hildgund ist mit einem männli-

Abb. 3: Karoline von Günderode (1780–1806)
Sie versuchte, als eine der ersten Frauen, Tragödien mit weiblichen Helden zu
schreiben, die aber zumeist fragmentarisch blieben und zu ihren Lebzeiten
nicht aufgeführt wurden. Sie nahm ihre Kunst zu ernst für eine Frau in ihren
Kreisen, die eher dazu da war, durch ihr intelligentes Gespräch die männlichen
Künstler in den literarischen Salons anzuregen. In einem Brief an Gunda
Brentano aus dem Jahr 1801 klagt sie: »Es ist aber ein unverbesserliches Miß-
verhältnis meiner Seele; und es wird so bleiben, denn ich bin ein Weib und
habe Begierden wie ein Mann, ohne Männerkraft.« Im Alter von 26 Jahren
nahm sie sich das Leben.

chen Anspruch, einem universellen Freiheitsanspruch, identifiziert, doch im Gegensatz zur Jungfrau von Orleans ohne göttliche Legitimation. Hier kommt es auch nicht zur Tat, da das Drama vorher abbricht. »Es existiert keine Schlußszene, dafür entsteht eine ›eigentümliche Leerstelle‹, eine Abwesenheit von Sinn, für die es keine Worte gibt.« (von Hoff, 99) Die Titelfigur der Stückes *Mora,* das in der nordischen Sagenwelt spielt, verrät ein Begehren, in dem sich die Lust an der Überschreitung ausdrückt. Die Waffe macht sie zum Mann (wie auch Hildgund), nach dessen Taten sie dürstet. Ihre Tabuverletzung führt zu ihrem Tod und macht sie so wieder zur Geopferten.

In Günderodes Dramulet *Immortalia* stellt die Autorin den weiblichen Ort in seiner Beschränkung dar. Die Protagonistin lebt in einer Höhle am Eingang der Unterwelt, im Lande des Schweigens, im Schoße des Nichtseins *(Immortalia,* 41). Wie die anderen Dramatikerinnen ihrer Zeit kreiert Günderode einen ›Nicht-Ort der Frauen‹, wo sie einen ›Tod vor dem Tode‹ leben.

Die Grunderfahrung der Heldinnen besteht darin, daß sie, wenn sie diesen eingeschränkten Raum überschreiten, eine ›unerhörte‹ Erfahrung machen. Für diese Erfahrungsdimension erfinden sie Bilder und suchen nach Äußerungsformen, die sich jedoch bei den hier behandelten Dramen in wahnhaften, übersteigerten Vorstellungen äußern, denn die Heldinnen befinden sich nicht nur seelisch, sondern auch sprachlich in Not. Insofern kommt es auch in diesen Dramen zu keiner eigentlichen tragischen Konfliktformulierung, deshalb haben Freiheitsdrang und Machtanspruch der Heldinnen keine Zielrichtung. (von Hoff, 101)

Die Dramen entwickeln eine eigene Richtung, die vom männlichen Diskurs (z.B. der Gattungstheorie bei Hegel oder der Trauerspielkonzeption Lessings) abweicht. »Wesentliches Strukturelement dieser Dramen ist, daß Tod und weiblicher Held als identifikationsstiftend gedacht werden.« (von Hoff, 102) Hierdurch wird eine weibliche Perspektive herangebildet und die Eingrenzung des dramatischen Konflikts auf die Liebe vorgenommen sowie der Ausbau des bedeutungsvollen Monologs und die Beschränkung auf die Opferidee. In einigen der Dramen werden die Heldinnen durch eine ›unerhörte‹ Begebenheit aus der Erstarrung gelöst und für einen »kurzen Moment verlebendigt, bevor die Handlungskraft erneut abebbt und in statuarische Posen weiblicher Vorbildlichkeiten oder in den Tod einmündet.« (von Hoff, 103)

Vielerseits wird eine unerbittliche Kritik an väterlicher Zurichtung formuliert, und es erfolgt keine Legitimierung des Vaters, sondern die Entfremdung vom väterlichen Gesetz und der »unerhörte Moment« liefern die Spannung im Drama. Die Tat als solche aber wird verinnerlicht, indem sie in den Körper der Heldinnen selbst aufgenommen wird, »so daß der Körper der Frau schließlich das Drama selber zu repräsentieren hat«. (von Hoff, 107) Diese Verkörperlichung gibt keinen Raum für die aristotelische Forderung, daß das Publikum durch das Drama Einsicht in das Wesen des Leidens durch Schaudern und Jammern erhält. Auch die von Lessing umformulierte Anregung zum Mitleiden mit der Zentralfigur und zum Fürchten für sie können Heldinnen der Weiblichkeit nicht liefern. Hier zeigt sich, wie unproduktiv es wäre, die Dramen von Frauen mit denen im Kanon zu vergleichen, da eine Wertung nach bereits vorgegebenen Maßstäben keinerlei wirkliche Einsicht in ihre Stücke liefern kann und ihre Qualitäten übersehen muß. Günderode – so zeigt sich – hatte den Mut oder folgte der Notwendigkeit, vom vorgeschriebenen inneren oder äußeren Stil einer eingeführten Dramenkonzeption abzuweichen, um einen Bedeutungswandel anzustreben, der auch eine Frauenperspektive im Weltbild des Dramas zuläßt.

Der leise Protest der Frauen gegen die Einschreibung ihrer Körper in ein Tugendsystem, der sich in den Dramen ausdrückt, wird durch einen Blick auf die pädagogischen Schriften der Zeit bestätigt. Körperhaltung, Bewegung, Vorlieben, Handlungsweisen von Frauen waren streng vorgeschrieben. In der Kunstform der Attitude wurde dem Körper der imaginierten Frau und Tochter Posen eingeübt, die zumeist durch eine Interpretation griechischer Statuen Sinn erhielten. Auch Frauen beteiligten sich an dieser Konstruktion. So ist zum Beispiel Friederike Bruns Schrift »Idas ästhetische Entwicklung« (1824) ein Dokument, in der die Kunstform der Attitüden als Disziplinierungsinstrument für Mädchen (ihre eigene Tochter Ida) eingeführt wird. »Es wird eine weibliche Seele konstruiert, die leer ist. Die Disziplinarmacht, die sich hier präsentiert, entwirft ein ›leeres‹ weibliches Begehren, das sich den Tod, den Prägestock, den ›zwingenden Blick‹, die Beschriftung ›erwünscht‹« (von Hoff, 121), so wie sich z.B. in Lessings Drama Emilia Galotti die Heldin ihren Tod von der Hand des Vaters wünscht, dessen Inskriptionsvorschriften und Besitzanspruch sie damit erfüllt. Mit Foucault behauptet von Hoff, daß in einer so verankerten Selbstauslöschung, die innerlich vollzogen wird, die Seele als Effekt und Instrument von Herrschaft zum Gefängnis des Körpers mutiert. Hier wird eine Kunstform dazu verwandt, ein kulturelles Zeichen in eine Metapher des Körpers zu verwandeln, wobei der darstellende Körper von der Sprache ausgeschlossen wird.

Im Laufe des 19. Jahrhunderts wird dieses ›Spiel‹ immer mehr auf die Psychologie übertragen. Es wird der weibliche Körper medizinisch interessant, und männliche Wissenschaftler untersuchen nunmehr z.B.

den Ausdruck der Hysterie in der Anstalt. Die Pathologisierung des ›Frauseins‹ nimmt seinen Fortgang. Da der Hysterie ein Element der Auflehnung innewohnte und der gestellte Körper sich zum ›unerhörten‹ Körper entwickelte, wurde er in steigendem Maße von der Gemeinschaft verworfen, exiliert und hospitalisiert. »Das ›Unerhörte‹ ist aber auch hier mehrdeutig zu verstehen, bezeichnet es doch auch die Frechheit eines Körpers, sich der Nützlichkeit zu entziehen, indem er sich aus Familie und Arbeitsprozeß mittels seiner Symptomatik herauskatapultiert.« (von Hoff, 124). Dieser hysterische Diskurs kulminiert schließlich in den Untersuchungen und Theorien von Jean Martin Charcot (1825-1893), Josef Breuer (1842-1925) und Sigmund Freud (1856-1939).

Am Anfang dieser Pathologisierung standen Stücke, in denen ›Liebeskranke‹ im Mittelpunkt stehen. Hierzu gehören Droste-Hülshoffs *Bertha oder die Alpen* (1813/14); Sophie Albrechts *Theresgen* (1781); Karoline von Wolzogens *Der leukadische Fels* (1792 anonym). Auch hier geht es meist um den Kampf für eine Liebe gegen den Vater, der den Heldinnen eine ungewünschte Ehe aufzwingen will. Es wird darauf hingewiesen, daß auch diese Liebesheiraten, die erwünscht waren, auf einer Illusion aufgebaut waren. Wurst kommentiert diese ›Freiheit‹:

Da die sozialen Praktiken z.B. des Eigentumsrechts, der Vormundschaft der Vatergestalt, die Sozialisation und Erziehung aber gerade die Ungleichheit zwischen den Geschlechtern fixieren, kann die scheinbare Freiheit der Frau bei der Gattenwahl nur eine illusionsgespeiste Fiktion sein. (Wurst, 75)

Doch wird angenommen, daß Frauen, die den erwählten Mann nicht bekommen, in eine Liebeskrankheit verfallen, die zu dieser Zeit als Frauenkrankheit aufgefaßt und in einem Lexikon beschrieben wurde:

Liebes-Melancholey, oder Liebes-Fieber. Die Aerzte nennen dieses Uebel *Melancholia uterina*, oder *Furor uterinus,* die Mutterwuth oder die Tollheit; es ist aber ein fürchterlicher Zufall, der aus großer und heftiger Begierde herrührt, wenn sich nämlich das Frauenzimmer allzustarke Liebes-Ideen und brünstige Phantasien dergestalt macht und einprägt, daß sie darüber aberwitzig, schotentöricht und verrückt werden. Er hat seine hauptsächliche Quelle in einer verdorbenen Imagination, an welcher solche unglückselige Personen insgemein in hohem Grade selber schuld sind. (Corvinius, 1939)

Die Sexualität der ›dressierten Frau‹ wird schon früh pathologisiert, während Männern immer schon das Ausleben ihrer sexuellen Wünsche, wenn auch insgeheim, gestattet war. Auch in den meisten Dramen von Autorinnen können sich Frauen ihres verkörperten Idealbildes nicht entledigen. Fast immer geht es »um eine Abwendung von

Handlungsmomenten (...) Konflikte werden durch die Verheißung (...) der Idylle ausgelöscht. Geopfert wird in diesen Dramen die Auseinandersetzung, die Abweichung, die Bewegung, das andere. Gewählt wird der Einschluß, der Stillstand, die Stillstellung, der Tod.« (von Hoff, 71) Interessant ist, daß auch DROSTE-HÜLSHOFF, die hauptsächlich wegen ihrer Lyrik und der Novelle *Judenbuche* in den Kanon aufgenommen wurde, schon mit sechzehn Jahren das Drama *Bertha oder die Alpen* geschrieben hat. Dieses Stück ist von der Seite des Opfers her inszeniert. Wie in zwei anderen Dramen geht es um das Phantasma des Opfers, wobei das Leben nur als totgestelltes einen Sinn haben kann. (von Hoff, 81) Es wurde aber auch bemerkt, daß Droste-Hülshoff einen wichtigen Schritt weiterging als ihre Vorgängerinnen. »Während in früheren Stücken von Frauen die gefährliche Leidenschaft des Weibes ihr ›Problem‹ war (...) ist es jetzt ihr Verstand.« (Kord, 119) Doch dient der Verstand nur dazu, »ihr ihr Elend bewußt zu machen. Wenige Dramatikerinnen haben das Dilemma der Frau so klar gesehen wie die Droste-Hülshoff.« (Kord, 120) Es ist deshalb nicht erstaunlich, daß es verschwindend wenige Trauerspiele von Frauen gibt (davon abgesehen, daß man ihnen nicht zutraute, dieses geistig hochstehende ›männliche‹ Genre zu bewältigen). Die Protagonistinnen haben nie Einfluß auf das Geschehen und sind in ihrem Handeln zum Scheitern verurteilt. In Lesedramen erscheint die Tragik darin, daß den Frauen ihre Willensfreiheit abgesprochen wird, doch in Tragödien auf der Bühne wird ihr Unabhängigkeitsbestreben als diabolisch dargestellt. Frauen sind zum Tode verurteilt und können ihr Schicksal – ob Hexen oder Heilige – »weder durch Tugend noch Laster abwenden.« (Kord, 120)

Während z.B. Günderodes und Droste-Hülshoffs Dramen nie aufgeführt worden waren, gelangten im Laufe des neunzehnten Jahrhunderts Stücke von solchen Frauen auf die Bühne, die sich eng an die Theaterwelt angeschlossen hatten: JOHANNA FRANUL VON WEISSENTHURN wuchs in einer Schauspielerfamilie auf. Ihr Vater gehörte der Kurzschen Gesellschaft an, in deren Ballett seine Tochter später mitwirkte. Ihr späterer Stiefvater, Johann Andreas Teichmann, war ebenfalls Schauspieler. Er gründete mit seinen Stiefkindern (sechs Geschwistern) ein Kindertheater, mit dem er in ganz Deutschland auf Tour ging. Auch Johanna erhielt schon mit elf Jahren am Münchner Hoftheater eine feste Anstellung und blieb bis ins hohe Alter Schauspielerin. Auch Charlotte Birch-Pfeiffer (1800-1868) war ihr ganzes Leben lang Schauspielerin, eine Karriere, die sie schon mit dreizehn Jahren am Münchner Hoftheater begonnen hatte (siehe nächstes Kapitel). Marie von Ebner Eschenbach (1830-1916) war treues Mitglied in verschiedenen jüdischen Salons in

Wien, wo sie ihre Inspiration von Dramatikern und Theaterleuten wie Grillparzer, Laube, Weise, Heyse, Devrient holte.

In den Stücken von Johanna Franul von Weissenthurn (1772 – 1842) erscheinen Figuren, die einen Trend einleiten,

der sich durch das gesamte 19. Jahrhundert zieht: den Zweifel an der traditionellen Frauenrolle. Die Tugenden der Passivität und Nachgiebigkeit, die die Frauen der Komödie des 18. Jahrhunderts charakterisieren, werden hier als teilweise gefährlich dargestellt; die neuen Tugenden der Frau heißen Verstand, Wissen, Ausbildung.« (Kord, 62)

In ihrem Stück *Das Nachspiel* (1800) kommt zum Ausdruck, daß sich Frauen bewußt werden, eine Rolle spielen zu müssen. Das Drama ist insofern interessant, als die Autorin hier ihre eigene künstlerische Arbeit und Position als Frau thematisiert: das Verfassen von Dramen, wie auch die literarischen Ambitionen von Frauen. Die Figuren des Schriftstellerhaushalts wollen ein Stück innerhalb des Stückes spielen, das der heimlich Verlobte der Tochter Leonore geschrieben hat und das die Situation der Anwesenden darstellt. Die Autorin macht sich gewiß über die Abdrängung der Frau im Text lustig, wenn sie den Verlobten bei der Rollenverteilung sagen läßt, ihm »scheint es ganz und gar nicht nöthig, daß das Fräulein viel spreche. Dieß überlassen wir dem Liebhaber«. (*Nachspiel*, 196) Leonore spielt deshalb die von ihr erwartete Rolle: »Nicht wahr lieber Onkel! ich muß schüchtern, verlegen seyn, und das ist, glaube ich, Alles, was meine Rolle erfordert?« (*Nachspiel*, 198) Hier wird ein gesellschaftlicher Diskurs dekonstruiert: Leonore ist in der ›Wirklichkeit‹ des Stückes überhaupt nicht schüchtern oder verlegen; sie spricht sehr viel, sie schreibt Verse und besucht oft das Theater. Das Stück des Onkels, das auch im Stück geschrieben wird, stellt weibliche Tugend in den Mittelpunkt, während in der Rahmenkomödie die Tugend durch Verstand ersetzt wird. (Kord, 60)

Die Hochadlige unter den Dramatikerinnen, AMALIE VON SACHSEN (1794 – 1870, eigentlich Amalie Prinzessin von Sachsen), geht mit Tugend auf ihre eigene Art um. Sie wurde nach strengster Hofetikette erzogen. Ihre Begabung zur Musik und Schriftstellerei konnte intensiv gefördert werden, da am Hofe die besten Komponisten und Literaten zur Verfügung standen. So schrieb sie schon mit sechzehn Jahren ihre erste Oper und erhielt Kompositionsunterricht von Carl Maria von Weber. Mit dreiundzwanzig Jahren schrieb sie ihr erstes Drama (*Die Abentheuer der Thorenburg*), das anonym 1817 am Hoftheater aufgeführt wurde. Doch es fiel mehr oder weniger durch. König Friedrich August von Sachsen sah »ihre schriftstellerische Betätigung als Bruch der Etikette« (Kord, 243) und verbot öffentliche Vorstellungen. Unter dem

Pseudonym Amalie Heiter setzte sie gegen dieses Verbot ihre literarische Tätigkeit dennoch fort, und nach dem Tod des Königs im Jahre 1827 war es ihr möglich, wieder an die Öffentlichkeit zu treten. Nunmehr mit großem Erfolg, denn zwischen 1834 und 1845 »beherrschte Amalie von Sachsen das Lustspielrepertoire ihrer Zeit«. (Goedecke NF, 211) Sie schrieb ca. 30 Stücke, die auch übersetzt wurden (Englisch, Französisch, Ungarisch, Russisch und Italienisch). Obgleich die zeitgenössischen Kritiken nicht ohne Lob waren, änderten sich die Stimmen später. Wie andere schreibende Frauen ihrer Zeit wurde auch sie nach 1844 als schwache Epigonin gebrandmarkt, eine Kategorisierung, die sie bis jetzt noch nicht verloren hat. (Goedeke NF, 211)

In ihren Stücken – besonders in den Komödien – wurde eine gewisse neue Unabhängigkeit der Frau dargestellt, die durchweg auf ihrer Bildung und ihrer finanziellen Sicherheit basiert. (Kord, 64) Die im Jahre 1838 geschriebene Komödie *Die Unbelesene* demonstriert diese Auffassung. Weil Sophie, die reiche aber etwas kindliche Hauptfigur, von ihrem Onkel vom Lesen und von allgemeiner Bildung abgehalten wurde, hat sie Schwierigkeiten, selbst einen Ehemann zu wählen. Aus selbstsüchtigen Motiven hat der Onkel sie naiv belassen und zum Gehorsam erzogen. Er hofft, daß er durch diese Strategie die über vierzig Jahre Jüngere selbst heiraten kann, wodurch er in den Genuß ihres großen Besitzes und Geldes gelangen würde. Es gibt jedoch zwei andere Bewerber. Baron von Sommerfels sucht ebenfalls eine Frau von gutmütiger Bescheidenheit und holder Naivität und wird abgelehnt. Doch der andere Bewerber, Thurneck, bietet Sophie interessantere Möglichkeiten. Sie lernt durch ihn zunächst einmal ihre eigene Bibliothek kennen, von der ihr wissensdurstiger Sinn fasziniert ist. So fällt auf den Mann die Wahl, der ihre Bildung unterstützt und sie intellektuell fördert.

Auch in den anderen Stücken von Amalie von Sachsen scheint sich eine seltsame Umkehrung der gegenwärtigen Verhältnisse durchzusetzen: »Je gebildeter und/oder wohlhabender die Frau, desto unabhängiger wird sie; umgekehrt verlieren die männlichen Figuren jeweils an Entscheidungsfreiheit, was die weiblichen dazugewinnen.« (Kord, 66) In vielen Stücken (z.B. *Das Fräulein vom Lande*, 1836; *Der Unentschlossene*, 1837) vertauschen sich die sozialen Rollen der Geschlechter, denn es wird eher der Mann aus materiellen Gründen zwangsverheiratet. Die Ehemänner sind oft keine traditionell herrschenden Naturen und garantieren, daß die Frauen auch in der Ehe weiterhin die Entscheidungskraft behalten, an die sie aufgrund ihres Vermögens gewöhnt waren.

Es gibt Momente in diesen Stücken, in denen die Aufmüpfigkeit der Frauen besonders präsent ist. Veronika, die Bedienstete in *Das Fräulein vom Lande*, läßt sich nicht von Ferdinand, einem Bewerber der Hauptfigur Dorothea, zum Schweigen bringen und sagt: »Nun will er mich gar noch das Reden verbieten? Das Reden, die einzige Waffe, die der Himmel den Unterdrückten gegeben hat. Aber das soll er nicht, das kann er nicht, das kann nicht einmal mein Mann«. *(Das Fräulein*, 410) Das sind scharfe Worte aus der Feder der adligen Amalie von Sachsen. Daß es hier um eine Gegenreaktion auf die Unterdrückung des weiblichen Geschlechts geht wird aus einer weiteren Rede von Veronika klar. Sie wollte von einem gestohlenen Brilliantschmuck berichten. Ihr Anliegen hat höhere Priorität, als zum Beispiel ein Gespräch über eine Verlobung, das sie unterbricht: denn »Männer finden sich überall. Was ist ein Mann gegen einen Brilliantschmuck?« (*Das Fräulein*, 454) Hier wird nicht das arme Aschenputtel durch ihren Prinzen reich und glücklich, sie beansprucht für ihre Freiheit eigenen Besitz. Und es ist ziemlich zweifelhaft am Ende der Lustspiele, ob das Happy-end in der Ehe anhalten wird. Die Annahme, daß es sich hier um eine vorsichtige Utopie handelt, die eine Welt entwirft, in der Frauen ermächtigt sind, ist nicht von der Hand zu weisen. Schließlich blieb die reiche Amalie von Sachsen ihr Leben lang unverheiratet.

Obgleich MARIE VON EBNER-ESCHENBACH (1813 – 1916) verheiratet war, gelang es ihr, als Frau im Literaturgeschäft erfolgreich einzusteigen und auch im Kanon Fuß zu fassen. Doch als Dramatikerin ist sie nicht in die Literaturgeschichte eingegangen, obgleich ihre Stücke zu ihrer Zeit wohl bekannt waren. Dabei hat sie mehr als fünfundzwanzig Stücke geschrieben, von denen die meisten gedruckt und viele auch aufgeführt wurden. Sie stellt Frauen auf die Bühne, die sich nicht scheuen, die Macht zu ergreifen. In ihrem historischen Stück über die französische Revolution, *Marie Roland (1867)*, beruft sich die Heldin nicht mehr auf Gottes Willen (wie in Westphalens *Charlotte Corday* oder Schillers *Jungfrau von Orleans*); sie ist sogar Atheistin. Es geht ihr um die politische Sache ihres Landes. Zwar braucht sie noch den Namen ihres Mannes, um als Feldherrin der Gironde zu agieren. Ebner-Eschenbach zeigt uns jedoch einen Frauenentwurf, bei dem es keine geschlechtsspezifischen Unterschiede in bezug auf die Fähigkeit zur Größe und Macht gibt, wie ihn schon von Stein über sechzig Jahre vorher nur am mythologischen Modell demonstrieren konnte. Die Frau ist nicht länger Besitz des Mannes. So ist Marie im Stück z.B. eine Vorkämpferin des Scheidungsrechts. Sie ist politisch die höchste Instanz, und alle folgen ihr gern, Frauen wie Männer. Dennoch wird sie am Schluß aus ihre Rolle als politisch Handelnde in die typisch weibliche Rolle der verklärt Leidenden abgedrängt. Keinesfalls wird aber Maries politische Aktivität verdammt, sondern »ihre private Unerbittlichkeit und Gefühllosigkeit.« (Kord, 131) Ebner-Eschenbach thematisiert hier eher die reale Umwelt, die negativ auf starke Frauen reagiert, als das Recht der Frau, ihre Fähigkeiten einzusetzen. Den tragischen Fehler sieht die Autorin eher in Maries Unfähigkeit, auch ihre Weiblichkeit voll ins Spiel zu bringen. Die Utopie, positive weibliche und männliche Stärken zu vereinen, wird nicht erreicht. Doch obgleich zum Tode verurteilt, kehrt Marie nicht ganz zur traditionellen, passiven Rolle als Frau zurück. Sie bestimmt am Ende besondere Erziehungsmaßnahmen für ihre Tochter, die dazu führen würden, daß sie sich »wohlwollend und gut« entwickelt, aber auch »klug, entschlossen, klar und fest.« (Ebner, 36)

Um die Mitte des 19. Jahrhunderts begann die Auffassung, daß die Frau als Mutter zu Hause in der Ehe in ihrem naturgegebenen Beruf aufginge, sich weiter zu zersetzen. Die Industrialisierung brachte viele Frauen in die Fabriken, da sie aus finanziellen Gründen außer Haus arbeiten mußten. Die literarisch schreibenden Frauen gehörten zwar nicht der Arbeiterklasse an, doch wurde ihr eigener Wunsch, einen Beruf zu haben, durch die neue Situation bestärkt. Wenn die Frauen schon außerhalb des Hauses arbeiteten, dann sollten ihnen auch Berufschancen zugestanden werden. Zumindest wurde inzwischen anerkannt, daß durch die sich rapide ausbreitende Stadtkultur mehr Frauen in Handwerkerfamilien (Bäckereien, Fleischereien und Schneidereien u.a.) arbeiteten als je zuvor. Nicht nur die Bürgerklasse entwickelte sich, indem sie feststellte, daß Macht auch durch Erwerb und nicht nur durch einen ererbten Stand (Adel) zu erlangen war. Auch in den Kleinbürger- und Arbeiterklassen – in denen Frauen meist doppellastig berufstätig waren – machte sich der Wunsch nach Aufstieg und Besitz bemerkbar. Auch wenn die Literatur zumeist die gehobenen Klassen ansprach, gab es doch schon eine Literatur und eine Dramatik, die sich mit den unteren Klassen befaßten. So bringt zum Beispiel Charlotte Birch-Pfeiffer Frauen aller Klassen, einschließlich Bäckerinnen, als Zentralfiguren auf die Bühne. Leider wird ihr Werk noch immer nach abfälligen Kritiken und oberflächlichen Dissertationen beurteilt, die einige Werke aus ihren über einhundert Stücken herauspickten, um sie negativ zu kategorisieren. Diese Einschätzung kann nur durch eine umfassende Werk- und Lebensanalyse der Dramatikerin grundlegend verändert werden. Auch Kord, die sich bislang wohl am intensivsten mit Dramen von Frauen befaßt hat, weist darauf hin, daß ihre Übersicht über die Frauendramatik des 18. und 19. Jahrhunderts unter einem Mangel von Einzelstudien leidet.

Birch-Pfeiffer und ihr Werk werden im nächsten Kapitel von *Ein Haus aus Sprache* ausführlich behandelt. Es wird dort der Frage nachgegangen, warum eine Künstlerin und Schriftstellerin, deren rund hundert Stücke unwahrscheinlich erfolgreich auf fast allen deutschsprachigen Bühnen aufgeführt wurden, inzwischen völlig in Vergessenheit geraten ist. Die meisten ihrer Protagonistinnen sind Frauen mit einem starken Willen, die den Fortgang der Handlung und die Lösung des Problems fest in der Hand halten. An Birch-Pfeiffers Schicksal soll der Prozeß der Verdrängung von Künstlerinnen und deren Theater exemplarisch demonstriert werden.

Literaturverzeichnis

Alder, Doris. *Die Wurzel der Polaritäten. Geschlechtertheorie zwischen Naturrecht und Natur der Frau.* Frankfurt, New York: Campus Verlag, 1992.

Amalie Marie Friederike Auguste. Prinzessin von Sachsen. *Die Unbelesene.* (1838) in: *Original-Beiträge zur deutschen Schaubühne* V, 1841.

— *Das Fräulein vom Lande.* Lustspiel (1836) in: *Original-Beiträge zur deutschen Schaubühne* IV, 1839.

Anmuth und Schönheit aus Misterien der Natur und Kunst, Berlin: Oehmigke, 1797 (Neudruck Dortmund: Harenberg, 1978).

Bruns, Friederike. »Idas ästhetische Entwicklung« in: *Wahrheit aus Morgenträumen und Idas ästhetische Entwicklung,* Aarau 1824.

Corvinius, Gotthold Siegmund. *Nutzbares, galantes und curieuses Frauenzimmer-Lexicon,* 1. Auflage 1715.

Droste-Hülshoff, Annette von. *Bertha oder die Alpen. Trauerspiel* in: Historisch-Kritische Ausgabe, VI/1, 1982.

Ebner-Eschenbach, Marie Freifrau von. *Marie Roland. Trauerspiel,* 1867.

Franul von Weissenthurn, Johanna. *Das Nachspiel. Lustspiel* (1800) in: *Schauspiele* II, 1810.

Goedecke, Karl, *Grundriss zur Geschichte der deutschen Dichtung. N.F.* Berlin: Akademie Verlag, 1955ff.

Günderode, Karoline von. *Mora, Hildgund, Immortalia,* in: *Sämtliche Werke und Ausgewählte Studien, Historisch-kritische Ausgabe,* Walter Morgenthaler, Hrsg. Basel, Frankfurt/M.: Stroemfeld/Roter Stern, 1990, Bd. 1.

Hoff, Dagmar von. *Dramen des Weiblichen. Deutsche Dramatikerinnen um 1800.* Opladen: Westdeutscher Verlag, 1989.

Kayser, Christian Gottlob. *Vollständiges Bücher-Lexikon. Schauspiele.* Leipzig, 1836.

Literaturverzeichnis

Klein, E.F. *Annalen der Gesetzgebung und Rechtsgelehrsamkeit in den Preussischen Staaten*, Band 17, Berlin/Stettin 1798.

Schlegel, Christiane Karoline von. *Düval und Charmille* (1778) in: Wurst, Karin A. *Frauen und Drama im achtzehnten Jahrhundert, 1770 – 1800*, Köln, Wien: Böhlau Verlag, 1991.

Stein, Charlotte Albertine Ernestine, Freifrau von. »Dido. Trauerspiel« in: *Goethe's Briefe an Frau von Stein*, Adolf Schöll, Hrsg. 2. Aufl. Frankfurt, 1883-1885.

Wallach, Martha. *Emilie und ihre Schwestern: Das seltsame Verschwinden der Mutter und die geopferte Tochter*, in: *Mütter – Töchter – Frauen. Weiblichkeitsbilder in der Literatur*, Kraft, Helga und Liebs, Elke, Hrsg. Stuttgart: Metzler, 1993.

Wurst, Karin A. *Frauen und Drama im achtzehnten Jahrhundert, 1770 – 1800*, Köln, Wien: Böhlau Verlag, 1991.

KAPITEL 3

Vergessenheit, das ist der wahre Tod ...
Das phantastische Leben und Werk
der Dramatikerin Charlotte Birch-Pfeiffer
(1800 – 1868) und ihr Untergang im Kanon

Birch-Pfeiffer: Mata-Hari oder Müsli?

Es ist leichter, eine FBI-Akte zu Gesicht zu bekommen, als den Nachlaß von Charlotte Birch-Pfeiffer einzusehen. Wer ist Birch-Pfeiffer, warum erscheint sie streng geheim? War sie Spionin, Agentin, deren Papiere nach dem Bekanntwerden internationale Skandale auslösen oder politische Zwischenfälle nach sich ziehen würden? Ihr Nachlaß liegt noch für alle verschlossen im Münchner Theaterarchiv. War sie vielleicht eine Art getarnte Mata Hari der Theaterwelt? Aber jeder kennt Mata Hari. Wenn man hingegen sogar Leute in Theater- oder Literaturkreisen fragt: »Kennen Sie Birch-Pfeiffer?«, dann lautet die Gegenfrage oft: »Ist das nicht ein neues Müsli«?

Des Rätsels Lösung: Charlotte Birch-Pfeiffer war eine äußerst berühmte, populäre und erfolgreiche deutsche Dramatikerin, Schauspielerin, Sängerin und Intendantin im neunzehnten Jahrhundert. Sie lebte von 1800 bis 1868 und ist nach 1900 unerklärlicherweise aus der Geschichtsschreibung verschwunden. Sie hat fast hundert Stücke geschrieben, die pausenlos über fünfzig Jahre hinweg überall zur Aufführung kamen. Fast achtzig ihrer Stücke wurden auch veröffentlicht, und sie hat das Bild der starken Frau in ihr Werk eingeschmuggelt. König Friedrich Wilhelm IV von Preußen verlieh ihr aufgrund ihrer Verdienste am Theater eine Ehrenprofessur, und sie erhielt Ehrenmedaillen u.a. von Friedrich Wilhelm III und dem Großfürsten von Mecklenburg-Schwerin. (Eloesser, 867) Es ist ihr Verdienst, daß sie neben eigenen Werken auch wichtige europäische Werke von Frauen ihrer Zeit durch ihre Bearbeitungen dem populären Bewußtsein der Deutschen nähergebracht hat – wie zum Beispiel Werke von Charlotte Brontë, George Sand, George Eliot. Brontës *Jayne Eyre* wurde unter dem Namen *Die*

Abb. 4: Charlotte Birch-Pfeiffer (1800–1868)

Obwohl die Jahre von 1840 bis 1860 die ›Birch-Pfeiffer-Ära im deutschen Theater‹ genannt wurden, ist die Autorin heute unbekannt. Sie hat an die einhundert Dramen geschrieben, die an hohen und niederen Bühnen mehr als vierzig Jahre lang mit großem Publikumserfolg aufgeführt wurden. Im Kanon ist sie jedoch untergegangen. Ihrer Schwierigkeiten als Schriftstellerin bewußt, bekannte sie: »Alles vergibt euch die Welt, sei's Ruhm, Stand – ja selbst Laster (…) Für eines nur hofft ihr umsonst Vergebung im Leben und Tode: Nimmer verzeihn wird die Welt Erfolge der dichtenden Frau.«

51

Waise von Lowood eines von Birch-Pfeiffers erfolgreichsten Stücke. Ein anderes, ebenso einschlagendes Drama, *Die Grille*, basiert auf George Sands (d.h. Baronin Aurore de Dudevant, geb. Dupin, *1804) Roman *La Petite Fadette* (1948). Es wäre lohnend, Birch-Pfeiffers Gesamtwerk vom Aspekt der Geschlechterdifferenzen her aufzuarbeiten. Obgleich die Dramatik der Stücke zumeist einem Happy-end zustrebt, in dem die Frauen ihre Erfüllung in der Heirat mit einem Mann finden, könnte man sich diese nach dem Happy-end so vielseitig und auch intellektuell tätig vorstellen, wie Birch-Pfeiffer es selbst war. Bis zum Ende der achtziger Jahre dieses Jahrhunderts gibt es in der Forschung praktisch nichts über die Autorin als zwei Dissertationen (Hes, 1914 und Meske,1971), die sich befleißigen, ihre Dramen am Kanon zu messen oder der Trivialliteratur (mit oft unfairen Vergleichen) zuzuordnen. Im Theaterarchiv München schlummerten bisher Zeugnisse ihres Lebens, das ohne diese Akten nur oberflächlich rekonstruiert werden kann.

Was waren die Voraussetzungen für eine Frau, die entgegen der gesellschaftlichen Strömung und trotz Kritik eine steile Karriere machen konnte? Charlotte Pfeiffer wurde am 23. Juni 1800 in Stuttgart geboren. Ihr Vater, ein Domänenrat und späterer Kriegsrat, hatte schon vor der Geburt seiner Tochter folgenreich in die Zukunft der deutschen Literatur eingegriffen: Zusammen mit Friedrich Schiller, mit dem er die berühmte Karlsschule besucht hatte, rettete er das Manuskript der *Räuber*. Er hielt es versteckt, als die Machthaber das Werk seines politisch kontroversen Inhalts wegen konfiszieren wollten. Die Tochter Charlotte, die ihrem erblindeten Vater schon als kleines Mädchen täglich begeistert literarische Werke vorlas, entwickelte bald eine starke Neigung zum Drama. Doch konnte eine Frau gar nicht daran denken, einen Geniekult à la Schiller und Goethe um sich aufzubauen und auf ein Mäzenatentum zu vertrauen. Mit Charlotte Birch-Pfeiffer wuchs ein neuer Typ von SchriftstellerIn heran, der darauf angewiesen war, durch die musischen Produkte Geld zu verdienen.

Die einzige Möglichkeit für ein Mädchen ihrer Kreise, Literatur zum Zentrum ihres Lebens zu machen, war der Beruf der Schauspielerin. Und schon mit dreizehn Jahren hatte Charlotte Pfeiffer es geschafft, trotz großer Hindernisse und Widerstände ihrer Eltern am Münchner Hoftheater angenommen zu werden. Sie verließ die Bühne nie, obgleich sie schon von Mitte zwanzig an mit Leidenschaft Schauspiele schrieb. Sie verstand nur zu gut, daß ein Vertrag als Bühnenschauspielerin ein verläßlicheres Einkommen bedeutete als die gelegentlichen finanziellen Früchte ihrer Schriftstellerei. Zu ihrer Zeit steckten die Copyright-Gesetze noch in den Kinderschuhen. Dieser

Mißstand schlug sich in ihren Briefen nieder, die viele Beschwerden über nicht bezahlte Summen und immer wieder Klagen über Plagiatsversuche enthalten. Pfeiffer hatte früh begriffen, daß es praktisch nur diejenigen talentierten Frauen schafften, ihre Dramen aufgeführt zu bekommen, die fortlaufend mit dem Theater in enger Verbindung standen, und zwar entweder durch einen Ehemann bzw. Vater oder ein Arbeitsverhältnis als Schauspielerin. So war es schon im 18. Jahrhundert gewesen. Sie war sich auch im klaren darüber, daß sie als schauspielende Frau nur mit Mühe als integer im bürgerlichen Sinne gelten konnte. Dies war jedoch eine selbstverständliche Voraussetzung für die Karriere, die sie im Sinn hatte. Schauspielerinnen waren Freiwild für die nach sexuellen Abenteuern suchenden Männer der mittleren und oberen Gesellschaftsklassen. Charlotte Pfeiffer war deshalb daran gelegen, den Schauspielerinnenberuf aufzuwerten; in einigen ihrer Stücke kreiert sie zum Beispiel Frauen der Bühne mit makellosem Lebenswandel (z.B. Heloise in *Eine Familie*, 1846) und stellt deren Künstlertum mit dem Status des Adels gleich.

Im Jahre 1825 heiratete Charlotte Pfeiffer in Hamburg den dänischen Diplomaten Dr. Christian Andreas Birch, der – so erstaunlich es heute klingt – ihre Karriere förderte. In der Sicherheit der Ehe, gewissermaßen bürgerlich abgesegnet, begann Birch-Pfeiffer ihre Laufbahn als Schriftstellerin, sicherlich aber auch deshalb, weil ihr Ehemann als Zeitschriftenverleger und im Geldverdienen erfolglos war. Ihr erstes Theaterstück schrieb sie 1828. Obgleich dieser Anfangsversuch (*Herma*) auf der Bühne hoffnungslos durchfiel, brach danach ihr Erfolg bis Ende des 19. Jahrhunderts nicht mehr ab. Einige der beliebtesten Stücke waren *Dorf und Stadt, Die Grille, Pfefferrösel, Die Waise von Lowood, Der Goldbauer, Der Glöckner von Notre Dame*. Ihre Stücke wurden in den deutschsprachigen Ländern auf praktisch jeder Bühne aufgeführt, und manche gelangten übersetzt an ausländische Bühnen (USA, Schweden). Allein im Burgtheater, Wien, wurden fünfundzwanzig ihrer Stücke mehr als sechshundertmal aufgeführt! »Nimmt man noch die Vorstadtbühnen, für die leider die Statistiken fehlen, hinzu, so hat sie jedenfalls weit über tausend Abende des Wiener Theaterplans okkupiert.« (von Weilen, 183) Darüber hinaus erfreuten sich ihre Opernlibretti für berühmte Komponisten (Meyerbeer, Flotow) sowie ihre Prosaschriften allgemeiner Beliebtheit. Um ihre Stücke rissen sich die verschiedenen Theater, die im 19. Jahrhundert gewissermaßen die Rolle des heutigen Kinos oder Fernsehens spielten. Auch Staats- und Nationaltheater zogen sie den ›Dichterfürsten‹ vor. Birch-Pfeiffers Schauspiele entsprachen den Ansprüchen eines breiten Publikums, und ihre mächtige Stellung in der Theaterwelt des neunzehnten Jahrhunderts ist schon dadurch angezeigt, daß man die Zeit von 1840 bis 1860 die ›Birch-Pfeiffer-Ära‹ im deutschen Theater nannte. (Eloesser, 871) Es muß ernsthaft behauptet werden, daß wir die kulturellen Zusammenhänge des 19. Jahrhunderts, besonders seine Unterhaltungsindustrie und deren Einfluß auf das Publikum, nicht verstehen können, solange das Phänomen Birch-Pfeiffer weiter verdrängt wird.

Als Ehefrau war Birch-Pfeiffer in der Lage, sich ihren zwei Berufen – Dramatikerin und Schauspielerin – zu widmen, weil sie gewissermaßen einen Familienbetrieb leitete, in dem ihre Schwester den Haushalt führte und außerdem noch Romane für sie las, um Stoffe für ihre Stükke aufzustöbern. (von Weilen, 62) Der Ehemann unterstützte ihre Aktivitäten mit ungewöhnlichem Eifer und akzeptierte ihre Rolle als Hauptverdienerin der Familie auf eine für einen Mann dieser Periode untypische Weise. Als unermüdlicher Leser fand der promovierte Historiker für sie Handlungen und Ideen zu Schauspielen. Nicht nur Romane in Fremdsprachen, sondern auch Bücher über die Antike und Geschichtswerke durchsuchte er nach Themen. Die gesamte internationale literarische Szene wurde so der Dichterin bekannt, und sie erfuhr von französischen, englischen und skandinavischen literarischen Werken, sobald sie erschienen.

Wie bei vielen anderen Bühnenkünstlern war es besonders ihre persönliche Erfahrung auf der Bühne, die der Qualität ihrer Dramen zugute kam. Als Schauspielerin wurde sie ständig mit allen Aspekten einer wirksamen Aufführung, dem Publikumsgeschmack und den Voraussetzungen für einfühlsame Darstellungen konfrontiert. Am Anfang ihrer Karriere spielte sie tragische Liebhaberinnen und Heldinnen wie Julia, Sappho, Medea und Maria Stuart auf den besten Bühnen der deutschsprachigen Länder wie München, Wien, Prag, Kassel, Hannover, Berlin, Dresden und Hamburg. Dort hatte sie Gelegenheit, gute Stücke unter den angesehensten Regisseuren zu analysieren und die Kunst erstklassiger Schauspieler zu beobachten. Sie pflegte engen brieflichen Kontakt mit Intendanten und vielen Prominenten des Theaters. Zielbewußt und klug versuchte sie immer wieder, an den besten Bühnen für Gastspiele engagiert zu werden, um dann auch ihre Stücke dort aufgeführt zu bekommen. Zwischen 1830 und 1837 lebte sie hauptsächlich in München, wo ihr Haus zum Salon für die bekanntesten Vertreter aus Kunst und Politik wurde. Bald rissen sich die besten Schauspieler um ihre Rollen, weil sie ihnen Publikumsapplaus garantierten. Hunderte ihrer Briefe zeugen von Birch-Pfeiffers Geschäftssinn. Immer wieder kommt darin zum Ausdruck, daß sie sich ständig um Geld, Einkommen und Tantiemen sorgte. Auch hierin war sie ihr eigener Manager und verhandelte so geschickt, wie man es einer Frau oder Künstlerin sonst nicht zutraute. Das Ausmaß ihrer Leistung läßt sich vorstellen, wenn man bedenkt, daß sie im Alter zwischen 26 und 35 auch noch eine Geburt und sechs Fehlgeburten durchmachte. Danach bewies Birch-Pfeiffer ihre vielfältigen organisatorischen und administrativen Talente besonders als brillante Intendantin des Züricher Stadttheaters von 1837 bis 1843, wo sie fast ohne Zuschuß, am Ende noch mit eigenem Geld, Produktionen finanzierte. Durch ihre Kompetenz und die beispiellosen finanziellen Bühnenerfolge ihrer Stücke wurde sie dann besonders zwischen 1840 und 1860 zur wichtigsten Theaterpersönlichkeit an den deutschsprachigen Bühnen.

Ganz offensichtlich pflegte sie keinen Kontakt mit frühen Gruppen, die sich für die Frauenemanzipation einsetzten. Sie ging einfach daran, ihre Wünsche zu verwirklichen, ob es nun einer Frau zustand oder nicht. Heute würde man sie als ›Superfrau‹ bezeichnen, eine dynamische, begabte Frau, die Familie und Karriere vereinte und doch traditionell erschien. Felix Dahn beschreibt in seinen *Erinnerungen* ihre strenge Eigendisziplin, die wohl zu ihrer erstaunlichen Produktivität führte: »Neben Proben und Vorstellungen, welche sie im königlichen Schauspielhaus beschäftigten, schrieb sie unermüdet tief in die Nächte hinein wachend an ihren Schauspielen.« (Dahn, 379)

Birch-Pfeiffer ließ sich 1844 endgültig in Berlin nieder, wo sie am königlichen Theater als Charakterschauspielerin bis zu ihrem Tod im Alter von 68 Jahren engagiert war. Sie schrieb weiterhin populäre Dramen. Als ›Mutter Birch‹ stellte sie gewissermaßen eine Institution in der deutschen Hauptstadt dar. Ihr Salon in ihrem Haus in der Krausenstraße zog viele berühmte Sänger (Jenny Lind), Schauspieler, Schriftsteller (Felix Dahn, Gustav Freytag, etc.) und Komponisten (Giacomo Meyerbeer) an. Sie nutzte sicherlich den Aspekt des ›Mütterlichen‹, um ihre Fraulichkeit in den Vordergrund zu schieben und somit ihr Eindringen in die Männersphäre harmloser erscheinen zu lassen. Dazu gehört auch, daß sie, wie Generationen von Künstlerinnen vor ihr, das eigene Werk unter den Scheffel stellte und Ruhmeswünsche ableugnete: »Ich habe nicht die Tendenz, für die Unsterblichkeit zu arbeiten.« (Birch-Pfeiffer, 319) Noch zum Anlaß ihres Todes am 25. August 1868 lobte man sie besonders dafür, daß sie kurz zuvor noch – trotz eigener Krankheit – ihren Mann hingebungsvoll gepflegt hatte. Ihre geistigen und künstlerischen Errungenschaften standen an zweiter Stelle.

Die Autorin hat nach Angaben bessergesinnter Kritiker ihrer Zeit das abgedroschene bürgerliche Trauerspiel durch neue Stoffe und Themen aufleben lassen und eine neue Gattung eingeführt, nämlich das Volksstück. (Eloesser, *Bühne*, 55 – 61; *Almanach*, 871). Obgleich eine andere Gruppe von Kritikern ihre Stücke verriß, wurden ihre Motive und Gestalten von Dramatikerkollegen nachgeahmt. Birch-Pfeiffers Stücke folgen keiner Formel, sondern schließen ein weites Spektrum wechselnder stilistischer Elemente ein. Ihre Stücke reflektieren die optimistischen Phantasien um die Mitte des neunzehnten Jahrhunderts: jeder kann reich werden, jeder den geliebten Partner heimführen. Birch-Pfeiffer brachte sowohl die aristokratische Welt auf die Bühne wie auch den bürgerlichen Umkreis und das bäuerliche und handwerkliche Milieu. Alles in allem waren es meist lustige Schauspiele, die den Zeitgenossen Gleichnisse ihrer Aufsteigermentalität und ihrer Geldgier vorhielten, und reihenweise starke Frauengestalten vorführten, die zwar die Liebe hochhalten, aber keine Opfer sind, sondern zumeist mutig und tatkräftig im Zentrum des Stücks die Lösung einer spannenden Problematik herbeiführen dürfen. Der unzeitgemäße Kampf dieser Frau im Alleingang hat sie erstaunlicherweise nicht entmutigt, aber trotz aller Anpassungsstrategien hat sie sich als Außenseiterin in ihrer Gesellschaft gefühlt.

Anatomie des Vergessens

Am Beispiel der Charlotte Birch-Pfeiffer möchte ich in diesem Kapitel dem Gedanken der ›Geschlechter-Zensur‹ nachgehen und die Frage stellen, inwieweit in der Geschichte Werke und Leistungen vergessen wurden, nur weil sie von Frauen stammten. Schon im ersten Kapitel von *Ein Haus aus Sprache* habe ich einige Überlegungen dazu angestellt, die hier vertieft werden sollen. Blieben Werke von Frauen unberücksichtigt, weil

(1) voreingenommene Kritiker in der Vergangenheit Schriftstellerinnen und ihr Schaffen misogynisch begutachteten und für männliche Schriftsteller andere Maßstäbe anlegten? Oder weil

(2) schreibende Frauen oft ihre eigenen Leistungen herabsetzten, und dieses Kundtuen weiblicher Minderwertigkeitsgefühle selbst zu ihrer Marginalisierung beitrug? Oder weil

(3) verdienstvolle Werke – auch wenn sie beim zeitgenössischen Publikum gut ankamen – in Geschichtswerken nicht gewürdigt wurden? Oder weil

(4) man bisher wichtige gesellschaftliche und kulturelle Aspekte des Wirkens und des Werkes von Frauen übersah und nicht erkannte, so

z.B. die Frage, was die Frauenperspektive über ihre Zeit aussagen könnte, um unser verzerrtes Geschichtsverständnis zu korrigieren? Oder weil

(5) noch heute die Forschung über wichtige historische Frauen in der Kunst hintertrieben wird, weil auch Feministinnen sich nur mit gewissen, ›politisch korrekten‹ historischen Figuren befaßten oder weil zum Beispiel keine öffentlichen oder privaten Geldmittel zu solcher Forschung zur Verfügung gestellt werden?

Die Erfolge von Birch-Pfeiffer und die Reichhaltigkeit ihrer Leistungen wirft die Frage nach den Indizien auf, die zeigen könnten, warum sie und ihr Nachlaß auch heute noch unbekannt sind – im Kanon und auch sonst.

Gehen wir einen Schritt weiter und fragen wir uns, auf welche Tradition die Nachlaßverwalter bauten, als sie sich berechtigt fühlten, sich so wenig um Birch-Pfeiffer zu kümmern? Sie stehen in einer langen Reihe von Öffentlichkeitsvertretern, die die Künstlerin und ihr Werk dem Vergessen preisgaben. Beispiele dieser ›Verdrängungsarbeit‹ erhalten widersprüchliche Konturen, wenn zunächst einmal die erstaunliche Produktivität der Dramatikerin und ihr Erfolg zu Lebzeiten ins Licht gerückt wird. Birch-Pfeiffer hat ihr ganzes Leben lang hartnäckig gefochten, um ihre Werke anerkannt zu sehen. Der Prozeß des Vergessens wurde wahrscheinlich dadurch eingeleitet, daß es bei Werken von Frauen mehr negative Kritiken in den Zeitungen und Zeitschriften für das gebildete Bürgertum hagelte als bei Männern; dennoch blieben die Intendanten ihr treu, die Zuschauer kamen in Scharen, namhaften Autoren schrieben gute Kritiken, und die Kasse stimmte. Heinrich Laube, Theaterleiter in Wien (von 1849-1867) bestätigte:»Wäre die fleißige Fabrikantin in Berlin, die Birch-Pfeiffer nicht da, die für den Markt arbeitet, die Schauspielhäuser‹ müßten geschlossen werden.« (Laube, Bd. I, 172) Der Herausgeber ihres Briefwechsels mit Laube, von Weilen, berichtet über das Paradox der guten und schlechten Kritiken:

Mag die ›Augsburger Allgemeine Zeitung‹ die Verfasserin auch als ›Mutter des heutigen theatralischen Unglücks‹ bezeichnen, die Kritik würdigt es [das Stück *Die Grille*] als Theaterstück, die Theaterzeitung meint: ›Hie Birch, hie Pfeifer! sei fortan unser Schlachtruf! Man hat die gute Frau lange genug verketzert. Es ist gerade Zeit, daß wir einmal anfangen, für Frau Birch ein wenig zu schwärmen.‹ (von Weilen, 148-149)

Als Birch-Pfeiffer jedoch z.b. einmal plante, eine Tragödie über Karl II zu schreiben, riet ihr der Intendant des Wiener Burgtheaters, doch ja von diesem Stoff zu lassen, denn ihre zarte Frauenhand sei zu schwach für dieses Genre. Soweit wollte man es dann doch nicht mit den Dramatikerinnen kommen lassen.

Theodor Fontane war einer der wenigen literarisch ausgewiesenen Zeitgenossen, die ihren Wert erkannten. Er schrieb 1881, dreizehn Jahre nach ihrem Tod, in seinen *Plaudereien über Theater*, »daß sie viel talentvoller sei als ihre vornehm auf sie niederblickenden Gegner (...) Was lebt denn noch aus den dreißiger und vierziger Jahren? Die Birch (...) Ihre Stücke sind weniger veraltet als beispielsweise die Bauernfeldschen, und selbst Gutzkow und Laube treten im ganzen hinter die Birch zurück.« (Fontane, 170) Ihre Verdienste wurden ihr teilweise noch zu ihrem hundertsten Geburtstag im Jahre 1900 in *Bühne und Welt* bestätigt, aber nach der Jahrhundertwende erschien nur noch ein Teil ihrer Korrespondenz mit Heinrich Laube mit Kommentaren, wahrscheinlich aber eher wegen Laubes als wegen ihrer eigenen Popularität. Von da an wird es um Birch-Pfeiffer still. Während der Weimarer Zeit gab es eine gegenläufige Tendenz gegen die ›neue Frau‹, und sie wurde von der Geschichtsschreibung verdrängt. Ein Modell wie Birch-Pfeiffer mußte ebenfalls verdrängt werden. Zur Hitlerzeit, als die Frau auf ihre Mutterschaft hin festgelegt wurde, war es dann natürlich leicht, auf die negativen Kritiken zu bauen und jegliche Erinnerung an sie fallen zu lassen.

Heute ist sie nur kurz (und oft verfälscht) in literatur- und theaterwissenschaftlichen Nachschlagewerken als ›Bühnenadaptorin von Romanen‹ angegeben. Kritiker nutzten die Tatsache, daß sie oft Romane anderer Autoren adaptierte, als Waffe gegen ihren Erfolg und ihre künstlerische Begabung. Diese Vorwürfe erscheinen recht plump, denn gute Dramen wurden oft auch von schlechten Romanen gemacht, und Shakespeare, Kleist und Brecht ›plagiierten‹ ungeniert. Außerdem übergeht man bei diesem Vorwurf aus undurchsichtigen Gründen die Tatsache, daß fast fünfzig Prozent von Birch-Pfeiffers Stücke Originaldramen sind. In vielen allgemeinen Enzyklopädien, wie z.B. in der zwanzigbändigen Ausgabe des *Duden*-Lexikons aus dem Jahre 1991, ist sie überhaupt nicht mehr aufgeführt. Hingegen nehmen Karl Gutzkow (1811 – 1878) und Heinrich Laube (1806 – 1884) – Verfasser von Dramen vergleichbarer Qualität und Popularität – je acht Zeilen in diesem Lexikon ein; und ihr Konterfei neben dem Text verstärkt die Präsenz des Werkes dieser Männer als bleibendes Kulturgut. Ähnlichen Nachruhm ernten Iffland und Kotzebue, Verfasser unbedeutender Stücke, über die man in Bibliotheken Regale voller Sekundärliteratur findet, während es praktisch nichts über Birch-Pfeiffer gibt. Die Dissertation von Gunnar Meske aus dem Jahre 1971 will die Werke Birch-Pfeiffers

höchstens als kulturelles Phänomen retten. Er nimmt als Vergleichs-
maßstab für Birch-Pfeiffers Stücke Beispiele aus der ›hohen Literatur‹,
nämlich drei Stücke von Lessing, Schiller und Hebbel. Es stört ihn
nicht, daß es sich bei Birch-Pfeiffer um Komödien handelt und er gewissermaßen Äpfel und Birnen vergleicht, denn die Vorbilder sind die
Tragödien *Emilia Galotti*, *Kabale und Liebe* und *Maria Magdalena*. Aber in
diesem Vergleich findet Meske seine Ansicht, daß es sich bei den Lustspielen der Autorin um Trivialliteratur handelt, bestätigt.

Auch die seit zwanzig Jahren aktive Frauenforschung in Deutschland hat sich weder um den Beitrag Charlotte Birch-Pfeiffers zur Kulturgeschichte gekümmert, noch versucht, ihr Leben und Werk mit
modernen Interpretationsmitteln (z.B. vom Standpunkt der ›Cultural
Studies‹ aus) im Kontext ihrer Zeit zu verstehen. Sogar noch in der
Anthologie *Die Schauspielerin* (1989) wird festgestellt, daß es im 19. Jahrhundert Frauen, die selbst ein Theater leiteten und dazu Stücke schrieben, nicht gegeben hätte. Es heißt da:»Nach 1750 sind die Prinzipale,
die sich haben durchsetzen können, sämtlich Männer. Auch die Grün-
der, Direktoren oder Verwalter der bald beginnenden stehenden deutschen Theater waren ausschließlich Männer.« (*Die Schauspielerin*, 100-
101) Das ist falsch. Vergessen ist dabei, daß Birch-Pfeiffer von 1837 bis
1843 gefeierte Intendantin am Züricher Schauspielhaus war, einer
Zeit, die wiederum nur in einer Dissertation aus dem Jahre 1911 als
»Goldenes Zeitalter des Zürcher Theaters« gewürdigt wurde. (siehe Eugen Müller)

Warum ist der Vergessensprozeß wohl so weit fortgeschritten, daß
nicht einmal die deutsche feministische Forschung Birch-Pfeiffer mehr
auffindet? Wie ist es zu erklären, daß eine amerikanische Germanistin
(Susanne Kord) die erste ist, die 1992 (in einem ebenfalls ersten Buch
über deutsche Dramatikerinnen) Birch-Pfeiffers Werk vom Standpunkt
der Frau aus beachtet? Wie steht es mit dem deutschen Feminismus in
der Wissenschaft? Liegt es vielleicht daran, daß sich eine Frau im Uni-
versitätsbetrieb weniger mit feministischen Themen befaßt, um ihrer
Karriere nicht zu schaden (weniger als zwei Prozent der Professorinnen
in Deutschland sind Frauen – in den USA über 15 Prozent)? Oder
schreckte es vielleicht die Forschung ab, daß Birch-Pfeiffer als Monar-
chistin den revolutionären Gruppen ein Dorn im Auge war, oder daß
viele ihrer Schauspiele als Melodramen galten? Das letztere ist ja auch
der Fall bei Gutzkow, Laube, Iffland und Kotzebue. Erst 1994 erschien
ein erster Aufsatz zur Mutter-Tochter-Problematik in ›einer Anthologie
von Dörte Fuchs und Andrea Günter, der Mut macht. (Fuchs und
Günter, 179-215)

Erst wenn aus differenzierter – z.B. aus postmoderner und feministischer – Perspektive die historischen Unterschiede zwischen dem, was erinnerungs- oder was vergessenswürdig ist, auch in diesem Fall untersucht werden, können Gründe für diese Benachteiligung gefunden werden. Vorher können wir die Kämpfe, die die Dramatikerin zu kämpfen hatte, um Neuland für eine Frau zu schaffen, nur vermuten. Eine breite, historische Grundlage ist jedoch schon erarbeitet worden: Es ist inzwischen bekannt – besonders eindringlich schon durch Simone de Beauvoirs *Das zweite Geschlecht* (1949) –, daß während Birch-Pfeiffers Wirkungszeit im neunzehnten Jahrhundert die künstlerische oder professionelle Arbeit einer Frau – speziell als Dramatikerin – noch immer als skurrile Ausnahme galt, die nicht in das politisch propagierte allgemeine Frauenbild paßte. In der zweiten Hälfte des 19. Jahrhunderts standen in Preußen Frauen sogar unter dem Verbot, öffentlich in Gruppen aufzutreten, wenn solche Versammlungen einen politischen Hintergrund vermuten ließen. Auch durften nach 1850 keine Zeitschriften von Frauen herausgegeben werden. So erkennt man auch in Birch-Pfeiffers Werk aus der Zeit der 48er Revolution eine größere Experimentierfreudigkeit, mit der sie kontroverse, liberale Gedanken behandelt, während ihre Werke nach 1850 konservativer erscheinen. Selbstzensur war zweifellos für alle Dramatiker nötig, um weiterhin auf der Bühne zu bleiben, mehr noch für eine Frau. Die Zensur war so streng, daß sie »so ziemlich alles verbot, was wesentlich Stoff zum Drama ist«, wie der Theaterhistoriker Martersteig feststellte. (Kord, 26-27, Martersteig, 276) Auch Birch-Pfeiffers Stücke *Die Günstlinge, Ferdinand Avelli der Flüchtling, Die Flucht nach London, Die Engländer in Paris, Der Glöckner von Notre-Dame* durften aufgrund der strengen Zensur Österreichs in Wien und auch anderswo zeitweise nicht aufgeführt werden. Im Theaterbetrieb war es besonders für eine Frau nötig, bescheiden aufzutreten und ihre Begabung nicht hervorzukehren. Mit kalkulierter Bescheidenheit behauptete Birch-Pfeiffer, keine Kunstwerke verfassen zu wollen, sondern lediglich wirkungsvolle Stücke und gute Rollen für Schauspieler. Solche Bescheidenheit war für Frauen notwendig, um in dieser für Männer reservierten Spähre überhaupt angenommen zu werden. Jedoch bestärkte ihr *Understatement* die Kritiker um die Jahrhundertwende darin, ihren Wert als Künstlerin herabzusetzen:»Die Birch-Pfeiffer hat als Schriftstellerin keine Entwicklung gehabt, sie war keine Künstlerin.« (Eloesser, 872) Ihren Werken wird herablassend zugestanden:»Das sind keine litterarischen Thaten, aber sie [B-Pf] hat immerhin das Verdienst, den Geschmack eines aus den unteren Bildungsschichten sich vermehrenden Publikums in verhältnismäßig anständiger Weise befriedigt zu haben.« (Eloesser, 872) Ihr Talent wird als eine Kombination von ›Routine und Naivität‹ beschrieben, die mit einer ›mütterlichen Phantasie‹ durchdrungen sei – was immer eine mütterliche Phantasie sein mag.

Besonders in der Mitte des vorigen Jahrhunderts glaubte die Frau ihrem ›natürlichen‹ Wesen nach nicht für die Kunst – und damit das Geistige – geeignet zu sein, und dazu zählte alles, was nicht mit sorgender Mutterschaft und selbstlos ausgeführten Eheplichten zu tun hatte. Diese Werte wurden von den meisten Frauen verinnerlicht. Noch in den zwanziger Jahren unseres Jahrhunderts schrieb sogar die große Dramatikerin Marieluise Fleißer im Selbstzweifel, daß die Mentalität der Frau den großen Entwürfen des Dramas abträglich sei, denn hier sei das Individuum im Spannungsverhältnis mit der Gesellschaft zu postulieren, und dazu habe ein Mann bessere Voraussetzungen. (*Fürs Theater schreiben*, 15-16)

Birch-Pfeiffer bewegte sich also auf einer schmalen gesellschaftlichen Klippe, und auch sie hegte gewisse Zweifel aufgrund der Beschränkungen, die sie sich auferlegen mußte. Sie stürzte nicht ab, weil es ihr gelang, an der Oberfläche den dominanten patriarchalischen Diskurs einzuhalten und nur unterschwellig eine abweichende Wirklichkeit zu thematisieren, wie es im letzten Teil dieses Kapitels aufgezeigt wird. Friedrich Hebbel meinte mit ihr umgehen zu können, weil sie nie ihre Schranken überschreiten würde – und schaute wohl deshalb auf ihre Dramen herab.

Komplizin, Angepaßte oder Neuschöpferin? Offenbar bot sie etwas Neues für Frauen, die in immer größeren Scharen das Theater besuchten. Noch ›schickte‹ sich solch ein Besuch nicht für das ›zarte Geschlecht‹, aber die Tatsache blieb nicht verborgen, daß die Theater ohne das weibliche Publikum Bankrott machen würden. Birch-Pfeiffer offerierte eine Ware, die im aufsteigenden kapitalistischen Denken Profite einbrachte. In der Realität wurde praktisch also schon vieles schweigend geduldet, was es nach der Ideologie in bezug auf Frauen nicht geben durfte. Das war ein Widerspruch, ein Dorn im Fleische des Patriarchats. Es ist nicht abwegig anzunehmen, daß Birch-Pfeiffer vielleicht gerade deshalb Opfer eines historischen Prozesses wurde, durch den die ›unweiblichen‹ Leistungen von Frauen aus der Geschichte wieder herausgestrichen oder marginalisiert werden mußten, eben weil sie entgegen dem vorherrschenden Menschenverständnis ihrer Zeit akzeptiert worden waren. Dieser unterschwellige Prozeß hatte viele aktive Frauen erfaßt, und er wird in feministischen Kreisen als bewußter/ unbewußter Gegenschlag von Vertretern der herrschenden Geschlechterideologie aufgefaßt. Schließlich häuften sich um die Jahrhundertwende die organisierten Frauenbünde, die versuchten, ihre Anliegen in der öffentlichen Sphäre durchzusetzen. Dazu schürte wohl das Auftauchen der modernen Frau, die sich sexuelle Freiheit nahm und berufliche Ansprüche stellte, im herrschenden Diskurs die unbewußte Angst vor dem ›Anderen‹, vor Frauen, die plötzlich eigene Rechte verlangten und sich vom Wohlwollen des auf ihre Verfügbarkeit aufgebauten Gesellschaftssystems unabhängig machten. Durch die ›neue Frau‹, die in Männersachen mitreden wollte, fühlte man sich in eine Position der Schwäche versetzt. Der Prozeß der Rückdrängung der Frau auf ihren ungefährlichen Platz als Mutter in die künstlich abgeteilte Privatsphäre ist so zu verstehen und konnte unter dem Vorwand der wirtschaftlichen Krise nach dem ersten Weltkrieg und durch die eingepaukte Ideologie der Nazizeit fortgeführt werden. Auch Künstlerinnen wurden davon nicht ausgenommen. Ein Buch aus dem Jahr 1938 über die Schriftstellerinnen der Frauenbewegung, *Das Mutter-Kind-Problem im deutschen Frauenroman zur Zeit der Frauenbewegung* – paradoxerweise von einer Frau, Irmgard Schüttrumpf, geschrieben – verdammt zum Beispiel folgerichtig die Leistungen künstlerisch und geistig tätiger Frauen mit einem vernichtenden Urteil über die artfremde Selbstsüchtigkeit ihrer emanzipatorischen Anstrengungen, bei denen die im ›Wesen‹ der Frau angelegte Sehnsucht nach Hingabe verkümmere. Dieser Tätigkeit von Frauen widersetzten sich «die geheimnisvollen Ströme des weiblichen Blutes, die zu Hingabe und Selbstaufgabe drängen.« (Schüttrumpf, 20) Birch-Pfeiffer war zu dieser Zeit leicht abzutun und in der Geschichtsschreibung auszulassen. Es sei nicht vergessen, daß man in Deutschland mit der Festschreibung der Frau auf ihre traditionelle Rolle gründlicher war als anderswo. Noch bis in die 60er Jahre hinein gab es nur *eine* Frau aus dem 19. Jahrhundert im literarischen Kanon, an den sich die meisten Schulen und Universitäten orientierten: Annette von Droste-Hülshoff. Belächelt als eine von der Liebe enttäuschte, alte, bezopfte Jungfer mit männlichem Stil, konnte man sie wohl als ›Blaustrumpf‹ gelten lassen.

Zu Birch-Pfeiffers Zeit war die Existenz eines Doppelstandards der Kritik noch kaum transparent. So haben zeitgenössische Kritiker Unzulänglichkeiten, die sie bei *Autorinnen* zu entdecken meinten, ihrem naiven Geist zugeschrieben, während man ähnliche Mängel in Werken von *Autoren* auf ein verständnisloses Publikum zurückführte. Sie wurden nach einem ›Kanon‹ gemessen: entsprachen sie dem Maßstab, wurden sie als Nachahmerinnen eingestuft, brachten sie schöpferische Einsichten aus ihrer eigenen Erlebniswelt, wurden sie als trivial oder marginal abgeurteilt; sie waren in einem ewigen Teufelskreis gefangen.

Das Schicksal von Birch-Pfeiffers reichhaltigem Nachlaß (Kisten voller Briefe, Tagebücher, Manuskripte, Haushaltsbücher, Aufzeichnungen) ist ein Musterbeispiel dieses Denkens. Warum waren die Tore des Theatermuseums in München, das wichtige Lebensdokumente dieser Künstlerin kistenweise hortet, bis heute für alle verriegelt? Die Antwort kann nur darin liegen, daß die zuständigen ReferentInnen und Behörden es bisher nicht für lohnenswert erachteten, den Nachlaß dieser Künstlerin zu katalogisieren. ›Kein Geld‹, argumentierte man bei einer Nachfrage, fügte aber gleichzeitig hinzu, daß man auch Gelder von Stiftungen zu diesem Zwecke aus Arbeitsrechtsgründen ausschlagen würde. Ohne Katalogisierung darf nichts eingesehen werden, Punkt. Ausgewiesenen, erfahrenen WissenschaftlerInnen wurde mit dem Argument die Tür gewiesen, es könnten ja Dokumente abhanden kommen oder verlegt werden. Wie paßt diese Schutzmaßnahme nun wieder zu der vorherigen vollkommenen Ignorierung des Nachlasses und seiner Deponierung im Keller der alten Pinakothek? Damit war ja schon praktisch alles verlegt, schon alles abhanden gekommen.

Nach jahrzehntelangem, vergeblichen Drängen von in- und ausländischen WissenschaftlerInnen, die sogar versuchten, sich durch die Bonner Botschaft oder den bayerischen Kultusminister Zugang zu verschaffen, hat man sich wohl nur deshalb ein bißchen an Birch-Pfeiffer erinnert, weil die alte Pinakothek zur Renovierung geräumt werden mußte. Jedenfalls gab man endlich das Signal: es darf katalogisiert werden. Das war 1993, aber noch ist die Arbeit nicht beendet, die wohl auch nicht auf der Dringlichkeitsliste steht. Ende 1995 darf immer noch kein Blatt – katalogisiert oder nicht – eingesehen werden. Die seit Jahren interessierten ExpertInnen haben sich sicherlich resigniert anderen Projekten zugewandt, und bis zum Jahre 2000 – Birch-Pfeiffers zweihundertstem Geburtstag – ist wohl nicht mit wesentlichen Veröffentlichungen, die auf dem Nachlaß basieren, zu rechnen. Die Leitung des Theatermuseums legt einen seltsam anmutenden Mangel an Dynamik an den Tag, wenn es um diese verdienstvolle Frau geht. An einer Feier zu ihrem großen Geburtstag im Jahre 2000 war das Museum zum Beispiel nicht interessiert und verbat sich 1994 schriftlich, bei irgendwelchen anderen Kultusstellen als möglicher Mitveranstalter oder Beitragslieferant genannt zu werden.

Die Hartnäckigkeit, mit der die Einsicht in die Dokumente verweigert wird, wirft den Verdacht auf, daß es noch irgend einen anderen wunden Punkt geben muß. Es stellt sich als mögliche Antwort heraus, daß in der Tat einige Leute Anfang der achtziger Jahre den Nachlaß eingesehen haben – sogar Studenten, die, wie das Museum bestätigte, alles durcheinander gebracht hätten. Dazu gehört wohl auch die Herausgeberin des Briefwechsel zwischen Birch-Pfeiffer und ihrer ebenfalls berühmten und auch jetzt noch bekannten Tochter, Wilhelmine von Hillern, von der das populäre Buch *Die Geierwally* stammt. In Ausnahmefällen gab es also Zugang zum Nachlaß, und im Jahre 1985 wurde eine Briefsammlung aus dem Nachlaß mit dem folgenden barocken Titel veröffentlicht: *Das Kind ist tot, die Ehre ist gerettet. Ein Briefwechsel aus dem 19. Jahrhundert zwischen Charlotte Birch-Pfeiffer (1800-1868), Dichterin kitschiger Dramen, und ihrer Tochter Minna von Hillern, Verfasserin der »Geier-Wally«, und dem Kammerjunker und Hofgerichtsrat Hermann von Hillern über ein zur Unzeit geborenes Kind.* Hier geht es um die sensationsheischende Vermutung, daß Charlotte Birch-Pfeiffer, Großmutter dieses Kindes, schlechthin die Schuld am Tod ihres Enkels trägt. Die Herausgeberin, Gisela Ebel, hat sich zum Ziel gesetzt, mit diesem Beispiel die frauenfeindliche Moral des neunzehnten Jahrhunderts aufzudecken. Damals sahen sich viele Mütter genötigt, das Leben von Neugeborenen aufs Spiel zu setzen, um nicht durch eine zu frühe oder außereheliche Geburt von der Gesellschaft stigmatisiert zu werden. Außerdem glaubt sie hier ein Beispiel der Mittäterschaft von Frauen im Patriarchat gefunden zu haben. Die Frage der Komplizenschaft ist eine wichtige, doch beweisen schon die ausgewählten und veröffentlichten Briefe, daß die im Titel des Buches angekündigte These auf sehr schwachen Beinen steht. Außerdem wird Birch-Pfeiffers Werk leider ungerechterweise schon im Titel verunglimpft (»Dichterin kitschiger Dramen«). Die Herausgeberin übernimmt also ungeprüft eine patriarchalische Kritik und wird so selbst zum Beispiel weiblicher Komplizenschaft. Mit anderen Worten: durch Mithilfe der Nachlaßverwaltung entstand ein Boulevard-Buch. Was ganz simpel anzuklagen ist: Warum wurde das Material nicht schon vor langer, langer Zeit katalogisiert und warum geht der Prozeß der Zugänglichmachung so zögerlich voran?

Birch-Pfeiffer selbst war sich über ihre Verletzlichkeit als Frau in einem ›Männerberuf‹ im klaren und bemerkte spät im Alter: »Ich bin, Gott sieht in meine Seele, das beste Herz unter seiner Sonne, und ich bin böse geworden und fühle, daß ich immer böser werde – aber die Menschen haben mich dazu gemacht (...)« (Wehl I, 78) Daß ihre Stimmung gerechtfertigt war, beweist ihr Versinken in der Geschichte.

Die selbständige Frau zwischen Restaurationszeit und Gründerjahren in Birch-Pfeiffers Dramen

Als einen kleinen Beitrag zu Birch-Pfeiffers Anteil am kulturellen Diskurs sei hier auf die Frauendarstellungen einiger ihrer Stücke im Zusammenhang mit dem ökonomischen und politischen Kontext ihrer Zeit eingegangen. Die Mentalität um die Mitte des 19. Jahrhunderts zeigt sich in Birch-Pfeiffers Stücken in verschiedenen Paradoxen. Wenn man die Dramen vom Standpunkt der Geschlechterdifferenzen ansieht, geht es fast immer um die ›absolute Tugend‹ der Frau und das ›heilige Ehr- und Pflichtgefühl‹ des Mannes seinem Staat oder Herrn gegenüber. Andererseits geht es aber stets mehr noch um das liebe Geld. Lotterielose werden gekauft, Aussteuersummen werden in Talern vorgerechnet, ein Erbe bestimmt den Gang des Geschehens. Ein Paradox liegt darin, daß die hingebungsvollen Frauen auch erstaunlich starke Frauen sind, die das Leben meistern und zumeist durch ihre Tatkraft den Knoten der Situation lösen. In dem Stück *Mutter und Tochter* (1844) erfahren wir, wie gut die verwitwete Mutter das Geld in Aktien angelegt hat und dadurch in der Lage war, für die Familie zu sorgen und alle aufkommenden Probleme zu lösen. In *Der Leiermann und sein Pflegekind* (1859) sind es die Bäckerin und Riekchen, die Pflegetochter, die mit ihrem Fleiß in ihrem Beruf den Wohlstand fördern. Ellen in *Die Lady von Worsley Hall* (1855) rettet mit ihrem Erbe den geliebten Mann und dazu den König von England. Auch wenn ein Mädchen so arm wie eine Kirchenmaus ist, bekommt sie beim Happy-end doch oft noch eigenes Geld und Gut, so daß wirklich nur die Liebe und nicht finanzielle Abhängigkeit sie mit dem Bräutigam verbindet. Die Frauenphantasie, daß doch das Zusammenleben mit den anderen auf Liebe basieren sollte, wird gewissermaßen als Utopie postuliert. Aber die Liebe der Frau ist nicht allein auf den Mann gerichtet, auch wenn er für die liebende Frau in der Gesellschaft das ein und alles bedeuten soll. Es gibt auch hier Brüche, an denen durchscheint, daß der Mann an Wichtigkeit verloren hat. Das normative heterosexuelle Weltbild wird angegriffen. Die meisten Frauen in den Hauptrollen sind hoch gebildet, sie lesen (ob Königin oder arme Waise auf dem Bauernhof), treiben Philosophie, werden als geistig hochstehend gepriesen. So sagt Königin Elisabeth I im Stück *Elisabeth von England* (1841) über sich und ihre Freundin:»Wir dachten nicht an Erbrecht und an Kronen,/ Wir wollten nur im Reich des Wissens thronen.« (*Elisabeth,* 339) Mehr als einmal bringt Birch-Pfeiffer in den Text des Dramas ein, daß der ›Geist‹

geschlechtslos und eben auch in vielen Fällen bei der Frau zu finden sei. Hierin trennt sie revolutionär die traditionelle Zuordnung ›Geist-Mann‹, und deutet durch Auslassung ebenfalls an, daß die Frau nicht als irrationales Wesen Natur repräsentiert und der männlichen Vernunft untergeordnet sein muß. Bezeichnend ist das im Revolutionsjahr 1848 erschienene Stück *Gasthaus-Abentheuer,* in dem zwei Frauen als Männer verkleidet alleine reisen. Die Figur Emma versichert ihrem Kammermädchen, daß sie ihrem Bräutigam beweisen wolle,

daß eine Frau von Geist sich nichts Erlaubtes verbieten läßt, daß die Zeiten der Sklaverei um sind, und daß man mit Energie alles durchsetzt. – (...) und nun merke Dir: daß ich alles durchsetzen kann, wenn ich ernstlich will.
(*Gasthaus-Abentheuer,* Bd.10, 143)

Es sind Anzeichen dafür da, daß die Autorität der Männer unterminiert wird: die Väter verbieten ihren Töchtern vieles, was diese aber ignorieren. Gleich im ersten Stück, *Herma* (1828) treten Frauen als Amazonen auf, und immer wieder erscheinen Frauen in Männerkleidung auf der Bühne, um auf diese Weise ihre Interessen zu verteidigen. Nicht immer gilt ihre Liebe allein dem Mann: indem die Heldin ihre Loyalität beweisen muß, entscheidet sie sich auch z.b. gegen den geliebten Mann und für ihre Schwester (*In der Heimat,* 1865), oder für die Großmutter (*Wer ist sie,* 1868).

Entgegen den gesellschaftlichen Gepflogenheiten kreiert Birch-Pfeiffer neue Frauenphantasien. Nicht immer ist die Frau jung, die beim Happy-end ihren ersten Liebhaber heiratet. Viele der Frauen, die ihre Stücke bevölkern, sind nicht – wie das Idealbild fordert – jungfräulich, sondern zum zweiten Mal verheiratet und werden trotzdem heiß begehrt (z.B. die Protagonistin Giovanna in *Die Ritter von Malta,* 1836). Birch-Pfeiffers Blick ist pragmatisch, sie stellt keine Idealfrauen vor, wie in Dramen von Männern ihrer Zeit. In dem Stück *Mutter und Tochter* (1844) gewinnt die ältere Frau den Mann in Konkurrenz mit einer jüngeren, ihrer Tochter. Junge Männer beten ältere Frauen an. In unzähligen Dramen haben Frauen die Macht, wie zum Beispiel die vielen Königinnen-Stücke (*Elisabeth von England,* 1841, *Katharina II,* 1863, *Die Marquise von Villette,* 1844, *Anna von Oestreich,* 1845). Diese Stücke enthalten einen ganzen Katalog europäischer Herrscherinnen, die *nicht* durch Liebe weich oder durch Eifersucht unmenschlich werden (wie z.B. bei Schiller). Im Stück über Ludwig XIV (*Die Marquise von Villette*) ist es die Maintenon, die im Hintergrund das Land regiert. Die Frau, die hinter dem Thron steht, war zwar schon immer bekannt, aber Birch-Pfeiffer thematisiert auch, was für Opfer die unsichtbare

Lenkung für die Frau bedeutet. Die geistig hochgebildete Schriftstellerin Maintenon, die im Alter von dem König geheiratet wurde, ist besonders sorgfältig gezeichnet. So zeigt die Autorin, wie die schon über siebzigjährige Maintenon entsetzlich friert und fürchten muß, sich zu Tode zu erkälten, weil der König immer die Fenster aufreißt und sie im Winter zu Spaziergängen beordert. Sie weiß, sie darf sich nicht verweigern, wenn sie nicht ihren Einfluß aufs Spiel setzen will. Obgleich es sich hier zwar um die traditionell mögliche Macht der Frau handelt, kommt bei den Königinnen anderer Stücke nie die Vermutung auf, daß sie eine unnatürliche Aufgabe erfüllen. Kord hat darauf hingewiesen, daß in den Königinnendramen die Heldin am Kreuzweg zwischen privater Abhängigkeit und öffentlicher Wirksamkeit steht. (Kord, 144)

Was Birch-Pfeiffer hier aufs Theater bringt, ist in Dramen männlicher und zum großen Teil auch weiblicher Autoren unerhört: eine Frau, die ihre ›Weiblichkeit‹ zugunsten ihrer politischen Handlungsfreiheit aufgibt, die dafür nicht einmal mit dem Tod bestraft wird und die am Ende des Stückes auch nicht die Spur von Reue zeigt. (Kord 148)

Es wird weiter darauf hingewiesen, daß in Dramen vieler Autorinnen des achtzehnten und neunzehnten Jahrhunderts die Unvereinbarkeit von weiblichem Privatglück – erkauft durch Abhängigkeit – und öffentlicher Handlungsfreiheit ein ständiges Thema ist. In Dramen von Männern geht es hingegen meist um die Unvereinbarkeit von Weiblichkeit und Macht überhaupt, woraus häufig der Schluß gezogen wird, daß Frauen zur Ausübung politischer Macht nicht befähigt seien. (Kord 148)

Birch-Pfeiffer thematisiert aber auch die patriarchalischen Privilegien der Männer in bezug auf die Frau. Zum Beispiel behandelt der Mann die gewählte Frau selten als sein ein und alles. Er hat Mätressen zur sexuellen Befriedigung, und er wählt oft einfach die Schönste und Jüngste zur Frau. Er behauptet, er liebe sie, bis er erkennt, daß sie vielleicht nicht hingebungsvoll genug ist; dann wird ein anderes, bisher unbeachtetes Mädchen neu gewählt, das immer schon auf ihn gewartet hat. Und nun liebt der Mann einfach sie, die nicht immer jung und schön, aber dafür selbstlos und ihm sicher mehr zu Diensten ist. Der Baron in *Eine Familie* (1846) rät seinen Neffen: Es gibt »nichts Langweiligeres, als einen Mann, der in seine eigene Frau verliebt ist.« (*Eine Familie*, 9) Zwar versuchen einige Männerfiguren in Birch-Pfeiffers Stücken, die jungen Frauen nach ihrem Sinne zu formen, doch das Resultat sind selten die erwünschten Muster der passiven weiblichen Hingabe. Die Autorin zeichnet die Frau aktiv, wenn nicht gar geradezu eigensinnig. Am stärksten beleuchtet Birch-Pfeiffer den männlichen Anspruch auf die Frau in ihren frühen (nicht so erfolgreichen) Stücken. In *Herma* (1828) wird die Protagonistin von einem Mann, der sie schwängerte, zugunsten einer reichen Frau verstoßen; in *Trudchen* (1831) wird das bürgerliche Mädchen von einem Baron so sehr bedrängt, daß sie Vergewaltigung befürchten muß. Der Anspruch des Mannes auf die Frau findet sich zwar schon immer – wie z.b. in Lessings *Emilia Galotti*, Goethes *Faust* und Hebbels *Maria Magdalena* – doch ist in dieser Beziehung bei Birch-Pfeiffer ein anderer, gewissermaßen weiblicher Standpunkt zu bemerken. Die jungen Frauen müssen den Zugriff der Männer nicht mehr ausschließlich mit dem Tod bezahlen, wie in den drei oben genannten Dramen von männlichen Autoren, sondern sie entwickeln Kräfte, durch die ihnen ohne Eingreifen anderer die Rettung gelingt. Trudchen z.b. flieht trotz Angst in Eigeninitiative vor dem Vergewaltiger ins Unbekannte. Herma gründet ein Amazonenreich, um sich zu rächen. Sie sind nicht mehr passive Opfer, und auch wenn sie getötet werden, wie z.b. Herma, dann geschieht dies nicht deshalb, weil die Gesellschaft wieder ins patriarchalische Lot gebracht werden muß. So versteckt sich hinter dem Konventionellen von Birch-Pfeiffers Stücken eine subtile gesellschaftliche Kritik oder doch zumindest eine Alternative zum gängigen Diskurs. Es verwundert nicht, daß die ersten Stücke der Birch-Pfeiffer, die dies krasser zum Ausdruck bringen, besonders scharf von der zeitgenössischen Kritik zerrissen wurden.

Daß um die Mitte des 19. Jahrhunderts kaum politisch kritische Stücke aufgeführt werden konnten (Grillparzer verstummte fast ganz zu dieser Zeit), hat mit einer sehr strengen Zensur zu tun. Auch Birch-Pfeiffer, die oft über diese Zensur klagte, hat sicher Selbstzensur geübt. Explosive Stoffe nahm man ihr als Frau, wie schon erwähnt, ohnehin nicht ab. Politisch gesehen war Birch-Pfeiffer ambivalent. Historisch situierte Dramen verlegt sie gern in Zeiten der französischen Belagerung oder Bedrohung. Der vaterländische Chauvinismus zeigt sich zum Beispiel in dem Stück *Iffland* (1858) darin, daß die edlen Deutschen im Theater trotz des Verbots den Geburtstag der preußischen Königin durch das geheime Zeichen einer Rose am Aufschlag feiern. Übt sich das Birch-Pfeiffersche Theater hier etwa subtil als revolutionäre Anstalt, oder arrangiert es sich mit seinen Unterstützern, denen Franzosenfeindlichkeit genehm war? Birch-Pfeiffers Familie hatte selbst während der französischen Besatzung gelitten. Als Charlotte fünf Jahre alt war, saß ihr Vater wegen ›deutscher Gesinnung‹ drei Jahre in Haft. Doch Birch-Pfeiffers nationalistischer Patriotismus steht andererseits im Widerspruch zu ihrem enthusiastischen Internationalismus. In *Eine deutsche Pariserin* (1836) und in *In der Heimat* (1865) zeigt sie, wie es der bösen französischen Kultur fast gelingt, eine ›echte Deutsche‹ zu verderben. Nur am Schluß des ersten Stückes sieht die in Paris aufgewachsene Frau ein, daß sie so ›tugendhaft‹ werden muß wie ihre in Deutschland verbliebene Schwester. Andererseits spielen viele der Stücke auch ausschließlich in Frankreich und tragen Namen wie *Die Rose von Avignon* (1850). Hier erscheint die aristokratische französische Frau mit den gleichen Tugenden, die bei der deutschen Frau gepriesen wurden. Diese Widersprüchlichkeit wurde ihr in einem Deutschland, das zwischen Chauvinismus und internationalem Interesse schwankte, nicht zum Vorwurf gemacht.

Die Beziehungen von Frauen untereinander in den Dramen sind aus verschiedenen Gründen von Signifikanz. Konkurrenz um den Mann gibt es fast nie. Die Frau mit früheren Rechten gibt meist großzügig den Mann auf, wenn eine andere, passendere Frau dessen Liebe gewonnen hat. Birch-Pfeiffer gestaltet keine Furien à la Orsina, Milford (Lessing), Marwood (Schiller) oder Amalie (Goethe). Wichtiger noch scheint mir die Mutter-Tochter-Beziehung in Birch-Pfeiffers Dramen. Die erste feministische, postmoderne Analyse von Birch-Pfeiffer, die gerade erschienen ist, thematisiert die Beziehung zwischen Mutter und Tochter in den Stücken Birch-Pfeiffers, in denen es solch eine Beziehung gibt und in denen die Abwesenheit der Mutter signifikant ist. Dieses Fehlen der Mutter ist zum Topos in der Literaturkritik geworden, denn es wurde bemerkt, daß Mütter sowohl in Dramen von männlichen Autoren wie auch in der Literatur von Frauen oft nicht vorkommen, verschwinden oder einfach wegsterben. Es gibt unterschiedliche Gründe dafür. Bei den Dramen von Männern wurde nachgewiesen, daß sich die Handlung meist durch eine Vater-Tochter-Situation auf eine Weise zugespitzt, wie sie durch die Gegenwart der Mutter nicht zustande gekommen wäre (Wallach, 53–72). Bei den Autorinnen ist es oft so, daß die traditionelle, schwache Mutter kein Vorbild sein kann, weil sie als internalisierte passive Figur zur Schreckensvision wird und lähmend auf die Tochter wirkt (cf. Marianne Hirsch, *The Mother/ Daughter Plot*). Deshalb treten bei Birch-Pfeiffer wohl auch leibliche Mütter von jungen Frauen selten auf. Die Dramatikerin beweist jedoch durch diesen fehlenden mütterlichen Schutz, welche eigenständige Kraft die von der Mutter ungeschützte Frau entwickeln kann, um sich vor Übergriffen zu schützen, zu handeln, ihr Glück selbständig zu erwirken. Den schon erwähnten Wissenschaftlerinnen Fuchs und Günter ist es jedoch gelungen, eine Interpretation von Birch-Pfeiffer zu geben, die aus dem Kanon herausfällt und deshalb neues Licht auf die Autorin wirft. Sie sehen einen Perspektivenwechsel vom »Ort des Vaters zum Ort der Mutter«, der als Ort der meisten Stücke gelten kann, ob nun eine Mutter-Tochter-Konstellation besteht oder nicht.

Den Ort der Mutter zu denken kann also nicht bedeuten, ein einseitiges Weltbild komplementär zu ergänzen, sondern das individuell existierende Wissen, daß das Leben von Frauen und Männern seinen Ursprung im ›Continuum maternum‹ hat, gesellschaftlich bewußt zu machen und inhaltlich zu entfalten Den Ort der Mutter zu finden ermöglicht, das eigene Begehren wahrzunehmen und zum Ausdruck zu bringen, als Frau sein zu können und der Welt die Form der weiblichen Genealogie zu geben. (Fuchs/Günter, 185)

Aus dieser Überlegung heraus erscheint auch das Happy-end bei Birch-Pfeiffer in einem anderen Licht: »Die Väter-Tradition ist dabei nicht mehr zwangsläufig todbringend, (...) und muß nicht wirklich eintreten, wenn die (symbolische) Beziehung zur Mutter eine Orientierung bietet, die neue Entscheidungen und Veränderungen ermöglicht.« (Fuchs/Günter, 187) Die Autorinnen zeigen, daß auch die scheinbar triviale Liebes- und Ehethematik vieler Birch-Pfeiffer-Stücke so einen neuen Stellenwert erhält. Sie werden zum zentralen Schauplatz des Widerstandes gegen die väterliche Ordnung.

Ein weiterer Aspekt der Interaktion von Frauen in Birch-Pfeiffers Drama berührt einen sich verschiebenden Klassenstandpunkt. Das Vorbild für die gute tugendhafte Frau ist das einfache Mädchen aus dem Volke. Im eben genannten Drama *Die Rose von Avignon* ist das Modell eine Wirtstochter, Ziehschwester und Bedienstete einer Adligen. Die Gräfin und Protagonistin des Stückes wuchs in der einfachen Familie dieser Ziehschwester auf, da ihre Mutter gestorben war und sie eine Amme brauchte. In einem anderen Stück, *Magdala* (1851), wächst ein adliges Kind, von seinem Stand nichts wissend, als Naturkind in den Bergen auf und lernt so die Werte des Lebens kennen, die nicht auf Geld und Ansehen beruhen. Im Drama *Dorf und Stadt* (1847), in dem eine Frau aus niederem Stand einen adligen Mann heiratet, kanzelt Birch-Pfeiffer im Sinne des bürgerlichen Schaupiels die dekadente Aristokratie ab. Der durch die Dorfmenschen geläuterte Aristokrat zieht nach einigen Irrungen und Wirrungen auf Wunsch seiner unverdorben gebliebenen Frau mit ihr in die Berge. Rousseaus Einfluß ist dabei zu erkennen, aber auch hier ruht der Nachdruck darauf, daß die Frau nicht ihr Schicksal einfach hinnimmt, sondern es selbst beeinflußt und am Schluß triumphiert. Wie das Rousseausche Alternativglück in den Bergen gedeihen soll, ist in diesem Zusammenhang von untergeordneter Wichtigkeit. Eher wird das menschenfreundliche Leben mit dem ›mütterlichen Ort‹ in Übereinstimmung gebracht.

Hier wird deutlich, warum sich sowohl Theaterbesucher aus der bürgerlichen Klasse in den Nationaltheatern als auch die Publikum aus der unteren Klasse in den Vorstadttheatern von Birch-Pfeiffers Stücken angesprochen fühlten. Die Industrialisierung war in vollem Gange. Die hohe Bourgeoisie kaufte fleißig Adelspatente, denn die aristokratischen Lebensumstände, abgesehen von der sogenannten Unmoral, wurden für sie rein äußerlich zum Lebensziel. So wundert es nicht, daß die vielen Stücke mit ›edlen Adligen‹ so gut ankamen. Mit Nachdruck aber weist die Dramatikerin auf das Leben der einfachen Menschen hin, die das Modell für das bürgerliche Tugendsystem liefern konnten. Ihre Volksstücke, die besten Stücke, die sie geschrieben hat, sind gute Beispiele dafür. Daß es sich um eine Phantasie handelte, ist nebensächlich. Die voll anlaufende Großindustrie versprach Möglichkeiten für alle. Wichtig war, daß auch die Niedrigstgestellten ermuntert wurden, nicht nur vom Lebensstil, den sie im Dienst bei den Bürgerlichen beobachtet hatten, zu träumen. Schöne Gardinen vor den Fenstern, bessere Kleider, steigendes Einkommen und natürlich auch Theaterbesuche waren eine Möglichkeit für alle. Kapitalistisches Denken breitete sich überall aus, und bei Birch-Pfeiffer sind die Anzeichen schon klar erkennbar: sogar Frauen konnten sich den Wohlstand zunutze machen, um sich aus ihrer Unmündigkeit herauszuarbeiten.

Ein Problem der Zeit, das sich bei Birch-Pfeiffer besonders stark in Paradoxen zeigt, ist jedoch die Belastung der Frauen durch die weiterhin geltenden patriarchalischen Normen. Die Frauen sollten gleichzeitig gegensätzliche Rollen spielen: stark sein, arbeiten, aber trotzdem dem Mann gehorchen, passiv seinen Befehlen folgen, nicht hinter seinem Rücken intrigieren. In praktisch allen Stücken von Birch-Pfeiffer geht es zwar um ›die große Liebe‹, doch wenn man genau hinsieht, wird Liebe hier weniger politisiert als in anderen Stücken der Zeit, d.h. der Körper der Frau ist weniger inskribiert als in den Dramen der Männer. Die Brüche an einzelnen Stellen der Texte drücken schon die Ahnung aus, daß man in einer inszenierten Gesellschaft lebte, in der die Liebe eingesetzt wird, um Frauen bei der Stange zu halten und das herrschende patriarchalische System in seiner traditionellen Form aufrechtzuerhalten. Dagegen sträuben sich die Heldinnen. Die starke Verwurzelung des sexistischen Diskurses jedoch, der sich um das Gesellschaftskonstrukt der ›Natur der Frau‹ rankte, konnte auch von Birch-Pfeiffer zu ihrer Zeit noch nicht abgebaut werden. Dieser Diskurs verstärkte sich in der immer konservativer werdenden zweiten Hälfte des

19. Jahrhunderts, und damit verstärkte sich auch die Idee von dem Anderssein der Frau, das dann wiederum dazu ausgenutzt wurde, sie vom öffentlichen Leben und seinen Vorzügen auszuschließen. Ein auswegloser Zirkel, ein Teufelskreis, in den Birch-Pfeiffer und ihre Werke selbst gerieten. Am Ende ihres Lebens bekannte die Autorin: »Alles vergibt euch die Welt, sei's Ruhm, Stand – ja selbst Laster (...) Für eines nur hofft ihr umsonst Vergebung im Leben und Tode: Nimmer verzeihn wird die Welt Erfolge der dichtenden Frau.« (zitiert nach Kord) Es besteht jedoch die Hoffnung, durch eine neue Geschichts-, Theater- und Literaturwissenschaft den kulturellen Beitrag der nicht mehr erinnerten Frauen zu rehabilitieren, damit das Wort, das Birch-Pfeiffers Dramenfigur Königin Elisabeth von England, ausspricht: »Vergessenheit, das ist der wahre Tod«, für sie rückgängig gemacht werden kann. *(Elisabeth von England,* 317*)*

I. Dramen von Birch-Pfeiffer

Gesammelte Dramatische Werke. 23 Bände. Leipzig: Reclam Verlag, 1863 – 1880. (Im Folgenden sind die einzelnen Stücke mit dem Entstehungsdatum angegeben.)

Vol. I:	Herma (1928), Pfeffer-Rösl (1829), Rubens in Madrid (1836)
Vol. II:	Die Marquise v. Villette (1844), Schloß Grafenstein (1848), Der Pfarrherr (1848)
Vol. III:	Nacht und Morgen (1842), Eine Frau aus der City (1852)
Vol. IV:	Fräulein Höckerchen (1858), Die Lady von Worsley Hall (1855), Elisabeth von England (1841)
Vol. V:	Eine Tochter des Südens (1862), Kaiser Karls Schwerdt (1849)
Vol. VI:	Eine Deutsche Pariserin (1836), Die Rose von Avignon (1850), Iffland (1858)
Vol. VII:	Königin Bell (1853), Magdala (1851)
Vol. VIII:	Eine Sylvesternacht (1862), Die Taube von Cerdrons (1833), Johann Gutenberg (1834)
Vol. IX:	Die Walpurgisnacht (1830), Ulrich Zwingli's Tod (1837), Mutter und Tochter (1844)
Vol. X:	In der Heimat (1865), Gasthaus-Abentheuer (1848), Junge Alte (1865), Ferdinand Avelli (1830)
Vol XI:	Die Frau in Weiß (1866), Der Herr Studiosus (1866), Revanche (1865), Der Glöckner von Notre Dame (1830)

Vol. XII: Hinko (1834), Das Testament eines Sonderlings (1867), Der Leiermann und sein Pflegekind (1859)

Vol. XIII: Die Ritter von Malta (1836), Wer ist sie? (1868), Peter von Szapar (1831)

Vol. XIV: Der Cassationsrath (1864), Die Waise von Lowood (1853), Graf Falkenberg (o.J.), Waldemar's Traum (1831)

Vol. XV: Ein alter Musikant (1852), Alles für Andere (1848), Vatersorgen (1849)

Vol. XVI: Katharina II. und ihr Hof (1863), Mutter und Sohn (1843), Der Engländer in Paris (1833)

Vol. XVII: Steffen Langer aus Glogau (1841), Das Forsthaus (1850), Der Scheiben-Toni (1834)

Vol. XVIII: Ein Ring (1851), Ein Billet (1847), Dorf und Stadt (1847)

Vol. XXIX: Mazarin (1849), Eine Familie (1846)

Vol. XX: Ein Kind des Glücks (1860), Wie man Häuser baut (1851), Der beste Arzt (1838)

Vol. XXI: Rose und Röschen (1853), Thomas Thyrnau (1844), Im Walde (1849)

Vol. XXII: Alte Liebe rostet nicht (1831), Edith (1855), Marguerite (1855), Großvater und Enkelkind (1843)

Vol. XXIII: Maria di Gonsalvo (1829), Das Mädchen und der Page (1830), Trudchen (1831)

II. Sekundärliteratur zu Birch-Pfeiffer

»Birch-Pfeiffer, Charlotte, und Gutzkow, eine Abrechnung«, in: Geiger, Ludwig. *Beiträge zur Literatur und Theatergeschichte.* Berlin, 1902.

Dahn, Felix. *Erinnerungen.* Band II. Leipzig 1890-95.

Beauvoir, Simone de. *Das zweite Geschlecht* (check in German)

Ebel, Gisela. *Das Kind ist tot, die Ehre ist gerettet. Ein Briefwechsel aus dem 19. Jahrhundert zwischen Charlotte Birch-Pfeiffer (1800-1868), Dichterin kitschiger Dramen und ihrer Tochter Minna von Hillern, Verfasserin des »Geier-Wally«, und dem Kammerjunker und Hofgerichtsrat Hermann von Hillern über ein zur Unzeit geborenes Kind.* Frankfurt/M.: tende Verlag. 1985.

Eloesser, Arthur. »Charlotte Birch-Pfeiffer. Zu ihrem hundertsten Geburtstage« in *Bühne und Welt.* Band 2, Nr. 2, 1900.

— »Charlotte Birch-Pfeiffer, ihre dramatisch-litterarische Thätigkeit und deren Einfluss auf die deutsche Schaubühne« in: *Neuer Theater-Almanach. Theatergeschichtliches Jahr- und Adressen-Buch,* Berlin 1900.

Fontane, Theodor. *Plaudereien über Theater,* Berlin, 1926.

Fuchs, Dörte und Günter, Anke. »Charlotte Birch-Pfeiffer«, in: *Papierne Mädchen – Dichtende Mütter*, Andrea Günter, Veronika Mariaux, Hrsg. Frankfurt/M.: Ulrike Helmer Verlag, 1994.

— *Fürs Theater schreiben. Über zeitgenössische deutschsprachige Theaterautorinnen.* Bremen: Zeichen und Spuren, Frauenliteraturverlag, 1986.

Hes, Else. *Charlotte Birch-Pfeiffer als Dramatikerin – ein Beitrag zur Theatergeschichte des 19. Jahrhunderts.* (veröffentl. Dissertation). Stuttgart: J.B. Metzlersche Buchhandlung, 1914.

Hirsch, Marianne. *The Mother/Daughter Plot. Narrative, Psychoanalysis, Feminism.* Bloomington: University of Indiana Press, 1989.

Hoff, Dagmar von. *Dramen des Weiblichen. Deutsche Dramatikerinnen um 1800.* Opladen: Westdeutscher Verlag. 1989.

Kord, Susanne. »A la recherche du bonheur: Charlotte Birch-Pfeiffer« und »Historische Dramen. Birch-Pfeiffer« in: Kord, Susanne. *Ein Blick hinter die Kulissen. Deutschsprachige Dramatikerinnen im 18. und 19. Jahrhundert.* Stuttgart: Metzler Verlag. 1992.

Kord, Susanne. »Performing Genders: Three Plays on the Power of Women«, *Monatshefte,* Band 86, Frühjahr 1994.

Laube, Heinrich. *Theaterkritiken und dramaturgische Aufsätze.* Hrsg. von Weilen, Alexander von. 2 Bände, *Schriften der Gesellschaft für Theatergeschichte.* Band 7 und 8. Berlin 1906.

Martersteig, Max. *Das deutsche Theater im neunzehnten Jahrhundert. Eine kulturgeschichtliche Darstellung.* Leipzig, 1924.

Meske, Gunnar. *Die Schicksalskomödie. Trivialdramatik um die Mitte des 19. Jahrhunderts am Beispiel der Erfolgsstücke von Charlotte Birch-Pfeiffer.* Dissertation, Universität Köln. 1971.

Möhrmann, Renate. Hrsg. *Die Schauspielerin. Zur Kulturgeschichte der weiblichen Bühnenkunst.* Frankfurt/M.: Insel Verlag, 1989.

Müller, Eugen. *Eine Glanzzeit des Züricher Stadttheaters: Charlotte Birch-Pfeiffer,* Diss. Universität Zürich. 1911.

Schüttrumpf, Irmgard. *Das Mutter-Kind-Problem im deutschen Frauenroman zur Zeit der Frauenbewegung,* Dresden, 1938.

Wallach, Martha. »Emilia und ihre Schwestern: Das seltsame Verschwinden der Mutter und die geopferte Tochter« in: Kraft, Helga und Liebs, Elke, *Mütter – Töchter – Frauen: Weiblichkeitsbilder in der Literatur.* Stuttgart: Metzler, 1993.

Wehl, Feodor. *Zeit und Menschen. Tagebuch-Aufzeichnungen aus den Jahren von 1863 – 84.* 2 Bände. Altona, 1889.

Weilen, Alexander von. Hrsg. *Charlotte Birch-Pfeiffer und Heinrich Laube im Briefwechsel.* Berlin: Verlagsgesellschaft für Theatergeschichte, 1917.

KAPITEL 4

Die Ent-Täuschung der ›neuen Frau‹ auf der Bühne
Unbekannte Dramatikerinnen vom Ende des 19. Jahrhunderts bis nach 1945 (Elsa Bernstein, Vicki Baum, Ilse Langner, Hilde Rubinstein, Christa Winsloe)

Am Ende des 19. Jahrhunderts ändert sich der Beitrag von Frauen für die Bühne. Man findet weniger Komödien von ihnen im Theater. Wie es zuvor schon Günderode und Droste-Hülshoff versuchten, wenden sie sich in steigendem Maße dem ernsthafteren Drama zu, das nun nicht mehr automatisch verworfen wurde und das das Tugendsystem für Frauen weit kritischer zu repräsentieren begann. Die Protagonistinnen erstarren jetzt nicht mehr im Dialog, sondern werden handlungsfähig. Um die Jahrhundertwende war das Theater zwar für sie immer noch ein ›verweigerter Raum‹, wie die Theaterwissenschaftlerin Giesing in einer Analyse von Dramatikerinnen dieser Zeit feststellen mußte. (Giesing, 240-259) Viele Stücke wurden immer noch nicht aufgeführt. Doch auch Giesing verkennt die Leistungen vieler Dramatikerinnen wenn sie schreibt:

> Noch um die Jahrhundertwende können viele der für das Theater schreibenden Frauen auf schauspielerische Erfahrungen zurückgreifen. Sie beherrschen das Handwerkszeug, aber ihre Stücke bleiben meist an den Mustern des konventionellen bürgerlichen Dramas orientiert, affirmativ in den bühnentechnischen Mitteln wie in dem Frauenbild, das sie als regressives Ideal entwerfen. (Giesing, 247)

Dabei gibt sie keine Namen an. Bei genauer Untersuchung der Texte mit postmodernen Annäherungsstrategien zeigt sich hingegen, daß sehr oft offen oder in Brüchen ein neues Frauenbild propagiert oder ein altes satirisch dekonstruiert wird.

Eine Vielzahl von Stückeschreiberinnen um die Jahrhundertwende und zur Weimarer Zeit wären aufzuzählen, die es wert sind, neu unter-

sucht zu werden. Elisabeth von Castonier, Marie von Ebner-Eschenbach, Juliane Déry, Ilse Frapan, Anna Gmeyner, Eleonore Kalkowska,
Berta Lask, Maria Lazar, Lu Märten, Rosie Meller, Madelaine v.
Puttkamer, Hilde Rubinstein, Clara Viebig, Christa Winsloe, um nur einige
zu nennen. Bekannt sind schon Else Lasker-Schüler, Marieluise Fleißer, von denen einige Stücke im zweiten Teil von *Ein Haus aus Sprache*
diskutiert werden.

Die Utopie, die im Frauendrama von Anfang an durchschien, daß
nämlich Liebe nicht nur ein Aspekt des ›Frauenlebens‹ sein solle, wird
um die Jahrhundertwende psychologisiert und relativiert. Schon im
achtzehnten und neunzehnten Jahrhundert schlich sich die Utopie der
durch Liebe bewirkten Emanzipation immer wieder in das Drama von
Frauen ein. Auch im Märchendrama, dem ›Genre der Frauen‹ wird diese Utopie ausgedrückt. Märchenstücke und weibliche Autoren gehörten schon immer zusammen. Dieses Genre des Kinderdramas hat Frau-
en eine Nische im Theaterwesen geboten, die man ihnen ›großzügig‹
abgetreten hat. Sie nutzten diesen Freiraum aus, und Autorinnen in
Deutschland verbuchten mit Märchenstücken für Kinder viel Erfolg.
Das war nicht verwunderlich, denn schließlich stand nach Einschätzun-
gen einschlägiger Autoritäten des psycho-medizinischen Diskurses die
Frau der Mentalität des Kindes näher als der Mann und konnte sich
deshalb in die unreife Psyche besser einfühlen. Es ergab sich nicht ganz
zufällig, daß Autoren außerdem keine Konkurrenz befürchten mußten,
denn bei Märchenaufführungen blieb die Autorenschaft der Stücke oft
ungenannt. Hingegen erschienen auf den Marquisen die männlichen
Sammler oder die Autoren der Märchen selbst (z.B. ›nach einem Märchen der Gebrüder Grimm‹, ›Hans Christian Andersen‹, etc.). Noch zu
DDR-Zeiten wurden Frauen fast durchweg auf dieses Genre der Kinderbühne abgedrängt (Hildebrandt, 140 ff).

Elsa Bernstein (Ernst Rosmer)

Einige Autorinnen haben diesen Freiraum der Kinderbühne erweitert
und Märchendramen für Erwachsene geschrieben, die durch eine radikale Dekonstruktion den *Status Quo* der gängigen Märchenmythos-
interpretation zerstören. Zu ihnen gehört die Dramatikerin Elsa Bernstein (1866-1949), die heute leider noch immer unbekannt ist, obgleich es ihr sogar gelungen war, fast alle ihrer zwölf Dramen zu Lebzeiten zu veröffentlichen. Lag ihr kurzfristiger ›Erfolg‹ daran, daß sie
ein männliches Pseudonym – Ernst Rosmer – benutzte? Bis vor kur-

zem noch wurde sie auch in der Sekundärliteratur unter ihrem Pseudonym behandelt. Sie schrieb zu einer Zeit, als die Bestrebungen der ersten Frauenemanzipation in Deutschland ihren Höhepunkt erreicht hatten. Das Modell der ›neuen Frau‹, die unabhängig, berufstätig und in freier Liebe ihr Leben selbst bestimmte, war entstanden. Auch Bernsteins Theater bringt einige Aspekte dieses Modells auf die Bühne: Frauen im Beruf, darunter Ärztinnen, Musikerinnen, Schriftstellerinnen. Ihr Märchendrama *Königskinder* (1894) deutet mit seinem pessimistischen Ende schon darauf hin, daß sie ihrer Gesellschaft nicht zutraute, solche freien Frauen zu integrieren. Einerseits sieht Bernstein alle freien Menschen, die Liebe zum moralischen Prinzip erhoben haben, als ›Königskinder‹. Sie postuliert im Stück (das auch von Humperdinck vertont wurde), daß die Menschen gleich sind, seien es Königssohn, Gänsemagd, Spielmann oder Bürger der Stadt Hellabrunn. Doch ihre klassenübergreifenden Ideen scheitern an der rückständigen Gegenwart des Märchens, d.h. auch der märchenhaft verkleideten Gegenwart. Die Bürger ihres Stückes wollen oder können nicht frei sein und suchen einen traditionellen Herrscher über sich. Bernsteins Konzept der/s Herrschers/in, das den freien, liebenden Menschen postuliert, hat keine Chance. Als sich die Gänsemagd als unerwartete Königsfigur herausstellt, wird sie mißhandelt, verhaftet und verjagt. Die Hexe – eine Figur, die nicht mit moralischen Kategorien definiert werden kann – wird verbrannt, weil sie den Bürgern die Wahrheit gesagt hat. Ihr ›Brot‹ der Wahrheit – daß wahres Königstum auf der Welt nicht überleben kann – wird vom Königssohn, der seine Krone verkauft hat, zusammen mit der Gänsemagd/Königin gegessen und beide sterben.

Was Königssohn und Gänsemagd zu Königskindern macht, ist ihre Fähigkeit zu lieben, die in allen anderen Märchen das Paar zu Herrschern über das von ihnen gegründete Reich der Liebe setzt. Aber im Gegensatz zu anderen Märchen, in denen das Volk entweder ganz ausgespart oder zu komischen Figuren reduziert wird, zeigt Bernstein, wogegen dieses Ideal angehen muss: gegen die Gier, (...) gegen die Dummheit, (...) gegen die mörderische Mentalität der Masse (...) die alte Märchenformel der Gänsemagd von der alles besiegenden Liebe zerbricht an der Lieblosigkeit anderer. (Kord, 209)

Ein anderes modernes Märchen schrieb Elsa Bernstein schon 1891, als sie eine Schriftstellerin, Sascha – vielleicht ihre Persona als Autorin – als Zentralfigur ihres Schauspiels *Wir drei* einsetzte. Hier braucht eine Frau die Ehe nicht, um ihrem Leben Bedeutung zu geben. Sie ist der Idealtyp der ›neuen Frau‹, »Freigeist, beruflich erfolgreich, finanziell unabhängig, völlig unsentimental (...)« (Kord, 90). Ihre Sucht, sich schriftstellerisch zu betätigen, hat die traditionelle Berufung der Frau zur

Mütterlichkeit ersetzt, denn sie kann »das Schreiben so wenig lassen wie das Essen« (*Wir drei*, 37). Ein neuer Typ Frau kristallisiert sich heraus. Vernunft, die noch Anfang des neunzehnten Jahrhunderts so wichtig war, bedeutet für sie Langeweile. Sie will das Leben hingegen in seinen Extremen erfahren und auch ihre Gefühlswelt ausleben. Hier ist eine Frau, die sich nicht allein dadurch ebenbürtig fühlt, daß sie in ihrem Denken ernstgenommen wird. In ihrer dynamischen Explosivkraft ist Sascha für Männer attraktiv und zugleich auch gefährlich. Sie ist dies jedoch nicht im Sinne jenes Elementarwesens, das als *femme fatale* (à la Lulu von Wedekind) das Bild der Frau in der Männerliteratur zu dieser Zeit entwickelte, sondern eher in einer Bejahung ihres eigenen Begehrens. Der Hauptfigur Sascha wird das Ehepaar Agnes und Richard gegenübergestellt. Wie schon der Name der Ehefrau verrät, ist sie eine sanfte, traditionelle Gegenfigur. Sie zeigt sich als entsagungsfähig und folgt ihrem Mann widerspruchslos in allem. Aus vermeintlicher Liebe zu Sascha verläßt er Agnes, trotz Saschas Widerspruch, und unwissend, daß seine Frau schwanger ist. Zwischen den beiden Protagonistinnen entsteht eine Frauenbeziehung, die bei Bernstein durch friedliches Zusammenhalten charakterisiert ist und als eine Bastion der feindlichen Welt gegenübergestellt ist. Sascha nimmt die Schwangere zu sich, doch das Kind wird tot geboren. Zu diesem Zeitpunkt kommt Richard zurück, und das Frauenbündnis zerfällt. Sascha wollte ihre Liebe zu Richard durch Zuwendung zu seinem Kind kompensieren, doch das ging schief. Erst Gabriele Wohmann hat in ihrem satirischen Fernsehspiel *Witwen* (1972) das Modell einer exklusiven, zufriedenen Frauengemeinschaft kreiert, wobei die geschwängerten zwei Frauen den Mann und Vater umbringen und ein Happy-end mit den Kindern feiern.

Bei Bernstein jedoch werden die alten, für den Mann bequemen Strukturen wieder ins Leben gerufen, indem Richard die Ehe mit Agnes erneuert. Eine *ménage a trois* wird auch hier erwogen, doch verworfen, gewissermaßen, um Saschas Tugend zu schützen. Das Widerliche einer falschen Ehebeziehung wird hingegen relativiert. Für Sascha bleibt nur Arbeit und Einsamkeit; ihr schriftstellerischer Beruf ist bei Bernstein nur ›Ersatz‹. Das ›wahre‹ Glück jedoch, das dieser Autorin noch aus Liebe zum Manne geboren wird, gibt es für sie nicht mehr. Es handelt sich hier um ein Thema, das im Theaterdiskurs der Zeit mehrfach abgehandelt worden ist. Auch Gerhard Hauptmann hat in *Einsame Menschen* (1891) die Attraktion einer untypischen Frau auf den verheirateten Mann bearbeitet. Hier ist sie (Anna Mahr) eine Studentin, doch steht sie nicht im Mittelpunkt des Geschehens wie Sascha in Bernsteins

Stück. In beiden Dramen jedoch wird der schwache Unterbau sichtbar, auf den sich die traditionelle Ehe stützte. Das zweifelhafte Happy-end bei Bernstein (Versöhnung von Richard und Agnes) ist nicht viel optimistischer als der Selbstmord des Protagonisten Vockerat bei Hauptmann. Bei Bernstein wird hervorgehoben, daß die ehelichen Beziehungen zum Schein weitergehen und daß Liebe – besonders für Männer – in sogenannten Liebesehen nur kurzfristig anhält.

Emanzipierte Studentin und Augenärztin ist auch Sabine in Bernsteins naturalistischem Drama *Dämmerung* (1893). Die Dramatikerin behandelt ein Thema, das unbedingt in den Naturalismus paßt: die Voreingenommenheit gegen gleiche Befähigung und Berechtigung von Frauen. Das Stück wurde von Hauptmann und anderen männlichen Autoren kaum in seiner vollen Tiefe erkannt.

In diesem Stück will der Komponist Ritter seine kranke Tochter nicht einer Augenärztin, Sabine, anvertrauen, denn er hält Frauen für unfähig, geistig und professionell zu wirken. »Wie kann denn so ein Unterrock Verstand haben. Fingerhutverstand – höchstens.« (*Dämmerung*, 29). Sabine beweist das Gegenteil, denn sie ist durch und durch Expertin, und ihre Behandlung der Tochter wirkt vorzüglich. Die Tragödie dieses Stückes liegt – wie auch in Bernsteins anderen Dramen – darin, daß die Frau von der ›erfüllten Liebe‹, welche die Autorin als Quelle des ›Glücklichseins‹ erkennt, in der gegenwärtigen Gesellschaft durch ihren Beruf, ihren Verstand und den Einsatz ihrer Fähigkeiten für eine Karriere ausgeschlossen ist. Bernstein malt keine Utopie, in der ein verständlicher Wunsch der Frau nach Partner und Familie mit dieser Karriere vereinbart werden kann. Sie zeigt, daß der Mann sie dumm und abhängig will. Sabine liebt Ritter, den Vater des kranken Mädchens, der ihr bei der Verlobung die folgenden Sätze zumutet: »Du wirst mir überhaupt folgen. Neumodische Mucken gibt's nicht« (*Dämmerung*, 112), oder: »Meine Braut ist eine Dame, kein Doktor« (*Dämmerung*, 115). »Ich werde dich lehren glücklich sein. Schläge kriegst du, wenn du nicht glücklich bist. Und den Verstand treib' ich dir aus.« Sie antwortet: »Ich will ganz dumm werden – ganz glücklich dumm«. (*Dämmerung*,, 113) Bernstein stellt diese Beziehung nicht zynisch, sondern naturalistisch dar, wobei die Brutalität in der Mann-Frau-Beziehung nicht verschwiegen wird. Sabines Rückkehr in ihren Beruf am Ende – sie muß ihrem Verlobten entsagen, weil die selbstsüchtige Tochter durch Selbstmordversuch die Heirat verhindert – wäre heutzutage bei solch einem Mann als Happy-end zu betrachten. Doch zu ihrer Zeit war diese Lösung gleichbedeutend mit Entsagung, Einsamkeit Glücklosigkeit, Gescheitertsein. Mit anderen Worten, die Ambitionen der ›neuen Frau‹ werden als gefährlicher Weg dargestellt, der kaum zur Nachahmung inspirieren kann. Die Wahl einer klugen, talentierten Frau stellt sich als *double-bind* heraus: wählt sie den Beruf, muß sie ohne Glück in Einsamkeit leben, wählt sie Liebe und Ehe, muß sie sich bewußt verdummen lassen. Das war die Realität um die Jahrhundertwende, als Männer von der ›neuen Frau‹ fasziniert waren, sie jedoch noch immer im Sinne von Shakespeares *Der Widerspenstigen Zähmung* domestizieren wollten (wie Lulu bei Wedekind mit der Peitsche). Die Frauen bei Bernstein sind in diese Realität eingebunden und willens, ihre gerade gefundene Emanzipation für das sogenannte ›echte Glück‹ aufzugeben.

Zur Zeit der Entstehung von Bernsteins Stück mußten Frauen zum Studium noch ins Ausland gehen, weil sie auf deutschen Universitäten nicht zugelassen waren. Deshalb ist das Spiel der Autorin mit der beruflich avancierten Frau auch ein Märchen, das in der Realität schlimm ausgehen muß. Sicherlich verließen viele Frauen mit tränenden Augen das Theater nach der Vorführung dieses Stückes, weil die beiden Liebenden ja nicht zusammenkommen konnten. Nur hier und da war vielleicht eine dabei, die verstand, daß die Heldin nochmal davon gekommen ist. Eine moderne Inszenierung würde das Ende sicherlich als rosige Zukunftsvision aufleuchten lassen.

Hilde Rubinstein und Ilse Langner

Schon bei Anbruch der Weimarer Zeit verflüchtigte sich die utopische Idee von der Erfüllung der Frau durch die Liebe eines Mannes. Erika Mann schrieb in den zwanziger Jahren in einem Artikel für die *Wiener Neuesten Nachrichten:* »Seit kurzem gibt es einen neuen Typ Schriftstellerin, der mir für den Augenblick der aussichtsreichste scheint: Die Frau, die Reportage macht, in Aufsätzen, Theaterstücken, Romanen.« (Mann, 12)

Dramatikerinnen entwickelten eine kritischere Perspektive und mischten sich gewissermaßen auch in Männerangelegenheiten wie Politik, Krieg, soziale Fragen, Wirtschaft ein.

Noch kühner als Bernstein beleuchtet die Dramatikerin Hilde Rubinstein (geboren 1904) – die durch Emigration schnell von der deutschen Theaterszene verschwand – das Familienleben und die Rolle, die von der Frau tatsächlich gespielt wird. In einem ihrer frühen Stücke ist ihr ironischer Blick auf die Familienidylle, auf die Institution Ehe und auf die Entzauberung der Liebe gerichtet. *Eigner Herd ist Goldes wert?!*

(1932), das im Kleinbürgermilieu spielt, beschreibt »die tagtägliche Entmündigung der Frau und das Herrschaftsgebaren ihres Mannes« (Stürzer, 56). Rubinstein zeigt, wie sich der sichere Ort der Familie als ein Gefängnis für die Frau erweist. Fortschrittlich läßt Rubinstein die Frauen im Stück fordern: »Hausarbeit sollte auch entlöhnt werden!« »Damit geht Rubinsteins weibliches Personal weit über die Ziele hinaus, die die Sozialdemokraten und Kommunisten während der Weimarer Republik für die Frauenpolitik als wesentlich erachteten.« (Stürzer, 58) Auch Rubinstein war Kommunistin, und sie hält als solche wohl an der Institution der Ehe fest, denn auch die Arbeiterbewegung wollte die Familie als ›Brutstätte der Revolution‹ sichern. (Stürzer, 59) Bereits erstaunlich früh macht die Dramatikerin mit ihrem Stück auf den Punkt in der Emanzipation der Frau aufmerksam, an dem sich die Gesellschaft auch in den neunziger Jahren unseres Jahrhunderts noch befindet: bei der Doppelbelastung der Frau. Das freie Liebesverhältnis der Protagonistin Katharina geht zwar schließlich in eine Ehe auf, aber als Berufstätige muß sie sich für Kind, Haus und Beruf aufteilen. Auch heute funktioniert solch ein Leben der Überbelastung oft nur durch die Solidarität oder Ausnutzung von Frauen: Großmütter, Freundinnen helfen aus, Putz- oder Kinderfrauen werden unterbezahlt. Auch im Stück erwidert Katharina auf die anklagende Frage ihrer Mutter, daß sie ihre Kinder allein lasse, mit der Feststellung, ihre Nachbarinnen würden sie ja abwechelnd betreuen.

Mit der gleichen Kraßheit spricht Ilse Langner (1899-1987) von der Frauenbelastung in einem Stück, das nur drei Jahre früher geschrieben wurde. Mit einer Rückbesinnung auf den ersten Weltkrieg zeigt Langner, daß diese Zeit einen ungeheuren emanzipatorischen Schub für Frauen bedeutet hatte, der nun wieder durch faschistische Propaganda gestoppt werden sollte. *Frau Emma kämpft im Hinterland* (1929) ist Beispiel dafür, daß Langner als eine der interessantesten Dramatikerinnen des frühen zwanzigsten Jahrhunderts anzusehen ist, die ungerechterweise unbekannt geblieben ist. Ihre Stücke plädieren für den Frieden und zeigen die verheerenden Ereignisse des Krieges aus der Perspektive der zurückgelassenen Frauen und Kinder in der Heimat. Ihre forsche Darstellung von starken Frauen paßte nicht in den neuen Kanon der Nazipropaganda, so daß es nicht verwundert, daß auch diese Autorin der Vergessenheit überantwortet wurde. Erst in letzter Zeit ist der Anfang gemacht, ihre Werke aufzuwerten (Inge Stephan, 1987; Anne Stürzer, 1993). Der Weiblichkeitsentwurf ihrer Stücke ist unmißverständlich: Frauen haben durch den Krieg gelernt, selbständig zu sein. Sie haben festgestellt, daß der Krieg eine Männerspielerei ist, die been-

Abb. 5: Ilse Langner (1899–1987)
In der Weimarer Zeit hatten ihre Stücke großen Erfolg. Dann jedoch verbot Goebbels ihre Dramen als »zersetzendes Schrifttum«. Sie vertraute ihrem Tagebuch an, daß sie »ohne unsere Sprache nicht leben« könne und deshalb nicht auswandern wolle. Doch die Folgen der inneren Emigration und der erzwungene Abstand vom Theater waren nach dem Krieg nicht rückgängig zu machen. Dramatikerinnen, die aus einer Frauenperspektive schrieben, konnten erst ab den siebziger Jahren – dem Anfang der zweiten Frauenbewegung – hoffen, auf eine große Bühne zu gelangen.

det werden muß, und daß Frauen Entscheidungskraft haben sollten. Frauen, so ihre Schlußfolgerung, könnten die Welt besser leiten als die Männer, weil sie nicht an Zerstörung, sondern am Erhalt des Lebens interessiert sind und schon in der Familie gelernt haben, Frieden herbeizuführen. Ihre Fähigkeiten basieren nicht auf einem biologischen Essentialismus, sondern entstammen eher ihrer Rolle und Situation in der Gesellschaft. In ihrem Bestreben, Gleichberechtigung voranzutreiben, schreibt Langner auch gegen ein Klassensystem an. Daß die Autorin die neue Rolle der Frau als Utopie entwirft, ist daran zu erkennen, daß die Männerfiguren meist auf ihrem patriarchalischen Standpunkt verharren. Wenn sie es einmal nicht tun, wie in einer späteren Version am Ende von Langners Stück *Frau Emma kämpft im Hinterland,* dann wirkt die Veränderung des Mannes unmotiviert und das Happy-end wie aufgesetzt. Das utopische Ziel ist für Langner nicht die Frauenherrschaft, sondern daß Männer von Frauen lernen, gemeinsam eine friedliche Gesellschaft aufzubauen, in der Frauen gleichberechtigt sind und über ihre Körper verfügen dürfen.

Langner stammte aus Breslau, Schlesien, und ihr Talent zeigte sich schon früh, wie auch ihr Interesse an den Mißständen ihrer Zeit. Sie hat an die dreißig Stücke geschrieben, das erste – über Schulmißstände – schon mit siebzehn Jahren, kurz vor dem Abitur. Als Journalistin ging sie 1928 nach Berlin, um ihre Zukunftschancen zu verbessern. Die Erlebnisse während einer Rußlandreise als Berichterstatterin ihrer Zeitung bezeichnete sie später als richtungsweisend für ihr Leben, denn sie veranlaßten sie dazu, »aufzubegehren« (Stürzer, 39). Ihre resolute Handhabung auch der heikelsten Themen der Frauenemanzipation läßt keine Zweifel über ein neues, weibliches Selbstbewußtsein, das alte Wertvorstellungen abgelegt hat, entstehen. Bis heute ist der Diskurs über Abtreibung, Prostitution, Sexualität, Frauen und Krieg, Funktion der Liebe in der Gesellschaft und Berufschancen der Frau, in den sie als eine der ersten DramatikerInnen eingriff, dominant geblieben. Doch Langner vertrat in ihren Stücken der zwanziger und dreißiger Jahre schon eine klare Linie: eine Frau treibt nicht gerne ab, tut es aber, wenn es sein muß; Prostitution ist akzeptabel, wenn es keine andere Möglichkeit gibt, das Lebensnötige zu verdienen; die körperliche Hingabe einer Frau an einen Mann, der nicht ihr Ehemann ist, ist nicht immer zu verdammen; Frauen machen keinen Krieg, sie erleiden ihn; die Frau hat ein Recht auf ein Kind, auch ohne Ehemann; die Frau soll frei lieben dürfen; sie bewährt sich auch in Männerberufen und verlangt die Chance, sie auch auszuüben, um sich wirtschaftlich zu sichern. Welch ein Programm!

Frau Emma, die Titelfigur ihres Stückes, ist mit ihrer siebenjährigen kranken Tochter im ersten Weltkrieg zu Hause und kämpft ums Überleben; ihr Mann steht zunächst als Feldwebel an der Front. Sie befreundet sich mit der gesellschaftlich höher stehenden Frau Major Starke und deren Tochter Lotte, dem Dienstmädchen Paula und der Schwester Ingeborg. »Diese Frauen stellen Varianten der drei Grundtypen Mutter, Krankenschwester und Prostituierte dar. (…) Diese Frauentypen wandelt Ilse Langner ironisch ab und zerstört so diese Bilder.« (Stürzer, 46) Langner zeigt, wie Frauen, die am Anfang noch das patriarchalische System internalisiert hatten, langsam eine kritische Sicht entwickeln. Zum Beispiel müssen erst die Söhne der Frau Major im Krieg umkommen, ehe diese sich von ihrer traditionellen pro-patriarchalischen Haltung löst. Für sie ist es zu spät, und sie wird wahnsinnig. Langner sprengt die traditionellen Wertvorstellungen: Das Dienstmädchen Paula z.b. gibt sich den Männern hin, ohne dabei entweder dem Bild der gefallenen oder der dämonisierten Frau zu gleichen. Sie will ein Kind, und der Vater ist ihr im Grunde gleichgültig. Die traditionelle höhere Tochter, Lotte, hingegen, die zu Anfang naive Unschuld ist, wird durch den Krieg aus Not zur Prostituierten. Wichtig dabei ist, daß die freie Verfügung über ihre eigene Sexualität die Identität der Frauen nicht befleckt. Befleckend wäre eher, nicht frei entscheiden zu dürfen. Sie alle begehren gegen die auf den Körper geschriebenen Verhaltensweisen auf. Es ist schließlich nicht heroisch, dem Ehemann treu zu bleiben, sondern – wie Frau Emma – im Tauschhandel Sexualdienste für Wurst und Schinken zu leisten, damit die kranke Tochter nicht stirbt. Das Absolute der noch immer postulierten Weiblichkeit wird dadurch aus der abstrakten Höhe gerissen und es wird gezeigt, wofür sie existierte: zum Vorteil des Mannes.

Schon bei Wedekind (*Frühlingserwachen*, 1891) wurde Abtreibung thematisiert, und die Dramen des Naturalismus verstanden sich als politische Agitation. Auch Langner und die Autoren kommunistischer Agitprop-Stücke griffen die Unmenschlichkeit des § 218 auf, der Abtreibung unter härteste Strafe stellte. Solche Radikalität, wie sie in Langners Stück zum Ausdruck kommt, konnten die Regisseure nicht ganz schlucken, und so wurden ihre Stücke oft bei Aufführungen an den provokativen Stellen amputiert.

Langners nicht-literarische Äußerungen hingegen reflektieren nicht immer diese Radikalität ihrer Dramen. In ihren theoretischen Überlegungen scheint sich eine Weiblichkeitsauffassung durchzusetzen, die ein Anderssein von Frauen postuliert und dem Essentialismus zugeordnet werden kann. Doch gab es zu ihrer Zeit auch noch nicht den neuen

Abb. 6: Szenenbild aus Ilse Langners *Frau Emma kämpft im Hinterland*
Marija Leiko als Frau Emma (Berlin 1929). – In diesem antimilitaristischen
und proto-feministischen Stück proklamiert Frau Emma: »Ich kämpfe für das
Leben. Ja, wir Mütter müßten den Krieg bestimmen.« Die Frauen in diesem
Stück überschreiten Klassenschranken und bestehen auf dem Recht, ihre Sexualität und ihren Körper selbst zu bestimmen. In der Weimarer Zeit war es
möglich, erfolgreich ein provokatives Bild der ›neuen Frau‹ in einem Stück zu
propagieren, das an Relevanz bis heute nichts verloren hat.

feministischen Diskurs, und so hat Inge Stephan recht, wenn sie meint, man wüßte eigentlich nicht so recht, wie Begriffe wie »Verweiblichung des Dramas«, »Vermännlichung der Frau«, »Scheinsieg der Emanzipation«, »männlich«, »weiblich«, »Ich« und »Geschlecht«, von denen Langner spricht, zu verstehen sind. (Stephan, 169)

In ihrer Studie über das Zeitstück der Weimarer Republik weist Anne Stürzer darauf hin, daß Langner die sogenannte Untreue der Frauen ihren im Feld kämpfenden Männern gegenüber realistischer dargestellt hat als männliche Autoren ihrer Zeit, die Untreue als ›Verrat am Vaterland‹ interpretiert und somit Frauen weiterhin in eine männliche Symbolik eingebunden haben. Es ging Langner eindeutig um die freie Selbstbestimmung der Frau über ihren Körper und um das Gewicht ihres Wortes in der politischen Arena. Ihre Argumente sind psychologisch untermauert und sozialistisch begründet. Sie postulieren auch eine utopische Solidarität von Frauen. In ihrem Stück *Katharina Henschke* (1930) geht es hauptsächlich um den § 218, den Abtreibungsparagraphen. Im Dialog dominieren auf der Bühne die Frauenfiguren. Eine Arbeiterin in einem großen Spinnereibetrieb hat aus Not abgetrieben. Langner bezieht eine psychologische Komponente mit ein: Die Besitzerin der Fabrik entläßt die Frau wie vorher alle Arbeiterinnen, die eine Abtreibung vorgenommen hatten, aus persönlichen Motiven, weil sie sich selbst erfolglos Kinder wünscht, die sie sich selbstverständlich leisten könnte. Doch die teuren Rationalisierungsmaßnahmen in der Fabrik, die sie vornehmen muß, weil nach diesen Entlassungen zu wenige Arbeiterinnen vorhanden sind, sowie rückläufige Aufträge ruinieren die als Kapitalistin dargestellte Besitzerin. Trotz dieses Klassenkonfliktes wird eine utopische Frauensolidarität postuliert. Die nun heruntergekommene Fabrikbesitzerin und die entlassene Arbeiterin, die inzwischen zur SPD-Abgeordneten avanciert ist, versöhnen sich trotz langer kämpferischer Opposition eigentlich nur aufgrund ihrer Geschlechtszugehörigkeit. (Stürzer, 41) Man kann in diesem Zusammenhang nicht von einer ›Wirklichkeitsferne‹ sprechen, wie Stürzer es tut, sondern eher von einem Modell, einem Entwurf, der auf das Potential von Frauen hinweist, sich leichter über Klassenunterschiede hinwegsetzen zu können als Männer. Die Belange der Frauen überschreiten teilweise die Schranken der Klassen z.B. durch ähnliche Gedanken von Frauen zum § 218, zu den Friedensbestrebungen und zur eigenen Ohnmacht in der Gesellschaft. Langner deutet an, daß Frauen nur aufgrund des existierenden Gesellschaftssystems ihre Stärken und Talente ungenutzt lassen müssen.

In den Stücken der Autorin aus der Hitlerzeit wird diese Situation bestätigt. Daher verwundert es auch nicht, daß diese Dramen im Dritten Reich nicht mehr augeführt wurden, denn sie stellten einen Affront gegen die Nazi-Ideologie dar. Nunmehr wurden Theaterautoren wie F. Bethge gefördert, der von der ›männlich gehämmerten‹ Form des Dramas spricht. Man bestimmte das Wesen des Schauspiels aus den Gesetzen des Kampfes und des Kultes. Es steht das Kult- bzw. Thingspiel gegen das Zeitstück, das die Dramatikerinnen bevorzugten. Kult zeichnet sich jedoch dadurch aus, daß er einen zeitlosen Vorgang in die unmittelbare Gegenwart bannt.

Die Unwilligkeit oder die Unmöglichkeit sich [in der Hitlerzeit] mit der Gegenwart auseinanderzusetzen und diese Auseinandersetzung künstlerisch zu gestalten, verwies das Drama in die Geschichte und den Mythos. Auf diese Art sollte das ewig deutsche Wesen in seiner Urbildlichkeit und seiner historischen Ausprägung sichtbar gemacht und auch der Bezug dieser Werte zur Gegenwart gestaltet werden.« (Ketelsen, 166)

Von den Vordenkern der NS-Bewegung bekam Bethge Hilfe, »um die weibliche Konkurrenz verstummen zu lassen. Was sonst Neid um Aufführungstermine diktiert hatte, konnte jetzt unter dem Deckmantel der Erneuerung von Kultur und Rassen offen ausgesprochen werden.« (Stürzer, 112) Obgleich Langner die Form des Zeitstücks vorzog, ist es kein Wunder, daß sie ihre Stücke nunmehr in ein griechisches Gewand kleidete, sie verkleidete. Dies war für sie besonders zu dieser Zeit die einzige Möglichkeit, eine Auseinandersetzung mit der Gegenwart zu wagen. (Stephan, 181) Ihre Stücke *Die Amazonen* und *Der Mord in Mykene, Klytämnestra, Iphigenie kehrt heim* spielen zwar in historischer Verkleidung, nehmen aber gleichzeitig eine drastische Umwandlung der griechischen Mythen vor, die sich nicht auf irgendwelche Quellen bezieht. Als Modell für die Gegenwart entwirft Langner starke Frauen an der Spitze des Staates, eine Praxis, mit der sie Charlotte von Steins mythologisch verkleidete Versuche (siehe Kapitel 2) wieder aufnimmt. Sie postuliert damit eine Position zwischen Matriarchat und Patriarchat. Sowohl die eine wie auch die andere Staatsform lehnt sie ab. Im Stück *Der Mord in Mykene* ist es der Königin Klytämnestra mit gewaltlosen Mitteln gelungen, Frieden in ihr Land zu bringen, während ihr abwesender Mann, Agamemnon, jahrzehntelang vor Troja kämpfte. Das weicht ab von der griechischen Überlieferung, in der Ägysth die Macht ergriffen hat und Klytämnestra lediglich als seine hingebungsvolle Geliebte fungiert. In dieser Überlieferung wird auch der griechische König Agamemnon nach seiner Rückkunft aus dem Trojanischen Krieg entweder von Ägysth aus Machtgier getötet, oder von Klytemnestra umgebracht, weil sie ihren Geliebten nicht verlieren will. Bei Langner jedoch tötet die Königin Agamemnon nicht als liebende Frau, sondern um Frieden zu bewahren. Auch ist Ägysth für sie kein Mann, dem sie sich nach romantischem Muster bedingungslos hingeben muß, sondern er ist ein Sex-Partner, der keine patriarchalischen Allüren hat und austauschbar ist.

Langners Agamemnon wankt und denkt daran, sich vielleicht auch wie Ägysth zum ›neuen Mann‹ zu wandeln. Doch bleibt er schließlich auf gewissen patriarchalischen Ansprüchen bestehen, die er seiner Frau nicht zugesteht. Langner spielt hier ein gewagtes frühes Spiel mit der sexuellen Freiheit der ›neuen Frau‹. Als der König auch seiner Frau die sexuelle Freiheit einräumen soll, die er für sich als selbstverständlich erachtet, kann er diese Gleichberechtigung nicht gewähren. Langner läßt aufleuchten, daß hier ein ganz besonders wunder Punkt des Mannes berührt wird, der mit männlichem Stolz und sexueller Überlegenheit zu tun hat. Während sich Agamemnon zur Befriedigung seiner erotischen Bedürfnisse die Frauen nimmt, die er will, soll der Körper der Königin ihrem Manne allein gehören. Deshalb klagt Agamemnon seine Frau der Untreue an, obgleich er vorher noch zugestimmt hatte, die Macht mit ihr zu teilen. Das ist keine echte Teilung, denn er will die Macht über ihren Körper behalten. Langner bringt zum Ausdruck, daß eine Welt, in der Frauen gleichberechtigt sind und ihre Fähigkeiten unter Beweis stellen dürfen, eben noch keine Wirklichkeit geworden ist. Es ist das Verdienst dieser Autorin, daß sie auch die Grenzen ihrer Utopie dargestellt hat. In solch einem System – so weiß Langner – wird auch die Frau zur Mittäterin. Durch die geschichtliche Situation wird sie in die Brutalität der Männergesellschaft hineingerissen, was dazu führt, daß in diesem Falle Klytämnestra Agamemnon tötet. Frauen sind eben nicht automatisch ›von Natur aus‹ friedfertig, wie es die traditionelle Rolle von ihnen verlangt. Auch auf die folgende Generation innerhalb des Stückes vererbt sich diese Mittäterschaft: Klytämnestras Sohn Orest wie auch ihre Tochter Elektra sinnen auf Rache, die – wie wir aus der Überlieferung wissen – mit dem Muttermord vollzogen wird.

Das Besondere an Ilse Langners Dramen ist die privilegierte Stellung der Frau im Text. Besonders in den frühen Stücken steht die Frau im Mittelpunkt, auch wenn es um Ideologien oder Wirtschaftspraktiken geht, wie z.B. um die Kombination von Religion und Kapitalismus in *Die Heilige aus USA* (1931). Anders als bei Stücken von männlichen Autoren, wo oft die Naivität der Frau thematisiert wird (z.B. in Brechts *Heilige Johanna der Schlachthöfe)*, ist die Frau bei Langner immer stark und anti-militaristisch dargestellt, obgleich sie trotzdem an den ganz klar vom Patriarchat verursachten Situationen scheitert. Ihre Formel fand bei den Theaterleuten Anklang, und *Die Heilige aus USA* wurde im Berliner Kurfürsten-Theater von Max Reinhardt mit Schauspielern wie Brigitte Horney, Paul Kemp, Egon Friedell u.a. uraufgeführt. Ihre Absicht, den Mißbrauch von Religion zu Geldzwecken anzuprangern, wurde aber prompt mißverstanden, und sie erhielt eine Anzeige wegen Gotteslästerung (Stürzer, 41). Langner beweist hier, daß Frauen zwar stark und erfolgreich sein können, daß sie jedoch ebenso anfechtbar sind wie Männer. Solche Frauen, die es mit negativen Praktiken zu Macht und Reichtum bringen, bezeichnete sie als ›vermännert‹.

In Langners späteren Stücken sind die Frauengestalten weniger stark. In dem Drama *Himmel und Hölle* (das nie aufgeführt oder gedruckt wurde) nimmt nach Stürzer »die Autorin Frau Emmas Aufbruch zurück, der ihr nun fragwürdig erscheint (...) Sie setzt dagegen auf die Andersartigkeit der Frau.« (Stürzer, 253) In einem Artikel zum internationalen Frauenkongress 1947 schreibt sie:

Das Gemeinsame aller Frauen, das unabänderlich durch technischen Fortschritt und technische Zerstörungswahn hindurch der mütterliche Trieb zum Leben und die Verantwortung für die eignen und die Kinder aller Mütter geblieben ist, tritt trotz seiner weltalten Bestätigung mit neubelebter Urkraft ins Bewußtsein. (Zitiert nach Stürzer, 253)

Die Nachkriegsstücke der Dramatikerin sind vom Existentialismus und vom französichen Theater inspiriert. Langner beendete zwischen 1948 und 1949 sechs Stücke (*Petronella, Der venezianische Spiegel, Rettet Saint-Julien-Le-Pauvre, Sylphide und der Polizist, Die Witwe* und *Métro. Haute couture de la mort*). Der metaphysische bzw. surrealistische Einschlag ist neu. Drei weitere Dramen in dieser Richtung folgen: *Die Schönste, Die Puppe, Salome*. Da die Autorin zwischen Paris und Berlin hin- und herpendelte, standen ihr immer wieder frisch die Verwüstungen des Krieges vor Augen. So arbeitete sie zwischen 1946 und 1950 an einem Zyklus von Trümmerdramen (*Heimkehr, Carneval, Angst*), der ebenfalls surrealistische und reale Elemente verbindet.

Doch durch den Einfluß des deutschen Nachkriegstheaters wandte sie sich wieder Kriegsthemen zu, mit denen sie sich früher ausgezeichnet hatte. Zweimal schrieb sie das Drama *Die große Zauberin* um, das sie schon vor dem Krieg verfaßt hatte, weil ihr die Frage nach einem Ethos zusetzte. Die zweite Version, *Schwarz-Weiße Magie*, beendete sie Ende der vierziger Jahre. Die Frage nach der Schuld am Krieg stellte sich ihr immer wieder neu. Unter dem Titel *Cornelia Kungström* fiel die dritte und letzte Version des Stückes jedoch im Jahre 1955 bei der Kritik durch. Trotzdem ist es ein wichtiges und faszinierendes Stück. Schon hier wird das Thema Wissenschaft und Krieg aufgearbeitet, das Dürrenmatt erst 1962 erfolgreich mit seinen *Die Physiker* auf die Bühne brachte. Cornelia Kungström ist Chemikerin, die ein tödliches Giftgas entwickelt hat, das sie Politikern zur Verfügung stellen soll. Mephistophelische Versuchung tritt an sie heran, da man ihr unbegrenzte Unterstützung für alle ihre Forschungsprojekte anbietet. Während bei Dürrenmatt die Frau negativ gezeichnet ist – machthungrig und wahnsinnig – und die Wissenschaftler schon keine Entscheidungskraft mehr darüber haben, was mit ihren tödlichen Erfindungen geschieht, besteht Langner auf der eigenen, persönlichen Verantwortung der Forscherin. Hierin ist sie dem allgemeinen Konsensus der neunziger Jahre näher verwandt als dem Denken der fünfziger Jahre. Während sie in den ersten beiden Versionen die tragische Entscheidung einer Frau, die unbedingt Frieden erhalten will, noch nicht auf die Spitze treibt, endet das letzte Stück damit, daß die Wissenschaftlerin sogar vor die Wahl gestellt wird, ihren eigenen Sohn, der die böse Formel veruntreuen will, zu erschießen. Mutterliebe steht hinter Menschheitsliebe zurück, als sie ihr eigenes Kind umbringt. In diesem *double-bind* scheitert die humane Lösung der Frau. Auch sie muß zur ›männlichen‹ Handlungsweise – Mord – greifen und verwickelt sich somit in ein Paradox, eben weil die gegenwärtige Männergesellschaft eine mögliche friedfertige Gemeinschaft verhindert.

Trotz aller Fürsprache will die Literaturwissenschaftlerin Stürzer auch Schwächen in Langners Stücken erkennen, besonders im Hinblick auf die in ihnen angebotenen Lösungen oder den Mangel an Lösungen. Diese Kritik ergibt sich jedoch aus dem historischen Rückblick und dem Wissen von der Erfolglosigkeit der Stücke beim damaligen Publikum. Dürrenmatts Stück *Die Physiker* (1962) mit seinem Thema der Ausweglosigkeit – wobei zumindest einige Männer die positiven Kräfte darstellen, die Frau aber das Symbol der Irrationalität und des Zerstörungstriebs ist – war nicht unbedingt wegen der in ihm vermittelten Lösungen erfolgreich. In der scheinbaren Absurdität von Dürrenmatts Weltsicht geht die Frage nach dem Ethos notwendig unter. Die Bedrohung durch die Atombombe ließ solch eine Darstellung dem zeitgenössischen Publikum plausibel erscheinen. Langners fehlender Erfolg lag sicherlich auch in dem Nachdruck begründet, den die Autorin auf die zentrale Darstellung von kühnen, selbstbewußten und talentierten Frauen gelegt hat, die durch ihre Kritik und Fähigkeit das gegenwärtige patriarchalische System entlarvten und den *Status Quo* gefährdeten. Schließlich erschien das Stück in den fünfziger Jahren, also zu einer Zeit, als viele Frauen wieder hausfrauliche Pflichten übernommen hatten und sich an Heimatstücken wie dem *Schwarzwaldmädel* orientieren. Was war leichter, als Langners Stücke einfach als uninformiertes Frauengeschwätz abzutun, wie es dann auch in der Presse geschah.

Die Film-Autorinnen Vicki Baum und Christa Winsloe

Obgleich Frauen in der Weimarer Zeit als Autorinnen und Regisseurinnen in der Filmbranche zumeist Nebenfiguren waren, sind zwei von ihnen durch die Filmadaption ihrer Stücke sehr berühmt geworden. Vicki Baum (1888-1960), als Romanautorin schon zu dieser Zeit eine der meistgelesenen Autorinnen der Welt (Brinker-Gabler, 27), hatte ihren Erfolgsroman *Menschen im Hotel. Ein Kolportagenroman mit Hintergründen* (1929) in ein Drama umgewandelt, das schon im Januar 1930 erfolgreich in Berlin aufgeführt wurde. Durchschlagend war jedoch die Hollywood-Filmfassung von 1932 (Buch William A. Drake, Regisseur Edmund Goulding) mit den Schauspielergrößen Greta Garbo, Joan Crawford, John and Lionel Barrymore unter dem Titel *Grand Hotel*. Glanz und Elend der Weimarer Zeit, Chance zum Aufstieg und unaufhaltsamer Abstieg sind sprühend dargestellt. Männer sind nicht mehr Haupthandlungsträger, Frauen als berühmte Ballerinas und Sekretärinnen mit Schreibmaschine erscheinen auf der Bühne. Sie behaupten ihren Platz in Beruf, im öffentlichen Leben, im Theater. Baums brisantes Thema fand immer wieder Neuaufnahme. So wurde der Roman nach dem Krieg auch in Deutschland als *Menschen im Hotel* verfilmt (in einer blassen Fassung mit Heinz Rühmann und Sonja Ziemann) und vom Publikum begeistert aufgenommen. Noch Anfang der neunziger Jahre fand eine Bearbeitung von Baums Stück als Musical *Grand Hotel* seinen Weg auf den Broadway (adaptiert von Luther Davis, Robert Wright und George Forrest), wo es ein Hit wurde, der jahrelang in New York lief.

Die zweite Frau in der Filmbranche, Christa Winsloe, durch ihren Film *Mädchen in Uniform* berühmt geworden, begann ihre Karriere als Dramatikerin. Die Urversion des Filmes ist ihr Drama, das 1930 unter dem Namen *Ritter Nérestan* in Leipzig uraufgeführt wurde. Eine veränderte Fassung erhielt den Titel *Gestern und heute* und wurde 1931 und 1932 in Berlin erfolgreich gespielt. Das Ungewöhnliche an diesem Stück ist sein Stoff und ein bis dahin unerhörtes Thema. Das Drama thematisiert die Problematik der lesbischen Liebe auf positive Weise. Das Drama spielt in einem preußischen Mädcheninternat, wo die Protagonistin, ein junges Mädchen, an veraltetenen, verhärteten Erziehungsmethoden scheitert. Es wird als das einzige Bühnenstück in der Weimarer Republik bezeichnet, »das (...) einfühlsam weibliche Homosexualität beschreibt. Ferdinand Bruckner und Hermann Sudermann stellten in ihren Dramen lesbische Frauen immer noch als verrucht dar. Auch außerhalb des Theaters fanden Lesben wenig Verständnis. Für die Frauenbewegung schien die Problematik nicht zu existieren.« (Stürzer, 102)

Die erste Version von Winsloes Stück endet tragisch. Das Mädchen Manuela, das ihre Lehrerin Fräulein von Bernburg liebt, stürzt sich in dieser Version, die in Leipzig gegeben wurde, am Schluß die Treppe hinunter in den Tod. Für die Berliner Fassung sah sich Winsloe gezwungen, das tragische Ende abzuschwächen, und auch im Film wird das Mädchen in letzter Minute von ihren Schulkameradinnen gerettet. Doch Winsloe mißfiel dieses ihr aufoktroyierte Happy-end in steigendem Maße. Ihr Werk basierte ja auf einer wahren Begebenheit, und für weitere Versionen, auch für alle veröffentlichten Buchfassungen, untersagte sie es, den Tod am Ende zu unterschlagen. Der Film *Mädchen in Uniform* wurde 1931 gedreht, und zwar ungewöhnlicherweise von einer Regisseurin, Leontine Sagan. Er wurde in vielen Ländern der Welt populär und erntete durchweg einen Riesenerfolg; für das französische Publikum schrieb sogar Colette die Untertitel. Ein internationales Preisgericht erkor den Film zum besten der Weltproduktion im Jahre 1931. (Stürzer, 100)

Es gibt bei Winsloe jedoch kein spektakuläres ›Outing‹; der lesbische Diskurs blieb weiterhin im Hintergrund. Noch war die breite Öffentlichkeit über diese gesellschaftliche Realität uninformiert. Der § 175, der homosexuelle Praktiken unter hohen Strafandrohungen bei Männern verbot, schloß zwar Frauen aus, doch mehr oder weniger deshalb, weil man weibliche Homosexualität nicht wahrnahm. Doch hatten sich in bezug auf Frauen die gleichen Voreingenommenheiten in der allgemeinen Auffassung etabliert, die man auch gegen homosexuelle Männer pflegte.

Winsloe ist in ihrer Schilderung sehr zurückhaltend. Sie schreibt über *Gestern und heute*: »Was ich zu schildern versuche, sind die erotischen Verwirrungen der Pubertätszeit, die kindlich reine Leidenschaft eines starken Gefühls, das im Zusammenprall mit (...) einer feindlichen Umgebung zu Vernichtung und Untergang führt.« (zitiert nach Stürzer, 107) Obgleich auch die Lehrerin ihre Gefühle der Schülerin gegenüber äußert, relativiert sie diese Emotionen. Sie erkennt sie als gefährlich und versucht, sie in mütterliche Gefühle umzuwandeln. Damit hat die

Abb. 7: Szenenbild aus Christa Winsloes *Gestern und heute*
Margarete Melzer und Gina Falkenberg als Fräulein von Bernheim und Manuela. Berühmter als dieses Stück ist seine Filmversion mit dem Titel *Mädchen
in Uniform* (1931 gedreht), die ein Welterfolg wurde. Der Firm wurde in letzter
Zeit zum Studienobjekt für Filmforschung zum Thema lesbische Liebe.

Lehrerin die konstruierten negativen Erklärungen zur Homosexualität des dominierenden, patriarchalischen Diskurses nicht abgeschüttelt. So wehrt sie das Mädchen ab mit dem Verweis, sie nicht so lieb zu haben, das sei Sünde. Die zögerlichen Worte der Lehrerin sind aber vielleicht auch zum Schutz der Schülerin gesprochen, gewissermaßen, um ihr eine quälende Behandlung und bittere Konsequenzen im Machtgefälle zu ersparen. Denn wie sich im Stück zeigt, war es in der Tat für sie selbst und für das Mädchen höchst gefährlich, als lesbische Geliebte entdeckt zu werden. Christa Reinig scheint etwas überkritisch, wenn sie zur Figur der Lehrerin bemerkt:»Die Lehrerin war keine politische Heldin, sondern ein Versager. Sie ist eine Dunkellesbe, wie sie im Buche steht. Wenn Manuela aus dem Fenster ist, dann ist Fräulein von Bernburg gerettet. Das ist der bitterliche Schluß.« (Reinig, 314) Die Abschwächung des Themas bei Winsloe ist sicher auch eine Vorsichtsmaßnahme gegen mögliche Kritik. In der früheren Version wollte die zum Verlassen des Internats gezwungene Lehrerin das Mädchen mitnehmen, um für sie auch weiterhin zu sorgen. Diese Möglichkeit erwähnt sie bei der letzten Version nicht mehr. Es ist den Schauspielerinnen Hertha Thiele und Dorothea Wieck in der Filmversion zuzuschreiben, daß sie durch ihre Körpersprache die im Text abgeschwächten lesbischen Elemente wieder verstärkten. Eine Anklage gegen eine Gesellschaft, die keine Gefühle zuläßt und abweichende Emotionen kalt ausmerzt, ist trotz allem in Winsloes Drama und im Film zum Ausdruck gekommen. Diese Anklage des Films wirkt auch heute noch. In letzter Zeit wurde der Film als Prototyp des lesbischen Films wiederentdeckt und vielfach als Modell in der Sekundärliteratur herangezogen.

Wie schon vorher Ilse Langner hat auch Christa Winsloe ein Stück über die Heimatfront im Jahre 1917 verfaßt. Sie hat *Heimat in Not* 1933 als pazifistisches Antikriegsstück konzipiert und1935 fertiggestellt. Es kam nie zur Aufführung und liegt nur als Typoskript vor. Es ist Anne Stürzer zu verdanken, daß es bekannt geworden ist. Während Langner friedliebende, starke Frauen in den Mittelpunkt stellt, die das alte, ihnen aufgezwungene Moralkorsett weggeworfen haben, bringt Winsloe eine für sie typische ungewöhnliche Geschlechterdimension in ihr Stück ein. Obgleich die handelnden Personen erst am Ende des Stückes aufgeklärt werden, wissen die Zuschauer schon gleich zu Beginn, daß der junge, ins ungarische Dorf gekommene Mann, Pista, eine Frau in Männerkleidern ist. Dieses Transvestitentum bringt eine visuelle Komponente in die fließend gewordenen Grenzen der Geschlechteridentifikation, mit der sich Winsloe auseinandersetzte. Die verkleidete Frau, deren Gedanken in der Gemeinde gehört werden und die Einfluß üben kann, weil sie als Mann erscheint, ist ein zwitterhaftes Geschöpf. Ihr/ ihm gelingt es, die Bäuerinnen zu überzeugen, daß der Krieg keine unvermeidbare Naturkatastrophe ist. »Als positiv besetzte weibliche Eigenschaften bewahrt sie sich Einfühlungsvermögen und Mitleid, als männlich besetzte Tugenden gewinnt sie Stärke, Entschlossenheit, Mut und Tatkraft hinzu.« (Stürzer, 17) Durch diese Figur schafft Christa Winsloe auch ein Modell des ›neuen Mannes‹, eines Mannes der Krieg nicht als unabwendbar sieht, der keine Aggressionen zeigt und der die Selbständigkeit der Frauen unterstützt. Doch wie so oft im Drama von Frauen (z.B. Langners *Der Mord in Mycene)* scheitert die friedliche Idylle, wenn die Männer aus dem Krieg zurückkommen. Pista unterstützte die Bäuerin Marcsa und erregt die Eifersucht des von der Front zurückgekehrten Ehemannes János, der nunmehr seine Frau gewalttätig auf Gehorsam trimmen will und gleichzeitig den von ihr hochgebrachten Hof ruiniert. Winsloe ist nicht zimperlich mit ihrer Symbolik und läßt Pista diesen Kriegskrüppel mit der Mistgabel erstechen. Damit ist sie wiederum in die Brutalität der Männerwelt als Mittäterin hineingezogen worden, der sie entfliehen wollte.

Christa Winsloe war später selbst in die Wirren des Zweiten Weltkriegs verwickelt. Obgleich ihre Schriften in Deutschland verboten waren, konnte sie mit ihrem ungarischen Paß, den sie trotz ihrer Scheidung von ihrem ungarischen Ehemann behalten hatte, in Europa und Amerika hin- und herfahren. Nie hat sie sich irgendwo lange aufgehalten, auch nicht in den USA, wo eine enge Freundin von ihr, die berühmte Schriftstellerin Dorothy Thompson, sie unterstützte. Ihr Versuch, in Hollywood Fuß zu fassen, schlug fehl, und eine Sprachkrise suchte sie heim; ihre Englischkenntnisse waren zu holprig, um in dieser Sprache zu schreiben, und auf Grund ihrer Abwesenheit zeigte auch ihr Deutsch Mängel. Sie entschied sich trotzdem, auf Deutsch zu schreiben, obgleich sie selten in Deutschland lebte. Gegen Ende des Krieges war sie nach Südfrankreich verschlagen. Als sie 1944 wieder nach Deutschland zurückfahren wollte, gelangte sie nicht mehr an ihr Ziel. Im Alter von 56 Jahren wurde sie mit ihrer Lebensgefährtin, der Schweizerin Simone Gentet, während der Autofahrt in der Nähe von Cluny ermordet.

Die überlebenden Dramatikerinnen der Emigration – und dazu gehören alle der hier besprochenen Autorinnen, konnten im Nachkriegsdeutschland nicht mehr Fuß fassen. Ihre Stimmen paßten nicht in den dominanten Theaterdiskurs, in dem nur wenige zurückgekehrte Exilanten, wie z.B. Brecht, Erfolg hatten. Es ist an der Zeit, ihre Werke zu analysieren, um die Leerstellen in der deutschen Geschichtsaufarbeitung zu beleuchten.

Literaturverzeichnis

Baum, Vicki. *Menschen im Hotel. Ein Kolportagenroman mit Hintergründen* (1929). Frankfurt/M., Berlin, Wien: Ullstein Verlag, 1983.

Bernstein, Elsa. *Königskinder. Ein deutsches Märchen* von Ernst Rosmer (pseud.). Berlin, 1894.

— *Dämmerung. Schauspiel* von Ernst Rosmer (pseud.). Berlin 1893.

— *Wir drei. Drama* von Ernst Rosmer (pseud.). Berlin, 1891.

Bethge, F. »Bekenntnis eines Dramatikers«, *Die Literatur,* 43, 1940/1941.

Brinker-Gabler, Gisela. *Lexikon deutschsprachiger Schriftstellerinnen 1800 – 1945.* München: dtv, 1986.

Dierks, Margarete, »Mythe und Mode in Ilse Langner Komödie ›Amazonen‹«, in: *Fürs Theater schreiben.* Bremen: Zeichen und Spuren, 1986.

Dürrenmatt, Friedrich. *Die Physiker,* 1962.

Giesing, Michaela. »Theater als verweigerter Raum«, in: *Frauen – Literatur – Geschichte. Schreibende Frauen vom Mittelalter bis zur Gegenwart,* Gnüg, Hiltrud und Renate Möhrmann, Hrsg. Stuttgart: J.B. Metzlersche Verlagsbuchhandlung, 1985.

Hauptmann, Gerhard. *Einsame Menschen,* 1891.

Hildebrandt, Christel. »Dramatikerinnen der DDR. Hoffnung auf Veränderung« in: *Fürs Theater Schreiben, Über zeitgenössische deutschsprachige Theaterautorinnen.* Bremen: Zeichen und Spuren Frauenliteraturverlag, 1986.

Kalkowska, Eleonore. *Joseph,* Typoskript, o.J.

— *Zeitungsnotizen,* Berlin, 1933.

Ketelsen, Uwe-Karsten. *Heroisches Theater. Untersuchungen zur Dramentheorie des Dritten Reiches.* Bonn: Bouvier Verlag, 1968.

Langner, Ilse. *Cornelia Kungström* (1955); *Die Heilige aus USA* (1931) in: *Dramen I,* Schulz, Eberhard Günter, Hrsg. Würzburg: Bergstadtverlag Wilhelm Gottlieb Korn, 1983.

— *Klytämnestra* (1947); *Die Amazonen* in: *Dramen II,* Schulz, Eberhard Günter, Hrsg. Würzburg: Bergstadtverlag Wilhelm Gottlieb Korn, 1983.

— *Die Heilige aus USA,* Berlin, 1931.

— *Himmel und Hölle,* Typoskript, o.J.

— *Katharine Hentschke,* Berlin 1930.

— *Frau Emma kämpft im Hinterland,* Berlin 1929.

Mann. Erika. »Frau und Buch«, in: *Bubikopf. Aufbruch in den Zwanzigern. Texte von Frauen* Rheinsberg, Anna, Hrsg. Darmstadt: Luchterhand, 1988.

Reinig, Christa. »Über Christa Winsloe«, in: *Mädchen in Uniform,* Neuauflage München: Frauenoffensive, 1983.

Rubinstein, Hilde. *Eigner Herd ist Goldes wert?! oder Nora 1932,* Berlin 1933.

Stephan, Inge. »Weiblicher Heroismus. Zwei Dramen von Ilse Langner«, in: *Frauenliteratur ohne Tradition? Neun Autorinnenporträts,* Stephan, Inge; Venske, Regula; Weigel, Sigrid, Hrsg. Frankfurt/M.: Fischer, 1987.

Literaturverzeichnis

Stürzer, Anne. *Dramatikerinnen und Zeitstücke. Ein vergessenes Kapitel der Theater-geschichte von der Weimarer Republik bis zur Nachkriegszeit.* Stuttgart: Metzler Verlag, 1993.

Wedekind, Frank. *Frühlingserwachen,* 1891

— *Lulu,* 1903.

Winsloe, Christa. *Heimat in Not,* Typoskript, 1933.

— *Mädchen in Uniform,* Neuauflage, München, 1983.

— *Ritter Nérestan, Schauspiel.* Berlin, Wien, 1930.

Wohmann, Gabriele. *Die Witwen oder Eine vollkommene Lösung. Ein Fernsehspiel.* Stuttgart: Reclam, 1972.

TEIL ZWEI

Das ›andere‹ Theater der Gegenwart

Einführung

Der zweite Teil von *Ein Haus aus Sprache* wirft einige Fragen zum Theater von Frauen der Gegenwart auf. Es werden drei Themen berührt, die für die meisten Autorinnen, die für die Bühne schreiben, von zentraler Bedeutung sind: eine neue, experimentelle Form des Dramas, wozu auch eine Dekonstruktion der Sprache gehört; die Rolle der Geschlechterdifferenzen in unserer Gesellschaft, bzw. eine Kritik an der normativen Heterosexualität; und das sich weiter ausdehnende Problem des Fremdenhasses und des Profitdenkens. Es wird keineswegs ein Anspruch auf Vollständigkeit erhoben, denn viele andere spezifische Themen wären es wert, eingehend analysiert zu werden.

Als zeitgenössische Dramatikerinnen sind auch Else Lasker-Schüler (1869 – 1945) und Marieluise Fleißer (1901 – 1974) einbezogen, denn obgleich sie schon am Anfang des Jahrhunderts anfingen, Stücke zu schreiben, wurden sie erst in den 70er Jahren durch die Frauenbewegung wiederentdeckt und neu gewürdigt. Auch jetzt hält die Faszination ihrer Werke an, und sie werden noch oft inszeniert. Ihre Stücke weisen auf einen Trend voraus, der bezeugt, daß Frauen besondere Forderungen an das Theater stellen. Beide Autorinnen haben das Volksstück – ähnlich wie Ödön von Horváth – neu definiert, und ihre Dramen werden von vielen prominenten Autoren der nachfolgenden Generation aufgrund ihrer Innovationen als Vorbilder betrachtet (u.a. Kroetz, Jelinek, Faßbinder). Besonders ihr kritischer Blick für die Konsequenzen der Geschlechterdifferenzierung in der Gesellschaft hatte Modellfunktion für die nachfolgenden Dramatikerinnen. Eine Anthologie aus dem Jahr 1989, die Interviews mit Gundi Ellert, Ria Endres, Elfriede Jelinek, Ursula Krechel, Elfriede Müller, Gerlind Reinshagen, Friederike Roth, Ginka Steinwachs und Gisela von Wysocki gesammelt hat, läßt eine neue Sicht durchscheinen, die sich fast immer durch Lebenserfahrungen der Autorinnen als Frauen entwickelt hat (siehe Anke Roeder, *Autorinnen: Herausforderungen an das Theater*). Die Autorinnen sehen ihre Chance, diese besonderen, individuellen Erlebnisse – ob feministisch deklariert oder nicht – durch einen persönlichen Sprachausdruck und -stil festzuhalten und auf der Bühne sichtbar zu machen.

Die erfolgreichste deutsche Dramatikerin heute ist Gerlind Reinshagen (*1926), die schon Anfang der siebziger Jahre verschiedene zu der Zeit ungewöhnliche Themen aufgriff (z.B. unheilbare Krankheit,

Frauen als Mittäterinnen in der Hitlerzeit, postmoderne Kollagen von Kultfiguren usw.). Ihre Stücke wurden von erstrangigen Regisseuren wie Claus Peymann uraufgeführt und leiteten einen allgemeinen Trend ein. Lange war Reinshagen die einzige prominente Dramatikerin in Deutschland. Bald machte jedoch in Deutschland auch Friederike Roth (*1948) von sich reden, die seit Anfang der achtziger Jahre pausenlos Stücke geliefert hat. In ihrem letzten Bühnenversuch, *Erben und Sterben. Ein Stück* (1992), steht die Altersdiskriminierung im Mittelpunkt. Roth kommt von der Lyrik her, und die meisten ihrer Stücke entwerfen eine poetische Sprache; nur das Stück *Ein Ritt auf die Wartburg* (1981) benutzt Alltagsprosa. Hier hat Roth noch am ehesten so etwas wie ein Lustspiel geschrieben, ein Genre, das kaum von Frauen aufgegriffen wird. Eine sanfte gesellschaftliche Kritik ist nicht in ihrem Sinn, und auch Roth bringt kein Happy-end. Lustiges rutscht bei den Dramatikerinnen ins Surrealistisch-Groteske ab, so daß in ihrem Formwillen die alten Genres kaum eine Rolle spielen, sondern postmoderne Strukturen gewinnen. Ginka Steinwachs' (*1942) Dramen sind in ihrer Experimentierfreudigkeit so extrem, daß nicht alles von ihr auf die reguläre Bühne kam. Die Autorin selber gibt Performances, in denen sie Stückausschnitte aufführt. Sie setzt sich weit über die Grenzen des Theaters hinweg, so daß ihre Stücke wie für ein zukünftiges Publikum und ein Theater mit neuen technischen Möglichkeiten geschrieben sind. In *Erzherzog – Herzherzog, Das unglückliche Haus Österreich heiratet die Insel der Stille* (1985) hat das Publikum beispielsweise selbst eine Hauptrolle zu spielen.

Einige wichtige Dramen stammen auch von Jutta Heinrich (*1940), Monika Maron (*1941), Ingeborg Drewitz (1923 – 1986) und Christine Brückner (*1921). Jutta Heinrich hat z.b. ihr schon 1973 erschienenes Buch *Das Geschlecht der Gedanken* (1980) dramatisiert. Dieses Buch stellt eines der wichtigsten Dokumente der zweiten deutschen Frauenbewegung dar. Monika Maron trägt mit ihrem Stück *Ada und Evald* (1982) zur Geschlechterdiskussion eine DDR-Perspektive bei, und Ingeborg Drewitz inszeniert mit der Dramatisierung ihres bekanntesten Romans *Gestern war heute* (Drama 1980) eine Mutter-Tochter-Geschichte und die Auseinandersetzung zwischen zwei Generationen. Christine Brückners Monologe *Wenn du geredet hättest, Desdemona. Ungehaltene Reden ungehaltener Frauen* (1983) werden noch immer erfolgreich auf der Bühne aufgeführt. Diese Autorinnen sind jedoch nur nebenbei Dramatikerinnen und schreiben vorwiegend Prosa. Erwähnt sei auch das einzige Stück von Ulrike Meinhof (1934 – 1976). *Bambule* (1969) thematisiert Mißbrauch innerhalb des Fürsorgesystems und rührt lesbische Tendenzen an. Das Stück, das fürs Fernsehen gedreht, doch dann zensiert und abgesetzt wurde, erweckte in letzter Zeit ein verdientes neues Interesse.

Inzwischen hat eine neue Generation von Frauen, die fürs Theater schreiben, auf sich aufmerksam gemacht. Dazu gehören Anna Langhoff, Bettina Fleß, Gundi Ellert, Ria Endres, Libuše Moníková, Elfriede Müller, Kirsten Specht, Barbara Honigmann und Yoko Tawada. Sie befassen sich oft mit einer interkulturellen Problematik und thematisieren politisch heiße Eisen, wobei immer wieder die weibliche Sicht zur Geschlechterdifferenz besticht. Anna Langhoff (*1965), die jüngste der hier erwähnten Autorinnen, machte 1994 in Berlin mit ihrem Stück *Transit Heimat/Gedeckte Tische* von sich reden, in dem sie u.a. eine Jüdin aus Aserbeidschan, einen Roma, einen Serben in einem Asylbewerberheim zusammenbringt. Wie schon Bettina Fleß (1961) in *Asyl,* behandelt sie ›Fremdenhaß‹ und politische Mängel in Deutschland. Fleß hat auch das Thema ›Abtreibung‹ mit ihrem Stück *Memmingen* (1990) erfolgreich auf die Bühne gebracht. Von zentralem Interesse ist Kirsten Specht (1956), die sich mit der Fortführung des Fleißerschen Volksstückes einen Namen gemacht hat und nicht mehr von der Bühne wegzudenken ist. Der Mief und die Brutalität der Familie in kleinen Gemeinden – hier ist es der Frankenwald – wird gelüftet und die Heimatidylle zerstört. In *Das glühend Männla* (1990), das im Grenzland zwischen Ost und West spielt und wo die Grenze durch die Wohnung der Familie gezogen ist, wird das patriarchalische System in Aktion aufgedeckt: im Prozeß der Menschenzerstörung. Barbara Honigmann schöpft aus ihrer jüdischen Kultur und Yoko Tawada sowie Libuše Moníková bringen differenzierten Perspektiven der im Ausland Geborenen in ihr Werk ein.

Grotesken mit Klamauk und drohendem Sprachgestus sowie scharfe Kritik der heiligen Kühe in Kultur und Politik ist die deutschsprachige Bühne von Österreichs Elfriede Jelinek gewöhnt. Erst nach dem kometenhaften sowie kontroversen Aufstieg dieser Autorin werden nun auch andere österreichische Autorinnen bekannt. Noch in der 1981 erschienenen *Österreichischen Dramatik des 20. Jahrhunderts* von Hans Vogelsang werden erst am Schluß noch kurz einige Autorinnen abgehandelt und außer Schwaiger (*1949) und Jelinek noch Lotte Ingrisch (*1930) – als »erfolgreichste Autorin« (S. 299) – sowie Beatrice Ferolli (*1932) und Christina Kövesi (*1945) erwähnt. Es wird diesen Dramatikerinnen bescheinigt, daß sie an die Tradition des Alt-Wiener Volkstheaters anknüpften. Eine Anthologie (Christian Fuchs, *Theater von Frauen, Österreich*) aus dem Jahr 1991 stellt nun auch die Stücke einiger Dramatikerinnen vor (Elfriede Jelinek, Marie-Thérèse Kerschbaumer,

*1936, Gerlinde Obermeier, 1942–1984, Brigitte Schwaiger, Marlene Streeruwitz, Lisa Witasek, *1956). Elfriede Jelinek (*1946) ist heute zweifellos die anerkannteste und erfolgreichste der österreichischen Autoren (beiderlei Geschlechts). Ihr erstes Stück, *Was geschah, nachdem Nora ihren Mann verlassen hatte* (1977), baut auf postmoderne, groteske Elemente und eine Dekonstruktion der Sprache und räumt gleichzeitig mit harmonisierenden gesellschaftlichen Praktiken auf, die z.B. die Naivität des Emanzipationsgestus, eines Ibsen entlarven. Ihr letztes Stück, *Raststätte* (1994), bewegt sich auf die virtuelle Wirklichkeit des ›Cyberspace‹ zu. Zu den Mitte der neunziger Jahre am meisten gespielten österreichischen DramatikerInnen gehört neben Jelinek auch Marlene Streeruwitz (*1950), die auf andere, aber nicht weniger provokative Weise den dominanten Diskurs in Frage stellt und mit Schockwirkung u.a. die schlimmen Auswirkungen der etablierten Geschlechterdifferenzen und das Profitdenken in *Waikiki Beach, New York, New York* oder *Tolmezzo* in den Mittelpunkt zerrt. Streeruwitz will nicht nur die Sprache auf der Bühne nutzen, sondern alle Mittel des Theaters einsetzen. In *Tolmezzo* bringt sie eine jüdische Emigrantin zurück in ihre Vaterstadt Wien, ein Thema, das schon Hilde Spiel (*1911) in ihrem Stück *Anna und Anna* (1989) – auf eigener Erfahrung basierend – für Bühne und Film entwickelt hatte.

Auch aus der Schweiz (wo Frauen das Wahlrecht erst im Jahre 1972 erwarben) kommen einige starke dramatische Talente – Gertrud Leutenegger (* 1948), Maja Beutler (* 1936) und Brigitte Meng (*1932) –, die sich in poetischen Dramen ausdrücken. Brigitte Mengs kreiert mit ihrem frühen Stück *Ein Fahrplan stimmt nicht mehr* (1964) absurdes Theater, wobei sie sich aber einer schwebenden Poesie und Lyrik bedient. Maja Beutler hat für ihr Stück *Marmelspiel* (1985) den Welti-Preis erhalten, die wichtigste Schweizer Dramatiker-Auszeichnung. Auch sie thematisiert in ihrem ›poetischen Theater des Alltags‹ den Umgang mit der Krankheit zum Tode: Krebs (siehe Ursula Dubois, »Theater als Verweigerung«, S. 169). Gertrud Leutenegger, deren Stück *Lebe wohl, Gute Reise* (1980) weiter unten diskutiert wird, veröffentlicht in letzter Zeit leider nur Prosa. Es spielt sicherlich dabei eine Rolle, daß es überall in deutschsprachigen Ländern für Frauen noch schwierig ist, eine Bühne zu finden.

Gewissermaßen als Kontrast zu den Dramatikerinnen, die fast durchweg Menschen mit Hilfe von sprachlichen Experimenten auf der Bühne zu ihrem Recht einer Ganzheitserfahrung verhelfen wollen, ist auch das Tanztheater von Pina Bausch und Reinhild Hoffmann in die Diskussion dieses Buches einbezogen. Denn während die Dramatike-

rinnen durch die Sprache eine Kulturkritik gewissermaßen mit dem
Mittel des Gegners anstreben, kritisieren die Choreographinnen durch
ihre Körpersprache die ›Sprache des Vaters‹, die Welt des konventionellen Symbolischen im Sinne Lacans. Damit schufen sie ein neues Genre,
das besonders geeignet ist, die in der Geschichte ausgesparte Erlebniswelt der Frau auf die Bühne zu bringen.

Der Umfang dieses Buches gestatten es leider nicht, die vielen, nur
im Vorübergehen erwähnten Dramatikerinnen ausführlicher zu würdi-
gen. Vielleicht gibt dieser Versuch jedoch den Anstoß, diese Autorinnen
auf detailliertere Weise in den wissenschaftlichen Diskurs aufzunehmen
bzw. der Allgemeinheit bekannt zu machen.

Literaturverzeichnis

Dubois, Ursula, »Theater als Verweigerung« in: *Fürs Theater Schreiben. Über
zeitgenössische deutschsprachige Theaterautorinnen.* Bremen: Zeichen und Spuren, Frauenliteraturverlag, 1986.

Fuchs, Christian, Hrsg. *Theater von Frauen: Österreich.* Frankfurt/M.: Eichborn,
1991.

Roeder, Anke, Hrsg. Autorinnen: Herausforderungen an das Theater. Frank-
furt/M.: Suhrkamp, 1989.

Hans Vogelsang, *Österreichische Dramatik des 20. Jahrhunderts.* Wien: Wilhelm
Braumüller, 1981.

KAPITEL 5

Inszenierte Geschlechterdifferenzen
Herausforderungen
an die normative Heterosexualität

Körperpolitik

Dramen von Frauen wiesen schon immer eine gewisse Unterminierung der normativen Geschlechteridentitäten auf, die aber erst in letzter Zeit kritischen Blicken auffiel. Feministische und postmoderne Theorien schärften diese Aufmerksamkeit seit den siebziger Jahren. Fortschritte wurden gemacht, indem die Genese der dualistischen Geschlechteridentität und ihre Wirkung anhand von psychoanalytischen, soziologischen und philosophischen Überlegungen aufgedeckt wurde. Dabei ist die normative Zwangsheterosexualität in ihrer Verflechtung mit Klasse, Rasse und anderen Gruppierungen als Gesellschaftsgrundlage erkannt. Für diese Norm, die Männern und Frauen bestimmte Rollen und Identitäten zuweist und dabei oft Angst vor und Haß gegen Frauen, Homosexuelle, Lesbierinnen und andere Minoritäten auslöst, kann jedoch keine plausible biologische und daher essentielle Grundlage gefunden werden. Dies legt z.B. die amerikanische feministische Theoretikerin Judith Butler in ihrer Studie *Das Unbehagen der Geschlechter* dar, auf die sich die Überlegungen in diesem Kapitel stützen. Butler fragt: «Was geschieht mit dem Subjekt und der Stabilität der Geschlechter-Kategorien (*gender categories*), wenn sich herausstellt, daß diese scheinbar ontologischen Kategorien durch das epistemische Regime der vermeintlichen Heterosexuität hervorgebracht und verdinglicht werden?» (Butler, 9) Sie zeigt in ihrer Untersuchung, daß die vorgeschriebene heterosexuelle Geschlechterdifferenz eher auf einer Phantasie-Fabel beruht, die in der gesellschaftlichen Öffentlichkeit ideologisch eingesetzt wird, um eine gewisse Machtverteilung zu untermauern. Die Fabel, die im Laufe der Zeit patriarchalisches Denken verfestigte und Männer favorisierte, wird durch wiederholte performative Handlungen weiter aufrecht erhalten, um sodann als einzig mögliches Modell der Identitätsformierung verinnerlicht zu werden. Das bedeutet aber gleichzeitig, daß die Geschlechteridentität auch eine historische Entwicklung durchmachen kann und daß eine Veränderung möglich ist.

Bislang wurden die genitalen Merkmale des Körpers politisch genutzt, wodurch auch der menschliche Körper in seiner biologischen Substanz einer Konstruktion unterlag. Das Geschlecht (Sexualität) ist somit bis zur Unkenntlichkeit mit dem gesellschaftlich konstruierten Geschlecht (Gender) verklammert; ja das letztere ist gewissermaßen in den Körper eingeschrieben. Die Geschlechter-Fabeln unserer Gesellschaft etablieren dabei die Fehlbenennung natürlicher Fakten und bringen sie in Umlauf. Sie werden durch Nachahmung und durch Maskerade der gewünschten Bilder und Aktionen naturalisiert und als etwas Naturgegebenes legitimiert und weitergegeben.

Der blinde Fleck in der Gesellschaft liegt darin, daß die Geschlechter-Gender-Komponente zwar eine einschneidende Rolle spielt, jedoch bisher besonders in ihrer negativen Auswirkung kaum erkannt ist. Diese Leerstellen müssen beleuchtet werden, wenn verborgene Machtverhältnisse aufgedeckt werden sollen. Eine Möglichkeit dafür besteht im parodistischen Einsatz von Praktiken der Wiederholung, d.h. eben den gleichen Handlungen der unbewußten Einübung. Durch eine bewußte Übertreibung jedoch werden die Praktiken sichtbar, und es kann gelingen, die aufoktroyierte Geschlechterdifferenz in ihrer Bedeutung kenntlich zu machen und zu unterlaufen.

Obgleich einigen feministische Theorien die Überzeugung zugrunde liegt, daß ein unterliegendes vor-ödipales, vorsprachliches semiotisches Kommunikationssystem ein Weibliches sei, das Aufklärungshilfe leisten kann (wie z.B. Kristevas Idee der ›chora‹, Kristeva, 35 ff.), verneinen andere Theorien diese Möglichkeit: Diese Sicht postuliere weiterhin eine Trennung von Weiblich und Männlich. Die gegenwärtige normative Zwangsheterosexualität würde dadurch zwar verworfen, doch nunmehr der andere Pol favorisiert, und das Patriarchat bekäme eine legitime genealogische Grundlage. Butler ist z.B. der Ansicht – im Gegensatz zu Freud –, daß vor der ödipalen Phase, d.h. ehe Bewußtsein und Sozialisierung einsetzen, das erotische Begehren weder heterosexuell, bisexuell noch homosexuell besetzt sei, sondern alle Möglichkeiten einschließe. Deshalb sei ein Machtgefälle, das auf der künstlichen Konstruktion irgendwelcher Geschlechterdifferenzen basiere, so absurd wie ein gesellschaftliches Gefüge, das Menschen mit blauen oder braunen Augen privilegiert.

Die Sprache hingegen, die Bewußtsein und Sozialisierung voraussetzt, bietet immerhin subversive Möglichkeiten, obgleich sie vom ›Gesetz des Vaters‹ – im Lacanschen Sinne der kulturellen Entwicklung – im Bereich der vorgegebenen Geschlechteridentitäten geformt wurde. Durch ihren Einsatz könne zum Beispiel die erwähnte performative Wiederholung der automatisch eingeübten Handlungen parodiert werden, wodurch es möglich ist, deren ideologischen Zwang aufzudecken und zu vermindern. Dabei würde ebenfalls die geschichtliche Veränderungsfähigkeit der Geschlechteridentitäten sichtbar, bzw. die Möglichkeit für Frauen, sich einem Zwangssystem, das zu ihren Ungunsten besteht, zu entziehen, bzw. es ad absurdum zu führen.

Wie schon zu Anfang bemerkt, haben die meisten Dramatikerinnen – auch wenn sie meinten, am dominanten Diskurs teilzunehmen – seit eh und je durch ihre Sprache und ihre Bühnengestalten bewußt oder unbewußt parodistische Praktiken in ihre Stücke eingeschmuggelt, und heutzutage ist durch postmoderne Annäherungen auch durch RegisseurInnen die krasse Bloßstellung der normativen Geschlechterdifferenz im System von der Bühne nicht mehr wegzudenken. Eine der wichtigsten Parodistinnen ist Elfriede Jelinek, die z.B. in ihrem Drama *Krankheit oder moderne Frauen* die inneren Prinzipien der Einschreibung des unterdrückenden Geschlechterdiskurses als schlechthin fleischgewordene Sprache auf die Bühne bringt (siehe Kapitel 6).

Vier dramatische Werke – zwei vom Anfang und zwei aus der zweiten Hälfte dieses Jahrhunderts – sollen betrachtet werden, um eine Darstellung der vorgeschriebenen Geschlechteridentität sowie den Prozeß einer Kritik von der Bühne herab im 20. Jahrhundert zu beleuchten. *Die Wupper* von Else Lasker-Schüler wurde schon im Jahre 1909 geschrieben, aber erst 1919 uraufgeführt. Ungewöhnlich früh – in der Vor-Weimarer Zeit, als die ›neue Frau‹ besonders in den Großstädten zögernd ihre Stimme entwickelte – skizziert Lasker-Schüler auf ihrer Bühne die Unschärfe und die Konsequenzen einer bröckelnden normativen Heterosexualität in Verbindung mit einem Zweiklassensystem (Großbürger und Proletarier). Das zweite Stück ist von Marieluise Fleißer. Es heißt *Fegefeuer in Ingolstadt* und handelt von Teenagern im Kleinbürgertum. Es wurde 1926 im Berlin der Weimarer Zeit durch Brecht uraufgeführt und dann gleich wieder abgesetzt (neue Version 1971, viele Aufführungen danach). Fleißer gelingt es, die Schrecken zu enthüllen, die Menschen widerfahren, die von der zugeschriebenen Geschlechteridentität abweichen. Das dritte Stück, *Klavierspiele* (1980) von Friederike Roth, befaßt sich mit der Verbindung Erotik, Sexualität und Geschlechteridentität innerhalb gesellschaftlicher Möglichkeiten der späten siebziger Jahre. Das letzte Drama, *Frühlingsfest* von Gerlind Reinshagen, das in den fünfziger Jahren des ›Wirtschaftswunders‹ spielt, wurde 1980 geschrieben und uraufgeführt. Es reflektiert die Geschlechterdifferenzen der Nachkriegszeit und ist exemplarisch dafür, wie im Drama Maskerade als performative Parodie mit postmodernen Techniken subversiv eingesetzt werden kann.

Else Lasker-Schülers *Die Wupper*

In Lasker-Schülers Stück *Die Wupper* werden die Geschlechternormen in einem heillosen Durcheinander auf die Bühne gewirbelt. Das ›Gesetz des Vaters‹, das die normative Heterosexualität (im Sinne von Freuds ödipaler Struktur) bestimmt, ist löchrig geworden. Der Übervater der Gesellschaft in dem Stück, der Fabrikbesitzer Sonntag, ist schon längst tot, und seine beiden Söhne sind in ihrer Nachfolge mit dem Gesetz des Vaters nur schwach verbunden. Der eine Sohn, Edward, schwindsüchtig und den Tod erwartend, will Franziskaner-Mönch werden, um dem kapitalistischen Machtsystem zu entkommen. Der andere Sohn, Heinrich, übernimmt nur halbherzig und ungern die Rolle des Oberhauptes als Fabrikleiter. Er hätte lieber Soldat gespielt als Arbeiter angefeuert; im Militär gibt es klare Befehle.

Die Lebensentscheidungen der Söhne – Heinrich begeht Selbstmord und Edward geht ins Kloster – parodieren die Todesarten, die in der Literatur der Vergangenheit für das weibliche Geschlecht reserviert waren. Frauen waren sonst diejenigen, die Befehle ausführten, im Kloster verschwanden oder Selbstmord begingen – jedenfalls in Werken männlicher Autoren. Doch nicht nur die Söhne der herrschenden Klasse scheitern auf so ›weibische‹ Weise. Auch Carl, der Proletariersohn, dem es daran gelegen ist, im patriarchalischen Machtgefüge mitzuwirken, schafft es nicht, die Nachfolge des Vaters anzutreten. Um seinen Platz in der höheren Klasse zu erwerben, will er evangelischer Pfarrer werden, doch er fällt durch das Examen, und er wird als Freier der reichen Marta abgewiesen. Er ist nun dazu verdammt, in der unteren Klasse zu verbleiben, und als deren Mitglied bleibt er in seiner Schwäche weiblich markiert und landet folgerichtig als Alkoholiker im Abseits.

Lasker-Schüler gelingt es zu zeigen, daß das Gerüst eines Gesetzes der normativen Heterosexualität, das die Machtverhältnisse verteilt, durch die ihm selbst innewohnende Unzulänglichkeit zerbröckelt. Die einzige Vatergestalt ist der uralte, proletarische Großvater. Als seniler

Vertreter des ›Gesetzes des Vaters‹ möchte er sich die Frauen noch immer dienstbar machen, und so drückt er erotische Gelüste auch für die Jüngsten aus. Er ist kindisch geworden, und auch seine Sprache ist auf das immer wiederholte «Tum tingelingeling» verkümmert. Das klingt wie Jahrmarkt und drückt eine Einstellung aus, die das Menschengetümmel nicht ernst nimmt. Er wird als wahnsinnig verlacht, und seine Zugehörigkeit zur unteren Klasse ordnet ihn ohnehin der Machtlosigkeit zu. Das ›Gesetz des Vaters‹ erweist sich auf Lasker-Schülers Bühne nicht als Norm einer verlorenen goldenen Zeit, sondern als leere Chiffre. Hierin liegt das Postmoderne ihres Stückes.

Es herrscht hingegen Mutter Pius, eine alte Frau aus dem Arbeitermilieu, die teils weise und heilkundig eingreift, teils kupplerisch und betrügerisch agiert. Der Großvater gibt zu:»Jetzt leb ich von de Gnade meiner Tochter un die (er zeigt auf Mutter Pius).« (*Wupper,* 65) Eine Figur im Stücks sagt von ihr:»de Mutter Pius (...) [ist] das Karussel, wo wir alle drin sitzen.« (*Wupper,* 59) Das heißt, die Gesellschaft, die noch im Freudschen oder Lacanschen Sinne dem Gesetz des Vaters zu folgen scheint, wird hier schon von einem anderen Diskurs gelenkt. Nicht nur der lineare, in die Zukunft weisende Weg polaren Denkens, sondern auch eine kreisförmige, sich immer wiederholende Lebensform der sinnlichen Körperlichkeit, die nicht auf einen Endpunkt ausgerichtet ist, wird von ihr repräsentiert. Mutter Pius ist in ihrer Duplizität undurchsichtig und zwiegesichtig. Ist sie das negative, weibliche Prinzip, der andere Pol der patriarchalischen Gesellschaft, wie z.B. die traditionelle Hexe im Märchen, die aus dem Dunklen, Irrationalen schöpft, den *status quo* des herrschenden Diskurses bedroht und deshalb bekämpft werden muß? Ist sie die vor-patriarchalische Herrscherin, durch die Lasker-Schüler mit einem besseren, gesellschaftlichen Prinzip aus der mythischen, matriarchalischen Vergangenheit kokettiert? Ist sie nur proletarische Großmutter und Schwiegermutter verschiedener agierender Personen, die sich im Stück zwischen unterer und oberer Klasse hin- und herbewegt? Sie ist es, und sie ist es nicht. Man weiß, sie hat studiert, sie kann Latein, sie war auch schon im Gefängnis. Sie gibt keine Antwort, sie gibt zu denken. Manchmal ist die hellseherische Mutter Pius weise, manchmal erweisen sich ihre Handlungen als Schwindel, als Kartentrick. Sie ist auch Mittäterin im dominierenden Diskurs und sie unterminiert ihn zugleich. Ihre Identität bleibt unbestimmt, unfixiert. Nur eines ist klar: sie weicht von der Norm ab. So ist sie es auch, die die Unmündigkeit der unteren Klasse versteht. (Sie sagt zu den Arbeitern:»Alte Schafsköpfe, wo man euch hintreibt, freßt ihr.« (*Wupper,* 71)) Sie wirkt in der Gesellschaft von innen heraus durch sub-

Abb. 8: Szenenbild aus Else Lasker-Schülers *Die Wupper*
Aufführung des Wuppertaler Schauspielhauses, 1966. – Else Lasker-Schüler entlarvt mit dem scharfen Blick einer Außenseiterin (die sowohl als Jüdin wie auch
durch ihre öffentlichen Selbststilisierungen als Mann im Abseits stand) in ihrem
schon 1909 geschriebenen Stück den Bankrott der patriarchalischen Rollenverteilung der Geschlechter und Klassen sowie seine negativen Auswirkungen.

versive Handlungen, durch ihre Karussellfahrt. Durch sie wird dargestellt, wie marginalisierte Kräfte ins Zentrum rücken, um die Leere dieses Zentrums sichtbar machen zu können.

Subversives kommt bei Lasker-Schüler von der Peripherie, und Mutter Pius, als marginalisierte Frau, ist es nicht allein, die das traditionelle Gesellschaftssystem unterläuft. So bringt Lasker-Schüler auch das abseitige Völkchen des Jahrmarktes auf die Bühne, wo alles, was nicht der Norm entspricht, versammelt ist, wie z.b. die Riesendame, die mit ihrem Männerbart beide Geschlechtermerkmale in sich vereinigt. Sie ist gewissermaßen die riesige Chiffre der Absurdität, die auf Geschlechterdifferenz baut. Als Jüdin wußte Lasker-Schüler sehr wohl, was Marginalisierung bedeutete. Auch ihr Mut, in männlicher Verkleidung als Prinz Jussuf in der Öffentlichkeit aufzutreten (und sich wechselnde Personae zuzulegen, wie Tino von Baghdad, Prinz von Theben, Malik, Joseph von Ägypten) beweist, daß sie selbst bewußt an der Überschreitung der Geschlechteridentität teil hatte und das Unerhörte – im doppelten Sinne des Wortes – nicht nur inszenierte, sondern auch praktizierte.

So wundert es nicht, daß das Begehren der Geschlechter von dem vorgeschriebenen heterosexuellen Gebot abweicht. Dieser Vorgang wird besonders von drei transsexuellen Landstreichern verkörpert, die sowohl als Chor wie auch als Teilnehmer das Geschehen begleiten. Lasker-Schüler kehrt die Funktion des griechischen Chors um, denn sie vertreten nicht das Gewissen der Gemeinde (die Gemeinde hat kein Gewissen), sondern sie provozieren die Bürger durch ihr sexuelles und geistiges Anderssein und ihren Abstand vom materialistischen Denken. Es wundert deshalb nicht, daß der Aufsteiger Carl, zum Beispiel, ohne besonderen Grund einem von ihnen den Arm verdreht. Pendelfrederech ist Exhibitionist mit sichtbarem Penis, Gläserner Amadeus ein zarter, androgyner Poet, und Lange Anna ist Transvestit, der sich z.B. mit »rauschende[r] Papierschürze und eine[r] Frauennachthaube aus Papier mit flatternden Bändern auf dem Kopf und eine[r] dicken Warzennase« (*Wupper*, 43) und hoher Stimme produziert. Diese drei Wesen von abweichender Geschlechteridentität hat Lasker-Schüler mit Begehren ausgestattet, die es in der Gesellschaft nicht geben darf, aber doch gibt. Am nächsten fühlte sich Lasker-Schüler dem Gläsernen Amadeus »(...) – denn ich bin ja *auch* identisch mit den Herumtreibern; ja der Amadeus bin ich, *wäre* ich, wenn ich nicht E Lsch wäre.« (Lasker-Schüler, *Tiger*, 191) In einer amerikanischen Studie konstatiert Katrin Sieg, daß »der androgyne Poet Amadeus mit seinem gesprungenen Herzen die genitale Organisation des geschlechtlichen Begehrens in

Zweifel setzt, und damit auch die klassische Teilung zwischen Erotik und Vernunft, Leidenschaft und Intellekt.« (Sieg, 95) Den drei Landstreichern steht ihre abweichende Identität auf den Leib geschrieben. Sieg interpretiert diese drei Figuren innerhalb des Geschehens wie folgt:

> Die drei Landstreicher (...) stören die Geschlechterordnung, die auf klar geschiedener Gender-Differenz, auf »korrekter« Objektwahl und genitaler Sexualität basiert. Diese sexuellen Nomaden schweifen im Niemandsland zwischen einem Gender-Neuland und der Familienstruktur. Im Gegensatz zu den Arbeitern und Besitzern befinden sich die Ausgestoßenen außerhalb der Sphäre von Produktion und Reproduktion. (...) Die Landstreicher sind nutzlos in jeglichem utilitarischen Sinne und bekennen offen ihr fehlendes Interesse am Reichwerden. (Sieg, 96)

Die drei bilden eine Folie zu allem Unechten und Heuchlerischen der anderen Figuren, die die Normen der Zwangsheterosexualität ausnutzen oder in ihnen gefangen sind. Sie bieten eine neue Möglichkeit, eine andere Art von »Sexualität und Geistigkeit, die das bekannte gesellschaftliche Gewebe langsam auflösen.« (Sieg, 95) Gläserner Amadeus wird von Angehörigen des gegenwärtigen Systems so brutalisiert, daß sein gläsernes Herz einen permanenten Sprung erhält. Diese Verletzung, die Lasker-Schüler teilt, will sie ihren Zuschauern in einem poetischen Bild glaubhaft vor Augen führen. Sie war weit davon entfernt, ein naturalistisches Milieudrama zu konstruieren, wofür *Die Wupper* oft fälschlich gehalten und woran sie mit negativem Resultat gemessen wurde. Die Zerstörung der geordneten Welt des Naturalismus bei Lasker-Schüler erscheint eher vielversprechend, sogar utopisch und nicht so sehr ein trauriger, zu betrauernder Prozeß. (Sieg, 96)

Die Dramatikerin setzt in ihrer Kritik dort an, wo das Geistige in der Gesellschaft verankert sein sollte: im praktizierten Christentum, das die Geschlechternormen stützt. Die Gebote der Kirche werden in dem Stück pausenlos unterlaufen. Während die Männer jedoch diese patriarchalische Institution zu ihren Zwecken ausnutzen (Carl will nicht aus Glaubens-, sondern aus Karrieregründen evangelischer Pfarrer werden), weichen die Frauen vom orthodoxen Glauben ab, weil sie dessen Zwang entkommen wollen. Der Witwe des Färbereibesitzers wird z.B. vorgeworfen, daß sie nicht an Gott glaube. Sie gesteht, daß sie Gott nicht liebe, weil sie nichts als menschliche Empfindungen habe, mit denen sie keinen Gott finden könne (*Wupper,* 75). Sie ist nicht gewillt, sich eine vorgeschriebene Wirklichkeit vorzulügen, die sie nicht mit ihrem Körper oder ihrer Erfahrung vereinbaren kann. Auch Lieschen, die ca. dreizehnjährige Hauptfigur, die sich frühreif mit ihrer Sexualität und ihrem Begehren auseinandersetzen muß, tauscht das Bild des

Herrn Jesus »mit seine rotgeheulte Augen« über ihrem Bett gegen eine gemalte Puppenmutter aus. Der »alte Herr Jesus«, sagt sie, »guckt wie der Vater, wenn er von de sündige Welt predigt.« (*Wupper*, 57) Sünde wird schon für die Allerjüngsten in der katholischen Beichte mit sexuellen Gelüsten assoziiert. Und so ist ihre erwachende Sexualität schon mit gesellschaftlichen Vorstellungen durchdrungen. Lieschen benötigt eine reale, fürsorgliche Person (repräsentiert durch die Puppenmutter) und nicht einen abstrakten, furchterregenden Märtyrer. Die mütterliche Mutter Pius unterstützt ihr kindliches Spiel und erwachendes körperliches Begehren, das Lasker-Schüler durch Lieschens konkretes Schlafwandeln und schlafwandlerisches Verhalten ausdrückt. Der Wunsch nach körperlicher Berührung und jugendlichem Spaß reibt sich jedoch an den sexuellen Tabus, deren Schaden auch Mutter Pius nicht durchschaut, die deshalb auch zur Mittäterin wird.

Lasker-Schüler zeigt, daß in einer Zwangsgesellschaft, die auf einer Fiktion aufgebaut ist, die automatisch akzeptierte Identität der Menschen irgendwann verfallen muß. Das Begehren vieler Menschen wird vielleicht noch immer vom Gesetz des Vaters in enge Bahnen geleitet, aber man kommt auch immer wieder davon ab. Das Inzest-Tabu, das Freud als notwendige Folge der ödipalen Entwicklung versteht, wird im Stück versteckt thematisiert, einmal durch Andeutungen einer Geschwisterbeziehung zwischen Lieschen und ihrem Bruder, sowie in Abwandlung durch pädophile Handlungen. Lasker-Schüler macht eine Praxis sichtbar, die in der patriarchalischen Gesellschaft von privilegierten Männern seit eh und je im Geheimen geübt wurde. So ist der Juniorenchef Heinrich (der seinen Wunsch, Soldat zu sein, nicht ausleben kann) dafür bekannt, daß er sich kleine Mädchen nimmt. Im Wuppertaler Dialekt wird er der »Puppenhangri« (*Wupper*, 37) genannt. Auch an die Hauptfigur Lieschen macht er sich heran. Beide werden am Schluß nach Maßgaben des traditionellen Systems für ihre Abweichungen bestraft: Lieschen wird in ein Erziehungsheim abtransportiert, und Heinrich – als gehorsamer Soldat – vollzieht das internalisierte Gesetz durch Selbstjustiz, d.h. Selbstmord. Lasker-Schüler gelingt es, die beiden als Opfer in einem heillosen, brutalen System zu charakterisieren, in dem die Mittäterschaft der Erwachsenen unausbleiblich scheint.

Die destruktiven Elemente der normativen Sexualität verbindet die unteren und die höheren Klassen im Stück dadurch, daß Männer die Frauen mißhandeln oder zum Objekt ihrer Sexualität oder Machtgelüste mißbrauchen. Die Figuren auf der Bühne diskutieren z.B. die schon oft gehörten Schreie, die davon herrühren, daß eine Nachbarin von ihrem Mann, einem Arbeiter, geschlagen wird. Ein anderes Beispiel ist das Schicksal der Schwester eines anderen Arbeiters im Färbereibetrieb, die vom Betriebsvorsteher der Firma, Simon, verführt wurde. Sie kann keinen Ehemann mehr finden und wird als ›gebrauchte Ware‹ jeglicher Zukunft beraubt. Das dieser Mißbrauch von Frauen durch die Herrschenden entscheidend dafür ist, einen Arbeiterstreik zu planen, beweist, daß Gender und Klasse eng verknüpft sind. Lasker-Schülers Bühne thematisiert diese Tatsache anhand von Frauen der unteren Klasse auf breiter Ebene. Da die Dienstmädchen im Stück die Dynamik des Systems nicht erkennen, hoffen sie vergeblich, mit ihrem Körper und ihrer Sexualität eine respektvolle Zukunft durch einen höher situierten Mann erkaufen zu können. Eine der Dienstboten, die es begriffen haben, will am Schluß nach Amerika auswandern. Das ist auch die Lösung in dem als nächstes analysierten Stück von Marieluise Fleißer. In vielen ihrer Werke hat Fleißer das Schicksal der Dienstmädchen und ihre sexuelle Ausbeutung durch den Herrn des Hauses eingebracht. (Siehe *Pioniere in Ingolstadt*, in *Ingolstädter Stücke,* sowie den Artikel von Barbara Kosta.)

Abweichungen von den sexuellen Tabus werden von den Menschen im Stück besonders stark geahndet, wenn sie von Frauen gewagt werden. Bei Martha, der jungen Tochter der Färbereibesitzerin, werden lesbische Tendenzen angedeutet, denn sie bekommt einen Blumenstrauß von einer Freundin, die auch ein Nacktphoto von ihr aufgenommen hat. Dieses Foto spielt eine bedeutende Rolle. Es kursiert in der Gesellschaft und wird pornographisch und erpresserisch verwertet, um sie zum Objekt männlicher Gelüste zu machen, bzw. sie zu diskreditieren. Martha glaubt nicht mehr an die Liebe, wie sie auch das Blumenorakel »schon lang nicht mehr« (*Wupper,* 36)« befragt. Sie zieht es vor, ihre Gefühle auszuschalten und sich mit dem Arbeiterschänder und Dienstmädchenverderber Simon zu verloben. Sie macht sich nun keine Illusionen mehr. Mehr oder weniger bewußt akzeptiert sie die traditionelle Rolle der Ehefrau im Patriarchat, deren Mann sie zur Machterweiterung benötigt und weiterhin andere Frauen sexuell ausnutzen wird. Die Zeit ihrer Experimente als ›neue Frau‹ mit Gedanken an Unabhängigkeit, freie Wahl und Sexualität sind vorbei. Die in Aussicht gestellte Heirat am Ende hat die Geschlechter- und Klassenstörungen im Ort beseitigt, doch dekonstruiert die Dramatikerin das konventionelle sogenannte Happy-end.

Lasker-Schüler reserviert für die sexuell unbestimmten Penner die letzte Szene und für den geistesgestörten Großvater das letzte Wort. »Will se schon vertreiben, die Nachtgespenster«, ruft der Großvater, als sein Enkel Carl, der gescheiterte Pfarrer, jetzt auch betrunken und heruntergekommen, mit den drei Landstreichern Lange Anna, gläserner Amadeus und Pendelfrederech die Bühne verläßt. Dieses Ende ist parodistisches Mimikri des verfahrenen Systems einer normativen Heterosexualität, die den einzelnen Menschen auf ein prokrustisches Bett zwingt und verdirbt. Mit ›Gespenstern‹ benennt der Großvater die Abweichlinge von der heterosexuellen Norm, die er als Vertreter des löchrig gewordenen ›Gesetzes des Vaters‹ von sich weist, doch in seiner eigenen, senilen Schwäche ebenfalls repräsentiert.

Marieluise Fleißers *Fegefeuer in Ingolstadt*

Auch Marieluise Fleißer thematisiert die unterschiedlichen Geschlechteridentitäten und die normative Zwangsheterosexualität in ihrem 1923 entstandenen Stück *Fegefeuer in Ingolstadt* stärker als männliche Dramatiker ihrer Zeit. Sie visualisiert den gesellschaftlichen Druck, durch den Männer und Frauen in ihre Rolle eingeübt werden, und sie bringt die Konsequenzen von Anderssein und Abweichung auf die Bühne, die in allen Lebenssituationen spürbar sind. Die Hauptfiguren, Roelle, der im letzten Schuljahr ist, und Olga, die gerade eine Klosterschule verlassen hat, weichen von den jeweils gängigen Identitäten ihres Geschlechtes ab und werden so von den anderen Jugendlichen gequält und geächtet. Die Erziehung von Eltern, Schule und Kirche trägt zur Formierung einer normativen Geschlechteridentität bei, die sich jede/r durch den Wunsch, von den anderen akzeptiert zu werden, sich unter ihnen sicher zu fühlen, auch von den Mitschülern und Gleichaltrigen aufzwingen läßt.

Das Stück beginnt damit, daß ein Schlüssel in Olgas Elternhaus verlegt worden ist. Dieser fehlende Schlüssel ist gewissermaßen die Chiffre für eine fehlende Einsicht in die Wirkungen der normativen Geschlechteridentität. Olga, die den Schlüssel genommen hat, muß immer wieder gerügt werden, da sie nicht dem kursierenden Bild der ›Frau‹ entspricht. Schon ihr Vater fühlt sich durch sie verkleinert, weil sie eine höhere Ausbildung hat, obwohl sie doch nur eine Frau ist. Eine höhere Bildung kann einer Frau in kleinbürgerlichen Kreisen nicht vergeben werden. Hier zeigt sich, daß Geschlecht und Klasse eng verknüpft sind. Der Vater, Betrotter, sagt: »Sie kann Latein. Sie will mir imponieren.« (*Fegefeuer*, 9) Sie wirft ihm vor: »Du hast mich nicht aufwachsen lassen wie einen Menschen.« (*Fegefeuer*, 72) Sie stellt so die ihr aufoktroyierte Identität in Frage, und sie fällt auch rein äußerlich aus dem Rahmen. Ihre Schwester Clementine behauptet von ihr: »Von der

Seite schaut sie wie ein Mann aus.« (*Fegefeuer*, 79) Sie ist nicht wie die anderen Mädchen und nimmt sich Freiheiten heraus, die ihr nicht zustehen. Man verzeiht ihr nicht, daß sie am Grab ihrer Mutter nicht geweint hat, und daß sie nicht in die Kirche geht. Das ist nicht ›natürlich‹ für eine Frau. Ihre Körpersprache, ihre Bewegungen sind eine einzige Provokation. Durch die Unbestimmtheit, in der sie lebt, ist sie nicht auf Kategorien fixiert. Als ihr Bruder sie fragt:»Möchtest du wer anders sein, Olga?«, antwortet sie:»Das wäre mir auch wieder nicht recht. – Ich darf mich nie auskennen.« (*Fegefeuer*, 75) Sie ist sich also ihrer unscharfen Identität bewußt, ja sie bevorzugt sie.

Doch als Resultat ihres Alleinganges als dynamisches Subjekt stellt sie fest:»Auf mich hetzen sie alle ein. Wenn man frei sein will – wenn die Freiheit kommt in einer schönen Gestalt und es schlägt über einem zusammen –« (*Fegefeuer*, 79) Dieser Satz bezieht sich auf ein sexuelles Erlebnis, das zu einer unerwünschten Schwangerschaft führte. Ein Junge, der sein männliches Vorrecht auf den Körper der Frau nutzte, hat sie geschwängert, denkt jedoch nicht daran, eine Beziehung mit Olga einzugehen oder die Vaterschaft anzuerkennen. Das gehört zur Norm des privilegierten Geschlechts in der patriarchalischen Gesellschaft, demzufolge nur die Frau den Schaden erleidet. Olga ist somit doppeltes Opfer der normativen Geschlechteridentität und muß ihr sexuelles Begehren bitter bezahlen, während es der Mann ohne Folgen genießen kann.

Das werdende Kind, das in Olgas Umwelt als höchster Wunsch einer idealisierten Weiblichkeit gilt, sieht sie jedoch als ihren Feind. So wird ihr die konstruierte Sexualität, die ihr auf den Körper geschrieben ist, zum Verhängnis. Fleißer zeigt so, daß die normative Heterosexualität, die sich auf privilegierte und unterprivilegierte Geschlechtsunterschiede aufbaut, zum Unglück der Menschen beiträgt. Olga versucht, sich zu ertränken, und hofft am Schluß, daß ein Weggehen aus der engen Provinzkultur ihrer Heimatstadt Ingolstadt, z.B. eine Auswanderung nach Amerika, dem Phantasieland der Freiheit, noch eine letzte Möglichkeit für sie wäre, dem Zwang zu entkommen. In der Weimarer Zeit bestand eine Faszination der Deutschen für die «unbegrenzten Möglichkeiten» der Vereinigten Staaten. Doch Fleißer zeigt klar, daß Olga nicht die Mittel hat, dorthin auszuwandern, und sie weiß, daß es Ingolstadt überall in der westlichen Welt gibt.

Die Geschlechteridentität ist im Stück jedoch nicht nur in bezug auf die Frau repressiv. Auch der Mann, der Abweichungen aufweist, wird marginalisiert und gequält. Die männliche Hauptfigur, Roelle, wird wie Olga gehetzt, da er den Vorstellungen der Männlichkeit seiner

Schulkameraden nicht entspricht. Fleißer ist sich darüber im Klaren, daß ›Menschsein‹ etwas anderes bedeutet als ›Mann-sein‹ und ›Frausein‹. Die Klassenkameraden jedoch konfrontieren Roelle mit der Bemerkung: »Wir mögen dich eben nicht, du bist nicht wie die anderen. (...) Wir sagen, daß du kein Mann bist.« (*Fegefeuer*, 60) Sowohl Olga wie auch Roelle befinden sich in dem Dilemma, dazugehören, aber auch, als Mensch außerhalb der gesellschaftlichen Kategorien leben zu wollen, und festgeschriebene Verhaltenskategorien zu ignorieren. Roelles Anderssein ist schon von Anfang an ersichtlich: er sieht häßlich aus, er riecht immer schlecht. Wie so oft bei Dramatikerinnen, beginnt die Autorin mit einer Behinderung, die die Menschen in unserer Gesellschaft ins Abseits schiebt. Darüber hinaus hat Roelle ›innere Behinderungen‹: er ist wasserscheu und kann bei Mutproben nicht mitmachen; kann sich nicht wie ein ›echter‹ Mann beim Schwimmen profilieren. Ein weibischer Feigling ist er auch, weil er beim Rauchen der Jungen nicht mithalten kann, da ihm schlecht wird. Im dualistischen Denken der westlichen Welt ist jemand, der kein richtiger Mann ist, eben eine Frau mit ihren negativ besetzten Eigenschaften.

Doch Roelle überwindet seine Wasserscheu, als er Olga vor dem Ertrinken rettet. Sein individuelles Begehren ist auf Olga gerichtet, aber gleichzeitig will er den anderen seine Männlichkeit beweisen. Obgleich er einerseits seine Todesangst überwindet, um Olga zu retten, spuckt er auf Verlangen seiner Kameraden vor ihr aus. Seine Zerrissenheit drückt sich auch darin aus, daß er eine Beziehung mit Olga haben will, auch wenn sie ein Kind von einem anderen Mann erwartet. Das ist aber eine der Hauptsünden im Patriarchat, dessen Gesetze darauf zugeschnitten sind, daß die Frau nur das Kind ihres eigenen Mannes gebiert, damit er sich sich selbst fortpflanzen kann. Andererseits ist Roelle das Phantomgebilde der Männlichkeit so wichtig, daß er sich zum Vater ihres ungeborenen Kindes erklärt. Diese Tatsache würde den anderen beweisen, daß er ein ganzer Mann ist, da er ein Kind gezeugt hat. Er kennt keine Grenzen, aggressive Handlungen zu begehen, um den anderen Männern zu imponieren: er sticht einem Hund die Augen aus und stiehlt seiner Mutter Geld für die Jungen aus der Schule, um von ihnen akzeptiert zu werden. Die Handlungen, die ihn als Mann zeigen sollen, parodieren die gesellschaftlichen Gepflogenheiten und lassen die Zuschauer selbst Schlüsse über das Gesellschaftssystem ziehen. Für Roelle, der gewissermaßen unbewußt agiert, können seine ›Fiesematenten‹ sein Anderssein nicht kurieren. So geht es zwischen Olga und Roelle hin und her: einerseits in Zuneigung, weil sie sich als Außenseiter ähnlich fühlen, dann wiederum in Ablehnung, um den anderen zu zeigen, daß sie sich mit so jemand wie der/dem andere/n nicht abgeben.

Fleißer bringt im Zusammenhang mit dem Außenseitertum auch eine Satire auf die Psychologie und damit eine Wissenschaftskritik auf die Bühne. Eine düstere Figur, Protasius, hat den Abweichler Roelle ausfindig gemacht, und einem Professor zugeführt, denn »da besteht die begründete Vermutung, und wenn die stimmt, dann ist es mit dem Knaben nicht ganz richtig.« (*Fegefeuer,* 25) Klar tönt es von der Bühne herunter, was zu Fleißers Zeiten aus der Praxis der Psychologie bekannt worden war, nämlich die Objektifizierung des Patienten: »Wir nützen ihn aus und spießen ihn auf, aber wir sichern ihm eine Art Unsterblichkeit zu.« (*Fegefeuer,* 28). Fleißers Einschätzung der Psychoanalyse ist düster. Es wird angedeutet, daß ein anderer »behandelter« junger Mann zum Wrack heruntergekommen ist, so daß auch Roelles destruktives Benehmen teilweise auf den Einfluß ausbeuterischer Wissenschaftler, denen es um Theorie und Ruhm geht, zurückgeführt werden kann.

Als stärkstes Sozialisationsmittel für die Einübung der Geschlechteridentität gilt für Fleißer die Kirche. So hat diese patriarchalische Institution im kleinbürgerlichen Ingolstadt vorherrschenden Einfluß. Die meisten Jungen sind als Ministranten tätig und treten auch als solche auf die Bühne. Olga wie auch Roelle haben sich von der institutionalisierten Kirche abgewandt. Für Olga ist der Glaube eine innere Angelegenheit. Als man ihr vorwirft, nicht in der Messe gewesen zu sein, sagt sie: »Ich kapriziere mich auf keinen äußeren Ort.« Bei Roelle ist der Einfluß von Kirche und religiösen Gedanken komplizierter. Fleißer zeigt, daß es eben nicht möglich ist, aus dem Gesetz des Vaters auszubrechen, da es auch die Sprache bestimmt. Jedoch finden wir bei Roelle einen subversiven Akt der wiederholten Performanz, und als solche eine Unterwanderung der Machtstruktur. Um auch als Außenseiter in der Gemeinschaft zu gelten, Fans und Nachfolger anzuziehen, will Roelle öffentlich beweisen, daß er mit Engeln kommuniziert. Er will Heiliger werden und so die wirkende Macht der Liebe erkennen, durch die man ›anders‹ wird. »Da ist einer nicht mehr zum Kennen« meint er. (*Fegefeuer,* 31) Der Wunsch, den Bruch, die Ausgrenzung, die er als Individuum erlebt hat, zu überwinden - vielleicht indem er seine Utopie mit Olga teilt - wird immer wieder dadurch kontaminiert, daß er Anstrengungen macht, sich in den herrschenden Diskurs einzufügen, ja ihn zu beherrschen. Doch die dazu nötige absolute Anerkennung als männlicher, religiöser Führer gelingt ihm nicht, denn die Engel kann niemand sehen, und er wird gesteinigt. Er sieht ein: »Die richtige Hilfe muß schon in einem drin sein. Und bei mir ist sie eben nicht drin.« (*Fegefeuer*, 53) Es gelingt ihm nicht, eine Identität zu schaffen oder zu erkennen, mit der er leben kann. Und als Olga ihm endgültig verloren ist – von der er sich eine Identitätsgebung erhoffte – sieht er keine Hilfe mehr.

Die Unmöglichkeit des einzelnen, außerhalb des gesellschaftlichen Zusammenhangs und des patriarchalischen Gesetzes als Subjekt zu leben, wird von Fleißer vorgeführt. Denn die Diskurse, die auch in der Sprache liegen und im Text, weisen immer wieder zurück auf das gesellschaftlich Gültige. Dagegen konnte Roelle, mit seiner Lebensgeschichte voller Verletzungen, nicht ankommen. Das Ende ist eine Persiflage dieser Situation, denn Roelle schreibt sein Schuldbekenntnis auf, beichtet es sich selbst und schluckt den Text dann hinunter. Diese Parodie auf ein kirchliches Sakrament stellt eine subversive Handlung dar, mit der Fleißer den allmächtigen Geschlechteridentitätszwang unterminiert. Ob sich Roelle am Ende erhängt, geht nicht aus Fleißers Text hervor. Mit dieser theatralischen Geste beschließen jedoch einige Regisseure das Stück. Damit würde Roelle in die Nähe von Kleists Kohlhaas rücken, der am Ende der Novelle einen beschrifteten Zettel mit einer Wahrsagung verschlingt und hingerichtet wird. Roelle hingegen verschlingt das Sündenverzeichnis seiner eigenen Verstöße gegen das Gesetz des Vaters, wie er sie versteht. Die Selbsthinrichtung beweist, daß er außerhalb dieses Gesetzes steht, aber ohne es nicht leben kann. Bei Kleist verschlingt und zerstört Kohlhaas einen Text, der großen Einfluß auf die Gesellschaft haben würde, auch kehrt er zum Gesetz zurück, da er die Hinrichtung durch die Autoritäten akzeptiert. Hier hat also ein einzelner noch einen Einfluß auf eine bessere Zukunft der Gesellschaft, da er die vom Kurfürst begehrte Prophezeiung vernichtet. Bei Fleißer ist dieser Zusammenhang zwischen einem einzelnen und einer korrumpierten Gesellschaftsordnung nicht mehr herzustellen.

Friederike Roths Drama *Klavierspiele*

In Friederike Roths Drama steht der Titel *Klavierspiele* als Chiffre für das Begehren der Frau. Das Klavier in der Wohnung der Hauptfigur, die nur ›Sie‹ heißt, wurde für den Mann gekauft, auf den allein ihr Begehren ausgerichtet ist. Roth inszeniert die internalisierte normative Heterosexualität krass zu ungunsten der Frau, aus deren Perspektive das Geschehen in lyrisch-surrealer Weise auf der Bühne abläuft. Vor-ödipale Triebe sind durch das Gesetz des Vaters schon in die Bahnen eines akzeptablen Begehrens gelenkt, dessen künstlicher Ursprung nicht erkennbar ist. Der Hang nach Innerlichkeit der siebziger Jahre ist dabei zu spüren, wobei eine gewisse biedermeierliche Sehnsucht der Frau nach einem gemeinsamen Lebensentwurf »trotz allem« vorherrscht.

Das Prekäre der mit dem Begehren zusammenhängenden und auf den Körper eingeschriebenen Sexualität wird gleich zu Anfang klargestellt, als drei alte, unappetitliche Frauen in einer Bar auf der Szene erscheinen, die einen Mann – als einziger mit Namen genannt – anmachen und von ihm zotig abgefertigt werden. Die drei namenlosen Wracks deuten auf eine Zukunft der weiblichen Hauptperson als weggeworfenes Objekt des Begehrens voraus, die mit dem Verlust von Jugend und Schönheit ihre Sexualität als Münze für gesellschaftliche Akzeptanz verliert.

Die Sie-Figur hat herausgefunden, daß der von ihr geliebte aber schon verheiratete ›Er‹ seine Frau und Kinder vorzieht und es nun nicht mehr für nötig hält, ›Sie‹ zu belügen. In einer Szene zu Anfang besucht er sie noch und spielt auf dem Klavier, und aktiviert die Chiffre des Klavierspielens. Hierbei enthüllt er seine männliche Geschlechteridentität. Er ist professioneller Klavierspieler, und als Virtuose, Individualist, Künstler erscheint er als autonomes Subjekt. Und obgleich Sie als Berufssängerin generisch als interessantes Objekt des männlichen Begehrens dargestellt und so in die Chiffre einbezogen ist, erscheint sie auswechselbar, nur Mitglied eines Chores, eines Ganzen. Sie nennt ihn den »virtuosen Jazzer mit dem gerühmten harten Schlag« (*Klavierspiele*, 9), doch findet sie nunmehr seine Künste »lächerlich«. Als er sich an ihr Klavier setzt, um loszulegen, verbietet sie ihm das Spiel und entzieht sich somit dem Schein seines Begehrens; er hingegen wirft ihr vor, daß sie ihn »zum Hauspianisten« degradiert, eine Einschränkung, die er nicht akzeptieren muß. Domestizierung ist schließlich Teil der weiblichen Geschlechteridentität, nicht der männlichen.

Obgleich sie die Realität seiner Position erkennt, hat sie sich der Phantasie der unbedingt Liebenden verschrieben. Die von ihr gewünschte Lüge, das »Phantasieren meinetwegen« (*Klavierspiele*, 11), will er aber nicht liefern. Ihr körperliches Begehren wird durch diesen irrealen Anspruch angereichert. Sie behauptet »daß Liebe singt und schwingt und bedenkenlos macht und nicht sich abfindet mit immer schon im voraus Abgemachten wie ein altes zerknittertes geiziges Weib.« (*Klavierspiele*, 49) Der Metadiskurs ihrer Gesellschaft, bei dem die Frau zum Funktionieren der heterosexuellen Norm eine Phantasie benötigt, die gegenseitig am Leben erhalten werden muß, versagt in diesem Stück. Der Wunsch der Frauenfigur, vom »vorgemachten Leben« (*Klavierspiele*, 21) wegzukommen, kann nicht erfüllt werden, da sie den Metadiskurs zu sehr verinnerlicht hat, und der Mann im Subdiskurs der Frau nicht mitspielt. Die Sie-Figur versucht nach dieser Enttäuschung ihr Begehren los werden, was sich in dem Klavierverkauf, den sie betreibt, ausdrückt. In dieser Szenenfolge inszeniert die Dramatikerin die brutale Verfügungsgewalt von Männern über Frauen. Eine nicht kalkulierte Zärtlichkeit besteht nur im Verhältnis zu ihrer Freundin. Die vier, fünf Szenen zwischen den beiden Frauen sind stets Ruhepunkt. Die Freundin ist die einzige, die Mitgefühl hat, für sie zahlt und ihr sogar anbietet, das Klavier für sie zu verkaufen. Doch die »Sie-Figur« muß ablehnen, denn es gibt für sie keine Möglichkeit des gleichgeschlechtlichen Begehrens. Ihr Begehren ist an ihre weibliche Geschlechteridentität gebunden, die sie nur innerhalb des Gesetzes des Vaters und der im normativen System zugewiesenen Möglichkeiten durchprobieren kann. Roth zeigt, daß diese Möglichkeiten mit dem eigenen Begehren der Frauenfigur nichts zu tun haben, denn eine vor-ödipale »jouissance« im Sinne Kristevas scheint verödet oder zumindest frustriert und deplaziert.

Die normative Sexualität der ›Sie‹ kann nach der Enttäuschung mit dem Mann vielleicht noch Tauschobjekt werden. Der erste potentielle Käufer des Klaviers ist ein Klavierlehrer, den aber die zerrissenen Saiten des Instrumentes – sprich ihr zerstörtes Begehren – zunächst vom Kauf abhalten. Auch will er das Klavier nicht für sich, sondern für einen Schüler: d.h. in den Genuß ihrer Sexualität sollen andere kommen, wie schon die Ehefrau und die Kinder des früheren Liebhabers durch sein Verhältnis zu ihr profitierten. Die unechte Art der Beziehung mit diesem Käufer wird bekräftigt, da sie ihm erlaubt, die Nacht bei ihr zu verbringen, daß er aber die »Finger vom Klavier« (*Klavierspiele*, 31) lassen soll. Damit meint sie Abstand von ihrem Begehren, ihren Gefühlen. Trotz ihrer Zurückhaltung will er am nächsten Tag das Klavier kaufen, wahrscheinlich wegen des sexuellen Genusses, der ihm auch ohne ihre Zuneigung willkommen ist. Aber sie will das Klavier nur jemandem geben, der »was von Tönen versteht.« Für sie bildete ihre Beziehung zu dem «Er« und dem Klavier eine Einheit, die sie nicht zu trennen in der Lage ist. Sie sagt: »Was soll ich ohne ihn mit dem Klavier?« (*Klavierspiele*, 39)

Sie behält es weiter, bis ein zweiter Käufer auftaucht. Hier wird von Preisen gesprochen. Eine Variation zum Thema Käuflichkeit der Liebe – das heißt, intimer sexueller Verkehr für Profit ohne Begehren – geht hier über die Bühne. Dem Käufer geht es nicht um das Klavier. Wie ein Zuhälter, der seine widerspenstige Ware zähmt, wenn sie ihm sexuell nicht willig ist, schlägt er sie mehrmals brutal ins Gesicht, ehe sie ihn vertreibt. Sein Rat für sie könnte einer Prostituierten gelten: »Laß die Finger vom Klavierverkauf. Dafür bist du zu zart besaitet, Herzchen.« (*Klavierspiele*, 45) Als nächstes tritt ein älterer Versicherungsvertreter wortwörtlich zwischen Bett und Klavier. Sie hält ihn für einen Käufer. Hier wird der »Sicherheits-« und »Altersversicherungsdiskurs« durchgespielt. Sie mißversteht sein Angebot als Heiratsantrag und spielt ihm Coitus-Bewegungen vor. Doch zieht sie sich auch hier zurück, da sie eine »komponierte Musik nicht nötig« habe. Für das Vorgefertigte, für wirtschaftliche vorprogrammierte Sicherheit kann sie ihren Körper nicht eintauschen.

Die Frauenfigur versucht eine *Vita Nova* und sagt dem Publikum: »ich will ihnen sagen, daß ich aufgebrochen bin.« (*Klavierspiele*, 65) Was ist das für ein Aufbruch aus dem Metadiskurs, bei dem sie sich, wie sie meint, auf keine Liebe mehr einläßt? Ihr Unbewußtes, ihre Träume, spielen zwar eine große Rolle in dem sehr lyrisch angelegten Stück. Sie will nun aber ohne die vorgeschriebenen Träume genießen, robust leben, Freud und Pein erleben, wie sie es in voller Körperlichkeit auf mittelalterlichen Bildern sah. Das Klavier ist aber immer noch da, und so verwundert es nicht, daß die Er-Figur des verheirateten Liebhabers gegen Ende wieder in ihrer Wohnung auftaucht. Doch er ist ihr nunmehr fremd, und ihre Beziehung wird zum bewußten Konstrukt: »Du mußt schön spielen. Wenigstens.« (*Klavierspiele*, 81) So wird aus dem internalisierten Diskurs eine parodistische performative Maskerade.

Diese bewußte Maskerade kann sie nicht durchstehen, und am Ende, allein in der Nacht, tätigt sie einen verzweifelten Anruf an eine unbekannte Person, die sie bittet, zu ihr zu kommen. Wer ist dieses Objekt ihres Begehrens? Ist es die Freundin, der Liebhaber? Dem Theaterpublikum bleibt dies verborgen, denn sie öffnet die Tür nicht, als es schließlich klopft. Ihr früherer Wunsch, einen Platz in einer normativen heterosexuellen Gesellschaft zu behaupten, ist zerstört. Sie sagt: »Jetzt will ich's nicht mehr oben...« und »im Abgrund gibt's so schöne Stellen.« Sie kann nur noch »den schillernden Leben nach(sinnen), die einmal unsere hätten sein sollen.« (*Klavierspiele*, 85)

Gerlind Reinshagens *Das Frühlingsfest*

In Reinshagens *Das Frühlingsfest* (1980) werden die Geschlechternormierungen schärfer als bei Roth dekonstruiert und der Einfluß auf das Machtgefüge der Gesellschaft auf breiterer Basis in Bilder und Vorgänge umgesetzt. Gegen Ende des 20. Jahrhunderts hat sich im Vergleich zu der Situation bei Lasker-Schüler noch nicht viel geändert. Klarer abgeteilt als bei Lasker-Schüler und Fleißer, wechselt die äußere Wirklichkeit mit der inneren ab, die surrealistisch aus der anderen hervorgeht. Das normative Weibliche stellt sich in seiner Reinform nur noch als Maskerade dar, wobei Reinshagen die Situation der Frauen innerhalb einer gewissermaßen bankrotten Mittelklasse verfremdet darstellt. In perfekter Form wird die Norm im Stück von dem Transvestiten Karl-Ernst repräsentiert. Die dem Körper zugeschriebenen weiblichen Merkmale der Schönheit, Gepflegtheit, Eleganz, perfektes Make-Up, sinnliche Bewegungen hat Karl-Ernst zu bieten, den die Männer aus dem Local Boccacio zur Privatparty mitschleppten. Blendend schön kommt er in zärtlich wirkender Umarmung mit einem der Ehemänner graziös hereingetanzt. Reinshagen findet hier ein Bild für die Überlegung, daß es nur der Mann zur Perfektion des Weiblichen bringen kann, da das Idealbild der Frau der patriarchalen, männlichen Phantasie entspringt. Die wirklichen Frauen im Stück – wie die Hauptfigur Elsa, aus deren Perspektive das Stück abläuft – sind ihrer Geschlechteridentität müde geworden. Sie sind zu matt, dem Idealbild von Schönheit auf der einen und Dienstbarkeit auf der anderen Seite zu entsprechen.

Das Stück spielt nach dem Zweiten Weltkrieg, und Reinshagen inszeniert in surrealistischer Übertreibung die bitteren Konsequenzen der Kriegs- und Nachkriegszeit innerhalb eines Gender-Dialogs. Sie macht die Situation der Frauen im Metadiskurs der normativen Heterosexualität transparent. Es gelingt ihr, in einer Szene vor Augen zu führen, daß die Geschlechteridentität, der die Frauen entsprechen sollen, eine performative Handlung ist, die ewig wiederholt werden muß. Hier trainiert der Geschäftsmann Pauly seiner Frau Elsa ein normatives weibliches Benehmen ein, das sie zuerst marionettenhaft, schlafwandlerisch nachahmt, das am Ende des Stückes bei ihr jedoch schon ganz natürlich wirkt. Er sagt Elsa ein:

Bleib so! Ja... Stehen bleiben! Gut! Gut! Du bleibst stehen! Mit gewendetem Kopf! Gar nicht schlecht! Jetzt ... zurücksehen bitte! Über die Schulter siehst du zurück! Du hebst die Hand! Streichst das Haar aus der Stirn! Mit der Hand streichst du dir das Haar aus der Stirn. Langsamer! Leichter! *Unwillig.* Ah, nicht so absichtsvoll! Nicht dieser Aufwand! Eine Frau, die weiß worauf es ankommt (...) (Reinshagen, 358)

Abb. 9. Gerlind Reinshagen (*1926)
Dieser Autorin ist es als erster deutscher Dramatikerin gelungen, nach dem Zweiten Weltkrieg mit ihren Werken die Aufmerksamkeit berühmter Regisseure zu erregen. Ihre Stücke wurden von Claus Peymann, Günther Kirchner u.a. auf vielen deutschen Bühnen inszeniert und erfolgreich aufgeführt. Sie lehnt »Endzeitstücke« ab und baut auf die Unabläßlichkeit einer individuellen Utopie, die zwar fast nie verwirklicht werden kann, dem Leben jedoch Sinn und Richtigkeit gibt.

Durch ihre eingeübte Sexualität soll sie mit einem anderen Mann, von dem sich der Ehemann geschäftliche Vorteile erwartet, verkuppelt werden. Der sonst unausgesprochene Prozeß, in dem die Frau zum Austauschgut zwischen Männern wird (wie es als erster Lévi-Strauss dargelegt hat), wird auf der Bühne in den Befehlen des Ehemannes, Pauly, verdeutlicht.

Weit ist Elsa von dem Schönheitsideal Karl-Ernst entfernt, der ja auch Außenseiter ist und das Weibliche nachahmt, um die Grenzen seiner eigenen Männlichkeit zu überschreiten. Im Laufe des Stückes verfällt Elsas Aussehen immer mehr. Eine Folie zu Paulys Dressur bietet Nancy, die als Amerikanerin das Oberflächlich-Künstliche als Rezept gegen den Tod versteht. Sie schminkt Elsa nach Hollywood-Manier, d.h. sie setzt ihr ein äußerliches Bild auf, das jedoch übertrieben und grotesk ausfällt. Elsa fehlt das innere männliche Begehren nach einer bestimmten, weiblichen Schönheit, das Karl-Ernst kopieren kann, weil er ein Mann ist. Sie jedoch kann dem Bild auf Grund ihrer abweichenden Individualität nicht entsprechen.

Auch die anderen Frauen im Stück haben Schwierigkeiten mit der vorprogrammierten Geschlechteridentität. Wenn sie nicht mehr als Objekt männlichen Begehrens fungieren, wirken sie bedrohlich. Die junge zweite Frau des Industriekapitäns und früheren Luftwaffenfliegers Monk gilt als »nicht richtig«, denn sie muß seit langem ›ohne Grund‹ mit Drogen beruhigt im Bett liegen. Oda, die alte Tante im Haus, wird als verrückt erklärt, weil sie sich eine eigene Lebensgeschichte, eine eigene Identität erdacht hat (sie erfand sich einen Sohn, der im Krieg geblieben ist). Und als Hexengestalt stellt sie Elsa einen Wunsch frei. Im Gegensatz zu Mutter Pius bei Lasker-Schüler hat sie aber kaum irgendwelche Macht. Solche defekte Weiblichkeit kann dem Mann im Wirtschaftswunderland der fünfziger Jahre nicht zugemutet werden. Schließlich wird die Frau im Patriarchat gebraucht. So beansprucht Frau Monks Ehemann, der mächtige Großkunde, jede Frau auf der Party – einschließlich der sechzehnjährigen Henny – als Objekt seiner Begierde und Bestätigung der Männlichkeit und Macht. Henny hat das gewünschte Jugend- und Schönheitsideal zu bieten. Aber auch das privilegiert sie nicht sehr, denn sie wird als Sexobjekt zur »Beute«, jeder nimmt sich ein Kleidungsstück von ihr, zwei Männer knöpfen ihr Kleid auf. (Reinshagen, 400)

In surrealistischen Szenen verbildlichen oder sprechen die Figuren immer wieder gewisse innere bedrohliche Wahrheiten zur Geschlechterposition aus, die beim normalen Partytreiben dann ins Oberflächliche umschlagen. Frau Mylius, Frau des alten Generals, der den Untergang des etruskischen Reiches der damaligen Weiberherrschaft ankreidet und die drei Söhne und eine Tochter im Krieg verloren hat, ruft die Frauen auf dem Fest zur Rache auf. Alle sind dazu bereit, und jede der Frauen schleudert eine Todesart für ihre Männer ins Publikum: »Gift in den Kaffee«, »Arsen ins Bier«, »Rasiermesser in die Halsschlagader.« Frau Mylius verlangt: »Du, was dich zerschlägt, das zerschneide bis auf die Knochen.« (Reinshagen, 438) Als Elsa fragt, wofür diese Rache sei, antwortet die eine: »Für nichts«, und die andere: »Für einen vergessenen Blick, ein verschlucktes Wort, ein Grinsen zur unrechten Zeit, einen einsamen Bei-Schlaf (...)« (Reinshagen, 438) Man könnte hinzufügen: für das Ignorieren und Ausnutzen der Frauenexistenz.

Die Männer verlangen von den Frauen, weiterhin zu ihrer Verfügung zu stehen. Sie hoffen, daß sie im unbewußten Geschlechterdiskurs weiterhin schlafwandlerisch die gewünschte Position einnehmen werden, so wie Elsa es tut, während ihr Mann Pauly in einer surrealistischen Szene arrogant seine männliche Position preisgibt: Wozu braucht er die Frau? Sie soll ihn erlösen. Aber er verrät, daß sie bei ihm nichts zu erwarten habe. Sie wird zufrieden sein, mit dem, was er ihr hinwerfen wird. Die Frau, die er wünscht,

wird das wenige, das sie besitzt, ihr kleines Vermögen an Schönheit, an Jugend, mir überschreiben, und ich werde keinen Pfennig Zinsen dafür zahlen. Ich, der für alles gewissenhaft zahle, für sie will ich nichts zahlen! (...) schon in allerkürzester Zeit wird sie den Konkurs anmelden müssen, ja ein Insekt in meiner Hand wird sie sein, und ich, ich werde die Faust darum schließen ... Sie wird nicht gebeten, sie wird nicht gezwungen, freiwillig soll sie zu mir kommen. (...) Sie wird ihre Ketten wollen. Ich will das Äußerste, das Unberechenbare, das ganz und gar Unbezahlbare ... Sie soll mich erlösen.
(Reinshagen, 444–445)

Die absolute Hingabe der Frau würde die absolute Machtposition des Mannes garantieren, so scheint es. Doch sie würde eher seine Schwäche verdecken. Die Herrscherposition der Männer hat einen gewaltigen Schlag bekommen, denn die Männer im Nachkriegsdeutschland kamen als Verlierer zurück. Pauly ist darüber hinaus noch als Krüppel mit nur einem Bein zurückgekehrt. Reinshagen greift das Thema der körperlichen Behinderung auf, die in der Gesellschaft einen Menschen ins Außenseitertum schiebt. Paulys körperliche Schwäche wird durch seine hoffnungslose finanzielle Position verstärkt. Nur seine Zustimmung zum Betrug und Verkauf einer Droge, die Menschen ohne es zu wissen süchtig macht, kann ihn retten. Auch die anderen Männer um ihn herum sind heruntergekommen, und Schwächen treten zutage, die sonst nur bei Frauen toleriert wurden. Philipp, der Intellektuelle, spricht und kritisiert zwar viel, doch hat er schon einige Selbstmordversuche hinter sich. Er gibt vor, Elsa zu lieben; doch als er mit ihr auf und davon gehen soll, erweist er sich als handlungsunfähig. Die Utopie, aus der differenzierten Geschlechteridentität eine eigene, gemeinsame Geschichte zu bauen, wie es Elsa will, schlägt somit fehl.

Die Männer brauchen die konventionelle Weiblichkeit als das Andere, als das, was ihnen fehlt, als das, was sie von sich weggewiesen haben: Fühlen, Emotionen, Friedensbestrebungen, Zuneigung, Schwäche, das Irrationale, das Unbewußte, moralisches Denken, Liebesfähigkeit. Die Frauen können oder wollen dieses polare Andere nicht mehr tragen. Mit der verlorengegangenen idealen Weiblichkeit ihrer miesepetrigen Frauen müssen die Männer, gebunden durch normative Heterosexualität, in immer tiefere Positionen hinabsinken. Reinshagen hinterfragt die politische Komponente des männlichen Identitäts-Diskurses, der darauf ausgerichtet ist, im Wirtschaftswunderland wieder die Macht und das Kapital zu ergreifen. Dieser Diskurs läßt keine Menschenfreundlichkeit, keine humanen Beziehungen zu, wie es die Frauen in ihrer Liebes- und Sorgefähigkeit noch anstreben. Der Kapitalist Monk meint, es komme nicht darauf an, die Leute zu bluffen, es komme darauf an, sich selber zu bluffen. Er will eine Identität künstlich erzeugen, die auf Amnesie beruht, wobei die Erlebnisse der Nazi- und Kriegszeit ausgemerzt werden – ein typisches Ansinnen im Jahrzehnt des deutschen Wirtschaftswunders. Die Phantasie eines totalen Neuanfangs im ›Jahre Null‹ (1945) hat alle Bedenken, Schuldgefühle aus dem Weg geräumt. In Wirklichkeit ging es einfach weiter wie zuvor. Doch die falsche Unschuld verdeckte in den fünfziger Jahren die menschenfeindlichen Praktiken, die seit eh und je in der kapitalistisch-patriarchalischen Gesellschaft üblich waren. Dornbacher, der gerade die unethische Entscheidung getroffen hat, die gefährliche Droge als harmlos zu vermarkten, sagt sich kalt: »Wir müssen doch nur ... glauben, was wir denken, wir müssen denken ... was wir sagen, wir müssen sagen ... was wir glauben.« (Reinshagen, 408) In diesem Teufelskreis der patriarchalen Identitätsstruktur, der nur sich selbst beweist, hofft man, die Verletzungen des Krieges, die Schwäche des herrschenden Geschlechts zu überwinden, und geht dabei weiterhin über Leichen.

Dabei ist Reinshagens parodistische Maskerade, die am Schluß in einem lebenden Bild kulminiert, nicht mißzuverstehen: Elsa wird auf einem Kinderauto, einem Borgward, hereingefahren. Sie ist mit Pelzen und Juwelen beladen, grotesk geschminkt und geschmückt und wird als das neue Ideal der Schönheit proklamiert. Dieses Kitschbild ist Chiffre des neuen Wohlstandsstaates. Das lebende Bild, das ›Wirtschaftswunder‹ heißen könnte, zeigt an, daß es auch mit einer heruntergekommenen, aufgedonnerten Weiblichkeit im heterosexuellen Zwangssystem weitergeht, wenn man nur nicht so genau hinschaut. Es ist folgerichtig, daß die naturalisierte Perfektion der weiblichen Schönheit, der Transvestit Karl-Ernst, sich verängstigt in einen Baum verkriecht und klagt:»Umschließe mich Baum, nimm mich in deinen Schoß zurück.« (Reinshagen, 457) Schließlich ist Karl-Ernst ein Mann, der die Geschlechtergrenzen überschritten hat und die Absurdität der Zweiteilung versteht.

Da nun einmal die Chiffre ›Schönheit‹ dekonstruiert ist, beginnt Pauly, der Geschäftsmann, die neue Ära damit, auf die Service-Leistungen seiner Frau Elsa zu pochen. Zum Schluß feuert er sie zur Hausarbeit an. Als Reaktion will sie ihn mit dem Messer rücklings erstechen. Ihr Schrei, der sich in der Kehle bildet, wird erstickt, indem Oda, die wahnsinnige Tante, ihr im Schlußbild den Mund zuhält. Reinshagen deutet an: wenn die Frau nicht wahnsinnig wird oder tötet, geht die normative Heterosexualität weiter, in der sie versklavt ist, und die sie ihrer Utopie beraubt. Reinshagen schrieb das Stück Ende der siebziger Jahre, wobei sie prophetisch auf die Dekade des»Geldfiebers«, (wie der amerikanische Essayist Tom Wolfe die achtziger Jahre nennt) vorausweist.

Sowohl Lasker-Schüler und Fleißer Anfang des Jahrhunderts wie auch Roth und Reinshagen mehr als siebzig Jahre später bringen eine Kritik der normativen Zwangsheterosexualität auf die Bühne, wobei sich beide ähnlicher Figuren bedienen, wie z.B. unmännliche Männer, Frauen, die dem Weiblichkeitsideal widersprechen, Transvestiten, die das normative Geschlechterverständnis in Frage stellen, Menschen, die als Wahnsinnige oder Selbstmordkandidaten aus dem Identitätsdiskurs ausgestoßen sind oder Liebespaare, die das Absurde der Rollen parodieren. Alle vier Autorinnen bedienen sich einer Dramenstruktur, die von der klassisch-aritotelischen abweicht und die surrealistische Elemente in ›realistischen‹ Abläufen aufleuchten läßt. Es gibt kaum eine kontinuierliche Fabel. Es sind eher Bilder aus einer verschobenen Perspektive, die sich aufdrängen. Nicht viel hat sich durch das ganze zwanzigste Jahrhundert hindurch geändert. Doch es wird trotzdem ein Optimismus ausgedrückt, der in der Struktur der Dramen liegt. Durch die parodistische Wiederholung von subversiven Handlungen gegen die normative Heterosexualität auf der Bühne wird der blinde Fleck im Hinblick auf die Geschlechteridentität unserer Gesellschaft bewußt dekonstruiert. Das Theater als moralische Anstalt, weiterhin. Es müssen sich nur noch die wiederholten Aufführungen dieser Dramen verwirklichen.

Literaturverzeichnis

Butler, Judith. *Das Unbehagen der Geschlechter.* Frankfurt/M.: Suhrkamp Verlag, 1991. (Originalausgabe: *Gender Trouble.* New York: Routledge, 1991).

Fleißer, Marieluise. *Ingolstädter Stücke.* Frankfurt/M.: Suhrkamp Verlag, 1977 (nach: *Gesammelte Werke.* Frankfurt/M.: Suhrkamp, 1972.)

Kosta, Barbara. »Employed Bodies:The Female Servant in Works by Marieluise Fleißer«, *German Studies Review,* 1992, 47–63.

Kristeva, Julia. *Die Revolution der Sprache.* Frankfurt/M.: Suhrkamp Verlag, 1978.

Lasker-Schüler, Else. *Die Wupper und andere Dramen,* München: Deutscher Taschenbuchverlag, 1986.

— *Lieber gestreifter Tiger. Briefe,* Bd. I. Margarete Kupper, Hrsg. München: Kösel, 1969.

Reinshagen, Gerlind. *Das Frühlingsfest.* in: *Gesammelte Werke.* Frankfurt/M.: Suhrkamp Verlag, 1986.

Roth, Friederike. *Klavierspiele. Ein Stück.* Frankfurt/M.: Verlag der Autoren, n.d. (1980?)

Sieg, Katrin. *Exiles, Eccentrics, Activists. Women in Contemporary German Theater.* Ann Arbor:The University of Michigan Press, 1994 (Übersetzung der Zitate: Helga Kraft).

KAPITEL 6

Das ›andere‹ Theater
und seine experimentelle Form
Die Ästhetik der Dekonstruktion

Wie hast du's mit der Kunst?

Die Frage, ob und warum sich denn Stücke von Frauen von Männerstücken im allgemeinen ästhetisch unterscheiden, soll hier nicht gestellt werden. Die Gender-Diskussion hat ergeben, daß zwar die grundsätzliche Lebenserfahrung von Frauen auf Grund ihrer spezifischen Sozialisierung eine andere ist, daß jedoch Männern zugeschriebene Geschlechter-Charakteristiken in verschiedenen Graden auch bei Frauen auftauchen können und daß Frauen sehr wohl die traditionell männlichen Standpunkte einnehmen können. Es sei hier lediglich exemplarisch auf den dramatischen Stil einzelner Autorinnen und auf ihre Auffassung von Kunst eingegangen. Vielleicht ergibt sich daraus eine neue Perspektive, die von der traditionellen Tendenz im Theater abweicht.

Besonders Dramatikerinnen bewegen sich stärker als andere Künstlerinnen in einer Welt, in der Ästhetik von Männern definiert ist. Stückeschreibende Frauen kommen bis heute in den deutschsprachigen Ländern selten auf die Bühne. In einem Rückblick von Günther Rühle (»Das zerrissene Theater. 1990: Rückblick auf die Szene des Jahrhunderts«) werden zum Beispiel unzählige Dramatiker besprochen, die das Theater dieses Jahrhunderts auf deutschsprachigen Bühnen geprägt haben, jedoch wird nur eine einzige Dramatikerin – Marieluise Fleißer – kurz in Klammern erwähnt. Auch in dem gerade herausgegebenen Buch von Peter Iden, *Warum wir das Theater brauchen* (1995), melden sich in achtzehn Aufsätzen allein Männer der Branche zu Wort.

Es gibt einen Trend im Theater, Sprache als Bedeutungsträger zurückzudrängen und sprachlose, bildliche Konstruktionen in den Vordergrund zu stellen. Offensichtlich handelt es sich hier um Einflüsse von Film und elektronischen Medien. Nicht jeder Dramatiker trägt hierzu bei – jedoch gibt es zu denken, daß Dramatikerinnen bei diesem Trend fast überhaupt nicht mitmachen. Gewiß ist auch ihnen an der Bildlichkeit gelegen, von der das Theater lebt. Jedoch diese Bildlichkeit wird zumeist aus der Sprache kreiert und trägt dazu bei, das Konventionelle am sprachlichen Diskurs zu dekonstruieren. Es ist interessant, über die Gründe zu spekulieren, doch darf nicht vergessen werden, daß lediglich anregende Mutmaßungen dabei herauskommen können. Feministische Studien zur Sprache der Frau haben postuliert, daß auch diese ein patriarchalisches Konstrukt ist, das in Jahrtausenden der Entwicklung zu einem hierarchisch strukturierten Medium gediehen ist, und das die Lebenserfahrungen von Frauen nicht oder nur schlecht artikulieren läßt. In geschichtlichen Dokumenten kommen hauptsächlich die Belange und Lebenserfahrungen von Männern zum Ausdruck, die auch bestimmen, was eine Frau sei. Im Zusammenhang mit diesem Dilemma fanden z.B. französischen Feministinnen wie Julia Kristeva und Luce Irigaray, daß die Frau im existentiellen Mangel lebt, da sie all das sein soll, was der Mann nicht ist, das ›Andere‹. Das heißt, ihr Sein kann nicht in der Männersprache artikuliert werden, und ohne eigene Sprache besteht kein Bewußtsein ihrer Lebenserfahrungen. Deshalb bemühten sich Feministinnen immer wieder darum, eine ›Frauensprache‹ zu finden, wodurch künstlerischer Ausdruck ermöglicht würde. Doch diese Projekte scheiterten, wenn ein biologisches Anderssein postuliert wurde, in dem Irrationales vorherrschte, denn Kommunikation war auf dieser Basis nicht gut möglich.

Schon deshalb ist es interessant, daß sich die Dramatikerinnen im deutschsprachigen Raum gerade zur Sprache hinwenden, um sich einen eigenen Ort innerhalb dieses altbewährten Kommunikationsmittels zu schaffen. Sie gehen den sprachlichen Ausdruck neu an, stören alte Kausalitätsketten, bringen neue Themen, neue stilistische und ästhetische Ansätze ein, bei denen oft angenommen werden kann, daß ein männlicher Autor sie so nicht entwickeln würde. Damit ihre Botschaft ihr Ziel erreichen kann, benutzen sie das System der Sprache, um deren Bedeutungsketten zu stören, d.h. um die Sprache selbst aufzusprengen.

Das Theater hat seine Aufgabe immer etwas anders verstanden als die anderen Künste. Es ist die Kunst der Öffentlichkeit. Sie sollte von Äschylos bis Lessing durch ihre Ästhetik reinigende Wirkung auf die Zuschauer haben, die aus zweiter Hand die Konflikte der Gesellschaft miterleben konnten; sie sollte bildungsfördernd wirken, wie Schillers Theater als moralische Anstalt, um aufgeklärte, gute Bürger zu kreieren; oder sie sollte – wie in Brechts epischem Theater – direkt zur Aktion gegen oppressive Obrigkeiten anreizen. Peter Handke zeigte dann in seiner *Publikumsbeschimpfung* in den 70er Jahren dieses Jahrhunderts, wie wenig solche Intentionen jedoch tatsächlich bewirkten; höchstens verbale Beleidigungen konnten noch hie und da ein paar echte Emotionen hervorrufen. Das Publikum stammte sowieso aus der gebildeten Mittelklasse und genoß den Theaterabend, sofern man sich nicht langweilte, aber es waren keine Nachwirkungen zu verzeichnen.

Die Dramatikerinnen teilen solch pessimistische Bewertung nicht, bei der nur noch *l'art pour l'art* als Unterhaltungswert übrigbleibt – oder dumpfes, gefühlsmäßiges Konsumieren von unklaren Bildern. Obgleich sich keineswegs alle Autorinnen als Feministinnen ausgewiesen haben, waren doch viele am Etablieren des Eigenwertes der Frau interessiert. Sie selbst steckten schließlich in einer Branche, die sie nur zu gerne ausschloß. Daher rührt wahrscheinlich ein utopisches Element in ihrer Auffassung von der Kunst des Theaters.

Terror der traditionellen Kunst. Elfriede Jelineks *Clara S.*

Auf Elfriede Jelineks Bühne gibt es keine nachgebildeten oder erfundenen Menschen mit einer besonderen Identität, sondern auch die Figuren verkörpern Sprache, d.h. sprachlich festgefahrene Wirklichkeiten. Ihr Theater dekonstruiert dadurch unsere auf Macht aufgebaute Gesellschaft, die bis in die Sprache hinein menschenverachtend wirkt. Sie dekonstruiert auch den Mythos des Theaters und die damit verbundenen Menschen, die sich mit dem Nimbus der ›heeren Kunst‹ umgeben, wie z.B. in *Burgtheater*. Für welche Art Kunst spricht sich diese Dramatikerin aus?

In ihren grotesken Stücken dreht sie den Spieß um und benutzt die verachtete Sprache, um bislang unangezweifelte Begriffe, Mythen und kollektive Vorstellungen zu zerbrechen. Ihre Figuren geben gewissermaßen Sprechblasen mit Klischees von sich. Die Autorin bringt eine seltsame Mischung von Typen auf die Bühne, die aus ihrer surrealen Sprache heraus entstehen. Zum Beispiel ist in einem ihrer Stücke der Vampir Emily Brontë Signifikant eines Aspektes der ›Frau‹, der sie zur Untoten der Gesellschaft macht. Jelinek verkörpert wechselnde Klischeefragmente auf der Bühne, z.B. die Schwäche der Frau in ihrer Kollaborationslust, die Brutalität eines Mannes und seine Arroganz. Gerade deshalb empfindet die Autorin ihr Theater als ›moralische Anstalt‹, wie sie in einer Publikumsdiskussion nach der 40. Aufführung ihres Stückes *Totenauberg* im Mai 1994 bestätigte. Ihre Stücke wollen anprangern. Mit den ungeheuren Sprüngen, die ihre Sprache vollzieht, will sie zum Beispiel das innere Gefüge des Faschismus offenlegen (*Burgtheater*), wie auch Strukturen der Unmenschlichkeit in der Kunst (*Clara S.*) und die Arroganz und die faschistischen Tendenzen in der männlichen Philosophie (*Totenauberg*) anprangern. Im Gegensatz zu Reinshagen will Jelinek »nicht spielen«, wie sie in *Theater heute* 1983 schrieb.

> Ich will keine fremden Leute zum Leben erwecken. (...) Ich will kein Theater. Vielleicht will ich einmal nur die Tätigkeiten ausstellen, die man ausüben kann, um etwas darzustellen, aber ohne höheren Sinn. (...) Schauspieler sollen sagen, was sonst kein Mensch sagt, denn es ist ja nicht Leben. Sie sollen Arbeit zeigen.
>
> (*Theater heute* 83, 102)

Elfriede Jelinek dekonstruiert die traditionelle Kunstauffassung und den Genie-Begriff der Aufklärung, indem sie diese Kategorien aus der Perspektive einer Frau betrachtet. In ihrem Stück *Clara S., musikalische Tragödie* bringt sie anachronistisch die Klaviervirtuosin und Komponistin Clara Schumann mit dem italienischen Schriftsteller d'Annunzio zusammen und schafft in dieser Begegnung die Gelegenheit, die Kunst in ihren versteckten faschistischen Tendenzen, wie z.B. die Ausbeutung der Frau zu entlarven. Clara hatte schon lange aufgehört zu komponieren, hatte sich um ihre zahlreichen Kinder gekümmert und auf Konzertreisen Geld verdient. Mutterschaft und Künstlerschaft bringt Jelinek in eine ironische Symbiose, die eine Eigenproduktion der Frau auf geistiger Ebene ausschließt. Die Kunst des Kanons bleibt Männersache: »Mein Vater hat die männliche Vorstellung vom Genie in mich hinein gehämmert und mein Gatte hat sie mir gleich wieder weggenommen, weil er sie für sich selber gebraucht hat. Im Kopf sitzt die Macht der Zensoren.« (Jelinek, 82) Die männliche Vorstellung vom Genie wird kategorisch verworfen, denn man könne schließlich nur »Totgeburten ins Leintuch« setzen, da es längst schon alles gäbe (Jelinek, 103). Außerdem erübrige sich der Beweis der Einmaligkeit. (Jelinek, 103) Der Künstler war nach Jelinek nur das aufgeklärte, individuelle Subjekt: der Mann, der zu diesem Zwecke andere kolonialisierte. Am Ende laufe alles darauf aus, ob ein künstlerisches Produkt verkauft werden kann. Kunst ist für d'Annunzio Ware, und auch Clara treibt Robert Schumann an: »Geldbringendes Schöpfertum auf Klavier und Geige. Mach schon.« (Jelinek, 112) Was Claras eigenes Schöpfertum anlangt, so wird bestätigt:»Wenn sich die Fähigkeiten der Frau über die Norm der Zeit hinaus entwickeln, dann entsteht eine Monstrosität.« (Jelinek, 118) So ist es stimmig, daß Clara ihren Mann erwürgt, als er provozierend sagt: »Künstlerische Leistung liegt außerhalb der Frau (...) denn nur natürliche Körperleistung zählt für diese ... deshalb weil ... die Frau ... reine Natur ... ist.« (Jelinek, 122) Jelinek bezieht sich auf ihre eigene Kunst, das Schreiben, mit ähnlicher Aggressivität:»Für eine Frau ist schon das Schreiben ein gewalttätiger Akt, weil das weibliche Subjekt kein sprechendes ist«. (Bartsch, 10) Es wundert sie geradezu, daß die Frauenliteratur nicht gewalttätiger ist, da Autorinnen die Demütigung hinnehmen müssen, ein Werk zu schreiben, das von vornherein verachtet wird. (Bartsch, 11)

Nicht nur in Jelineks Werken (siehe auch Roths *Die Klavierspielerin*) wird Kunst meistens als Männerdomäne dargestellt, die mit dem Nimbus der Ausschließlichkeit umhüllt war.

Die Kunst des Theaters: Reinshagens *Kann das Theater noch aus seiner Rolle fallen?* oder *Die halbwegs emanzipierte Mariann*

Die Kunst des Theaters, wünscht Gerlind Reinshagen, muß auf eine Interaktion mit dem Publikum bauen. Zu dieser Problematik hat Reinshagen noch vor Handkes *Publikumsbeschimpfung* ein kleines Theaterstück geschrieben: *Kann das Theater noch aus seiner Rolle fallen?* oder *Die halbwegs emanzipierte Mariann* (1972) Sie bringt einen Dramaturgen, einen Schauspieler und eine Zuschauerin auf die Bühne, die diskutieren, ob das Publikum, das mit einer vorgefaßten Hypothese auf Gezeigtes reagiert, durch den im Stück gebotenen Aufschluß diese Hypothese revidiert.»Wird sie revidiert, ändert der Mensch seine ursprüngliche Meinung ... er hat gelernt« (*Mariann,* 150), meint die Schauspielerfigur im Stück. Auf die Frage nach der Autorintention lautet die Vermutung des Dramaturgen, der sicherlich auch die Position des Dramatikers/der Dramatikerin einnimmt, daß »er (der Autor) womöglich nichts anderes will, als daß die Figuren überhaupt entstehen ... daß etwas gemacht wird (...)« Es geht eben darum, «daß er (der Autor) und wir (die Interpreten) und sie (die Zuschauer) sich miteinander üben sollten im Zusammenbasteln, auf daß immer bessere, vollständigere Kombinationen entstehen auf der Bühne ... aber schließlich auch im Leben.« (*Mariann,* 152) Das Theater kann so eine bessere Wirkung auf die Zuschauer haben als theoretische Reflexionen, die hauptsächlich zur Bildung herangezogen werden, weil sie hier mit sinnlichen Wirklichkeitsmodellen konfrontiert werden, die eine Bedeutung erhalten, wenn sie mit der gängigen Wirklichkeitsauffassung kollidieren. Reinshagen meint, daß das Theater nicht da aufhören sollte, wo es heute aufhört.»(...) alle, die sich um das Theater bemühn, die Macher wie auch die Zuschauer ... [sollten Gelegenheit bekommen] zur Nachprüfung der Wahrnehmungen ... und zwar zur gemeinsamen ... das heißt, daß [die beiden Partner des Theaters nicht] nach den abgelaufenen Akten ... zu Bette gehn und schnarchen dürfen, sondern daß sie miteinander *reden* müssen ...«. (*Mariann,* 157) So stellt sie sich ein Publikum vor, das sich von einem »kulturkonsumierenden« zu einem »kulturräsonierenden« mausert. (Reinshagen, 159). Sie nimmt dabei in Kauf, daß wahrscheinlich nur einige wenige Leute an diesen Publikumsdiskussionen aktiv teilnehmen werden, daß diese aber den Stein ins Rollen bringen könnten. Die Frage ist jedoch, ob einige ›wenige‹, die bei der Diskussion mitmachen, ›viele‹ gewinnen, und ob es »(...) einer großen Menge gelingt ..., ihre Wahrnehmungsfähigkeit zu schärfen, Phantasie zu entwickeln ... Urteilskraft ....« (*Mariann,* 161) Es wird für die Notwendigkeit plädiert, zunächst einmal die ersten Schritte zu machen. »Entweder«, so heißt es da, »wir werden wieder miteinander reden ... unsere *eine* Sprache wiederfinden, oder ... Theater wird nicht mehr sein!« (*Mariann,* 162). Könnte es aber nicht sein, daß diese ›Entfaltungsmöglichkeit‹, die dem Publikum verkauft wird, »abermals nur eine Illusion [ist] (...) eine Art ›Handlungsersatz‹, die niemandem schadet aber beruhigt«? (Reinshagen, 162) Das wird verneint. Verkauft wird Kunst, d.h. verkauft werden Wahrnehmungsgegenstände. Und was bewirken diese Wahrnehmungsgegenstände?

Diese gehen ... seltsame Wege, und je vielseitiger ... ungelöster sie sind, desto mehr Gedanken ziehen sie an. Sie sind, wenn sie gut sind, radioaktiv ... heiße Ware ... nicht ungefährlich. Wir entwickeln: Meinungen. Diese aber sind unverkäuflich und den Makkern der Kultur wie auch den Tauschbeziehungen entzogen. (*Mariann,* 162)

Die Theaterbesucherin im Stück, die halbwegs emanzipierte Mariann, kommt zu dem Schluß,

Wir haben ... übers Theater geredet und gemerkt, daß wir alle zusammen auch davon nichts wissen.
Darüber haben wir reden können.
Vom Theater sind wir dann wieder auf uns gekommen und zwar automatisch ... später von uns auf die Anderen. (*Mariann,* 162)

Reinshagen will also ein Theater machen, das jeden potentiellen Zuschauer erreicht. Sie will das Theater in eine dynamische interaktive Anstalt verwandeln, die durch Gespräch auf persönlicher Ebene neue Einsichten anregen kann. Alle Beteiligten, Stückemacher, Regisseure, Schauspieler und Zuschauer müssen ›aus der Rolle fallen‹, müssen versuchen, ›das Andere‹, die ›Anderen‹ zu verstehen, damit sie sich nicht in ihren individuellen Positionen und Meinungen verfestigen. In diesem optimistischen Wunsch, ›das Andere‹ verstehen zu müssen, ist Reinshagen beim feministischen Projekt, das mit dem rassistischen und ethnischen Projekt um die Xenophobie in Verbindung tritt und einen neuen Umgang mit dem angsteinflößenden ›Fremden‹ zum Ziel hat. Handkes Fazit der *Publikumsbeschimpfung* ist, daß das Theaterpublikum kaum über zwei Stunden provoziert werden kann, und daß aber nichts zurückbleibt. Reinshagen hingegen hofft auf den Welleneffekt: daß durch Diskussion der neuen Fakten und dargestellten Wirklichkeitsaspekte andere Menschen überzeugt und ihre Voreingenommenheit relativiert werden können.

Keinesfalls sollen nach Reinshagen aber Stücke gemacht werden, die etwas lehren wollen, weil sich vorgefaßte Werturteile gegen solches Lernen sperren. Deshalb ist das ›alte‹ Theater passé, das z.B. dialektisches Fortschreiten der Gesellschaft zum Grundsatz hat, das Mitleid und Furcht für den Helden hervorrufen will, das am Beispiel oder in direkter Forderung zur Rebellion aufruft. Reinshagen mißt dem Theater eine utopische Dimension bei. Die könne aber nicht durch Theaterkritiker oder Wissenschaftler für andere vermittelt werden, sondern sie müsse in einem gemeinsamen Diskurs erarbeitet werden.

In einem Interview, veröffentlicht im Jahre 1986, beantwortet Reinshagen die Frage, was sie im Theater sehen möchte, folgendermaßen: »Ein Haus aus Sprache möchte ich sehen, nein: erleben.« (*Fürs Theater Schreiben*, 52) Theater im Kopf könne man nicht machen.

Es sind die Figuren, die dieses Haus groß oder klein machen, dieses Gegeneinander, die Gleichzeitigkeit (...) Und die Figuren wohnen in einer Zelle oder einem Schloß oder einer Music-Hall, die du eben nicht aus Wänden machst, sondern aus Sprache. (...) Jetzt ist es ein Haus aus Pappe und Wolken und Holz (...) aber es sind immer nur Bilder, ausstaffiert mit Sprache. Und Bilder sieht man doch sowieso schon immer überall, im Film, im Fernsehen, in Illustrierten, überall sind Bilder, und das Theater ist wirklich der letzte Ort, wo man Sprache noch richtig erfahren kann (...) – du kannst Flüche erfahren oder Gedichte, wirklich erfahren mit Augen und Ohren.

(*Fürs Theater Schreiben*, 52)

Für Reinshagen muß das Bild in Relation zur Sprache stehen, ihr immer untergeordnet bleiben. Jedoch lehnt sie weiterhin belehrendes Theater ab, und sie lehnt sich dagegen auf, das Geschehen wie bei einer Illustrierten hochzuputschen oder aufzumotzen. Bei den Stücken, die sie schreibt, soll eine etwas abgehobene Sprache wie eine Alltagssprache gesprochen werden. Die Bilder auf der Bühne, die in der Sprache verankert sind, sollten Bilder von dem sein, was passiert: z.B. Bilder von Kälte, von Macht, von Wahnsinn.

Reinshagen sieht sich mit ihrer Idee vom Theater als Außenseiterin. Sie meint: »alles, was Utopie ist, was Spiel ist, das ist ja auch beim Theater so ins Abseits geraten; Theater als Spiel mit Möglichkeiten, das gibt's ja kaum noch.« (*Fürs Theater Schreiben*, 55) Ihre Dramen – so tentativ und ironisch sie erscheinen, so oft die Menschen darin auch scheitern – sind von Personen bevölkert, die sich eine bewußte Vorstellung von ihrer zukünftigen Lebensstory machen. Für jede persönliche Handlung, behauptet Reinshagen, braucht man einen Vorwurf seiner selbst, nur so könne man weiter existieren.

Ginka Steinwachs' Theater als ›oralische‹ Anstalt

Das Theater von Ginka Steinwachs fällt durch seine Ungewöhnlichkeit auf. »Meine Stücke sind (...) Sehstücke, Schmeckstücke, Riechstücke, Fühlstücke. Auf keinen Fall Schreibstücke.« (*Fürs Theater schreiben*, 114) Sie arbeitet mit Mitteln der Übertreibung, eine Methode, die sie ›Bombismus‹ nennt. Dabei protestiert sie gegen sogenannte Endspiele, die durch Weglassen und Minimalisieren gekennzeichnet sind. Auch wendet sie sich gegen die sogenannten ›Theaterkreateure‹ des 20. Jahrhunderts, wie z.B. Robert Wilson, die behaupten, »sie befreien die Körpersprache, dabei vernachlässigen sie sie und töten fast klinisch die Sprache des Mundes ab.« (*Fürs Theater schreiben*, 122)

Steinwachs' Nachdruck auf Sprache verbindet sie mit anderen zeitgenössischen Dramatikerinnen. Sie genießt das Wortspiel, und so verwundert es nicht, daß ihre eigene dramatische Theorie andere Theatertheorien spielerisch verulkt. Sie nennt ihr Theater ›Oralisches Theater‹. Wie leicht sich doch Schillers richtungsweisendes ›Moralisches Theater‹ (*Das Theater als moralische Anstalt*) rein physisch durch ein weggelassenes verkniffenes Zusammendrücken der Lippen verändern kann! Der Wortwitz ist jedoch nur Oberfläche. Darunter sieht Steinwachs die Sprache als *performance,* bei der der Körper wieder zu sich selbst kommt. Sie hat in diesem Sinne ein Theater entwickelt, das sie ›Gaumentheater‹

nennt, in dem die Autorin selbst hinter einer Miniaturbühne ihre Stükke ›mit dem Mund‹ aufführt, d.h. versucht, das oralische Vergnügen der
Materialisierung durch Sprechen eines Textes zu verbreiten und damit
Sensualität, d.h. orales Vergnügen, auf die Bühne bringen. Durch diese
Oralität verwandelt sich Schillers *Moralität*, d.h. seine Schulmeisterei
(die das ›Sentimentalische‹, d.h. das Transzendentale zum Ziel setzt) in
eine sinnliche Mission, die den Menschen in seiner leiblichen Existenz
regenerieren will. Eine Umkehrung von Freuds ›Ich‹ zum ›Id‹. Hier
wird durch Repräsentation das Wort zu Fleisch. Bei dieser Sprache
kommt der Körper zu seinem Recht. Das Vergnügen am Spiel mit
Worten und wildblühenden Assoziationen ist ein befreiender Akt. Es
überrascht nicht, daß Morgensterns ›Wiesel inmitten Bachgeriesel‹ oft
in den Stücken zitiert wird, offensichtlich ›um des Reimes willen‹.
(Morgenstern, 69) Nur Ernst Jandl dekonstruiert Sprache auf gleichsam
freudig-zerstörerische Weise in seinen Gedichten.

Steinwachs' Bekanntschaft mit den Werken der Surrealisten beeinflußte ihr Theater. Ihr Interesse dafür resultierte in einer Studie mit dem
Titel *Mythologie des Surrealismus oder Die Rückverwandlung von Kunst in
Natur.* Unsere Kultur wird dabei von ihr als gesellschaftliches Konstrukt
erkannt, und mit ihrem Werk weist sie auf den wirklichen, politischen
Kontext dieser Konstruktion hin. Auf post-Lacansche Weise könnte
man es so bezeichnen: Steinwachs versucht, die fließenden Signifikanten an die ignorierten Erfahrungen von Frauen zu heften. Zu diesem
Zwecke konstruiert sie ein Theater, in dem diese Signifikanten verkörpert werden. Auf diese Weise wird die Sprache des Patriarchats – und
wir haben keine andere – durch seine eigenen Werkzeuge unterwan-
dert. Das Verschmelzen von Polaritäten ist fast immer Steinwachs' Anliegen, wie z.B. in ihrem Stück *Erzherzog-Herzherzog.* Ihr eigener
Name ›Stein-wachs‹ thematisiert die zusammengehörigen Gegensätze
des Subjektes, die sie vereinigen will. Dieser Versuch ist die Basis eines
Theaters, das Optimismus im Sinne eines »kosmischen Stroms der Liebe« evoziert. Allen ihren Gestalten, so behauptet sie, »gelingt eigentlich
die Liebe immer nur momentan, aber die Glaube an die Liebe verläßt
sie nicht, es ist eine Art Suche nach dem Gral«. (Steinwachs, *Fürs Theater
schreiben*, 119) Steinwachs benutzt historische Gestalten, um durch ihren Text das Fiktionale der Geschichte an sich aufzuzeigen, der dann
über die Darstellung im Theater eine Wirklichkeit erlangt. In einer
kürzlich in den USA erschienenen Studie, die erst nach Beendigung
dieses Kapitels bekannt wurde, beschreibt Katrin Sieg Steinwachs' Bedeutung für die Sprache so:

Anstatt die Sprache zu entleeren und sie als das zu markieren, was Frauen ausschließt, schreibt sich Steinwachs selbst in die Welt-als-Text ein, und verwandelt sie durch diesen Prozeß. Sie dringt in die Domäne des Vaters ein, ahmt die Stimmen großer Männer der Kunst und Wissenschaft nach und verwandelt das Originalzitat in ein poppiges Originkalzitat.

(Sieg, 187, Übersetzung von H. Kraft)

Postmoderner Surrealismus
Ginka Steinwachs' *George Sand,*
Elfriede Jelineks *Krankheit oder Moderne Frauen,*
Gertrud Leuteneggers *Lebewohl, Gute Reise*

Drei Stücke sollen etwas ausführlicher in ihrer Reichhaltigkeit der innovativen Stilkunst als Beispiele für neue Formen im Drama von Frauen beleuchtet werden. *George Sand. Eine Frau in Bewegung, die Frau von Stand* (1980) von Ginka Steinwachs, *Krankheit oder Moderne Frauen* (1984) von Elfriede Jelinek und *Lebewohl, Gute Reise* (1980) von Gertrud Leutenegger.

Wie viele Stücke von Dramatikerinnen der 80er Jahre verwenden sie eine besondere Art von Intertextualität, die typisch ist für postmoderne Strukturen. Sie verleiben ihren Stücken Fragmente früherer Texte, Kunstwerke und semiotische Phänomene ein, die auch durch die bildnerischen Künste beeinflußt sind. Obgleich es Rückverweisungen in der Literatur schon immer gab, handelt es sich hier um eine Wiederholung in verfremdeter Konfigeration, wodurch ideologisch verfestigte Praktiken erhellt und dekonstruiert werden.

Während die Kunst in die Ära der Moderne einging, begannen die verfestigten Werte zu fluktuieren. Die möglichen Formen der dramatischen Kunst erweiterten sich, und surrealistische Einflüsse etablierten sich. Malerinnen und bildende Künstlerinnen lieferten Vorbilder für einen kritischen künstlerischen Ausdruck aus weiblicher Perspektive. Im surrealistischen Umkreis waren sie schon von den zwanziger Jahren an oft nicht von den Theorien ihrer männlichen Kollegen, die die Geschlechterdifferenz für sich ausnutzten, beeindruckt. Auch frohlockten sie nicht über Freuds Schriften in bezug auf Sexualität wie ihre männlichen Kollegen. Sie fühlten sich nicht angesprochen, und ihr eigenes, emanzipierteres Verständnis von weiblicher Sexualität fand wenig Unterstützung.

Die Männer des Surrealismus hatten von den Symbolisten des späten neunzehnten Jahrhunderts eine polarisierende Auffassung der Frau

141

geerbt, die sowohl eine kreative wie auch eine subversive Macht eines sogenannten ›Liebesinstinktes‹ umfaßte. Sie hatten wenig Interesse an den Resultaten natürlicher Fruchtbarkeit (Kinder gebären usw.), doch strebten sie nichts weniger an als – wie die amerikanische Kunsthistorikerin Chadwick bemerkt –»eine vollkommene Transformation menschlicher Werte (...) und die Befreiung des Bewußtseins von den Fesseln der Abendländischen Zivilisation.« (Chadwick, 13) Der Begriff ›Frau‹ gab in ihren Augen einem erotisch geladenen Universum Form und Definition. Sie steigerten sich in eine Faszination, die ihre eigene, aus ihrem Inneren quellende Kunst mit den mysteriösen Keimen der Natur – repräsentiert durch ›die Frau‹ – gleichsetzte. Durch diesen Kunstgriff bemächtigten sie sich dieser beneideten weiblichen Fruchtbarkeit. Ihr Begehren drückte sich in einer schlechthin zwanghaften Darstellung der ›reinen Kindfrau‹ aus. Dieses Bild dominiert in ihren Werken neben der gleichfalls wichtigen erotischen Muse. Jedoch weisen ihre Werke noch eine anderer Seite auf: die Furcht vor der Frau (z.B. Dalis *femme-phallique*). Ihr Wunsch, diese Furcht und damit die Verursacherinnen dieser Furcht zu bekämpfen, stellte sich in ihren oft sadistischen Manipulationen und Fragmentationen des weiblichen Körpers in ihren Gemälden dar.

Es gelang den männlichen Künstlern, durch diese Verarbeitung des weiblichen ›Anderen‹ auch im zwanzigsten Jahrhundert gewissermaßen die Schöpferkraft des Menschen wieder für sich zu reservieren. Sie wollten zwar auch das Irrationale vereinnahmen, das im kartesianischen Denken den Gegenpol der Vernunft darstellt und auch zum Schöpferischen gehörte, doch keineswegs wünschten sie, ihre rationale, vernunftbetonte Position aufzugeben. So kam es, daß ›die Frau‹ die männliche Vision vervollkommnete, indem sie in ihren Werken die irrationale Qualität absorbierte – wie es zum Beispiel in Bretons Roman *Nadja* (in der die weibliche Protagonistin als wahnsinnig dargestellt ist) praktiziert wird. (Chadwick, 35)

Es wundert nicht, daß die Darstellungen von Künstlerinnen im Surrealismus eine kritische Auseinandersetzung mit den Kunsttheorien ihrer Kollegen in bezug auf Gender beinhalten. Exemplarisch ist das Gemälde»Die Braut«, 1927 (Höch, 171), der Dadaistin Hannah Höch (1889 – 1978) zu nennen, eine Parodie der ›Kindfrau‹-Konstruktion (*femme-enfant*) – die für die Surrealisten eine ideale Weiblichkeit verkörpert. Sie deckt den dahinterliegenden Aspekt der Ausbeutung und des furchtgelenkten Wunschdenkens der männlichen Künstler auf, denn eine Kindfrau kann nicht gefährlich werden. Dieser frühe Versuch einer dekonstruktiven Visualisierung, von denen es viele gibt (z.B. Dorothea

Abb. 10: Hanna Höch, *Die Braut* (1927)
Öl auf Leinwand, 114 x 66 cm, Berlinische Galerie, Berlin – Das Gemälde der
Dadaistin Höch visualisiert eine Sicht der Frau, die schon zum postmodernen
Projekt gehört. Es ist eine Satire auf ein Hauptmotiv der Surrealisten: die
Kindfrau. Auch Dramatikerinnen der neuen Zeit, wie z.B. Jelinek (in *Clara S.*
und *Burgtheater*), dekonstruieren den Anspruch des patriarchalischen Mannes
auf die ›ungefährliche‹ Frau, die der Angstvision der *femme fatale* gegenüber-
steht.

Tanning, *Maternity*, 1946; *The Guest Room* 1950-52, in: *Chadwick*, 133 and 222), stellt eine Verbindung zur Postmoderne her. Die Moderne, zu der die surrealistische Bewegung gehört, erblickte noch eine Welt, die geheilt bzw. repariert werden sollte – aber nur für den Mann. In der Postmoderne ist diese Welt durch eine ersetzt, bei der es nicht um Wiederherstellung geht und wo auch Frauen zu Wort kommen. Der Feminismus wurde in seinem Nachdruck auf Differenz, Anderssein, als wichtiges Element der Postmoderne identifiziert. Er verweigert die Totalisierung eines patriarchalen Metadiskurses, besonders in der Kritik von Machtstrukturen, die in den kulturellen Darstellungen enthalten sind. Doch auch hier wurden weiterhin Versuche sichtbar, die neuen Stimmen von Frauen zurückzudrängen. Seit Mitte der achtziger Jahre werden Feministinnen herausgefordert, sich mit einem sogenannten Diskurs des ›Post-Feminismus‹ auseinanderzusetzen, der sie mit ihren Versuchen, am wissenschaftlichen postmodernen Diskurs teilzunehmen, weiterhin an den Rand drängt. Vertreter des ›Neuen Historizismus‹, die die anfänglich von den Feministinnen vertretene Ablehnung einer universellen Theorie epigonenhaft selbst auf ihr eigenes Panier schreiben, beschuldigen die feministische Forschung, eher Ideologie als Wissenschaft zu betreiben und marginalisieren dadurch ihre Kunst und Kritik bis heute. Der Vorwurf von Kritikern, Feminismus sei ein politischer Anker, der auf einer politisch korrekten Ideologie beruhe, schadet der Glaubwürdigkeit und Wertschätzung von Beiträgen der Frauen zum kulturellen und wissenschaftlichen Diskurs. Der Versuch, den Feminismus zusammen mit dem Marxismus und Freudianismus auf den kulturellen Abfallhaufen zu werfen, fand in den achtziger Jahren lautstarke Vertreter. So zeichnete sich ein Großteil der postmodernen Theorie (wie z.b. Owens bemerkt) durch eine Abwesenheit der Frage nach Implikationen der Geschlechterunterschiede aus. Die pessimistischen Meinungen (z.B. der Feministin Alice Jardine) dieser Dekade, wonach der Feminismus seine Stimme in der postmodernen Debatte verlieren und nur im Sprachlichen gewissermaßen als unterdrückter, manipulierter Bruch der Postmoderne fungieren sollte, haben sich nicht verwirklicht. Obgleich das Reizwort ›Post-feminismus‹ bzw. der verallgemeinernde alternative Terminus ›Gender Studies‹ (Geschlechterforschung) für feministische Studien in den neunziger Jahren Diskussionsbasis sind, setzen sich jedoch weiterhin feministische Theorien durch.

Gegen diesen gegenwärtigen ambivalenten Diskurs in der literarischen Rezeption sollen die drei Stücke von deutschen, österreichischen und Schweizer Dramatikerinnen diskutiert werden. Ihre nicht-aristotelischen, nicht brechtisch-episch orientierten Dramen sind exemplarisch für eine radikale Dekonstruktion, die eine nicht hinterfragte, traditionelle, patriarchalische Auffassung von Gesellschaft und den Anteil der Frau daran im Blickpunkt hat. Sie dekonstruieren gleichzeitig die Form des Dramas, wobei die surrealistische Intertextualität die Form eines ›anderen‹ Theaters bestimmt.

Ginka Steinwachs' *George Sand*.
Eine Frau in Bewegung, die Frau von Stand

Dieses Stück ist eine üppige postmoderne Symphonie von Bildern, Bewegungen, Klängen und Worten. Das Drama besteht aus historischen Fragmenten, Zitaten, Anspielungen, Klischees, mit denen Steinwachs auf nichtlineare Weise die Essenz der Lebenserfahrungen der französischen Schriftstellerin Aurore Countess Dudevant, 1804-1876 (Pseudonym: George Sand), inszeniert. Die Gegensätzlichkeit des Titels ›eine Frau von Bewegung, die Frau von Stand‹, wird in allen Bedeutungsschattierungen für die gesellschaftliche und physische Existenz dieser berühmten Schriftstellerin aus dem 19. Jahrhundert vorgeführt. ›Die Frau von Stand‹ deutet auf Sands Herkunft aus dem Adel, aber auch auf ihre Standhaftigkeit und Charakterfestigkeit als unabhängige Frau, die Beruf, Sexualität und Interessen selbst bestimmt und mit der sie ihre selbst konzipierten Projekte verfolgt. (*Sand*, 157) ›Eine Frau in Bewegung‹ verweist einerseits auf die vielen Reisen und verschiedenen Orte, in denen sich die Protagonistin aufhält (in einer Szene befindet sie sich z.B. in Paris, in anderen Szenen in Spanien bzw. Italien), andererseits auf Dynamik einer Person, die sich von den festgefahrenen Formen ihres Standes und ihrer Bestimmung als Mutter und Frau loslöst. Bewegung spiegelt auch ihren aktiven Beitrag zur 48er Revolution. Stand und Bewegung verschmelzen in ihrer ganzen Identität, und so erscheint Sand in Männerkleidung auf dem Pferd, läßt sich von ihrem Mann scheiden, verläßt den adligen Stand, nimmt einen Männernamen als Pseudonym, hat weibliche wie männliche Liebhaber und ernährt sich durch ihre eigene Arbeit, das Verfassen von Romanen. Gleichzeitig zeigt Steinwachs aber auch, wie Sand von der Umwelt wieder festgelegt wird. So vollendet z.B. in der Schlußszene ihr letzter Liebhaber, Alexander Manceau, eine überdimensionale Skulptur der Dichterin, aber gleichzeitig wird – sichtbar auf der Bühne – ihr realer Tod dargestellt. Während die Skulptur eine oberflächliche Form im

Abb. 11: Ginka Steinwachs (*1942)
Die Autorin will das Theater als ›moralische Anstalt‹ in eine ›oralische Anstalt‹ umwandeln, wo die Sinnlichkeit der Sprache und des Körpers zum Tragen kommt. Als *Performance Artist* führt sie selbst of Szenen ihrer Stücke vor, die besonders in ihrer Intertextualität zur Postmoderne gehören. Das surrealistische ›Finden‹ setzt sie mit ›Erfinden‹ gleich, doch das kaleidoskopische Mosaik jeder ihrer Stücke zeigt ihre eigene, unverwechselbare Signatur.

Raum erhält, mit der sie auch in die Geschichtsschreibung eingegangen ist, bewahrt das Theaterstück ihr dynamisches inneres und äußeres Leben in der *Zeit.* Ginka Steinwachs präsentiert in ihrem Stück sowohl die vitalen, fließenden Lebensenergien einer Frau außerhalb der ihr zugewiesenen Rolle wie auch ihre monumentale, aber tote Imago, zu der sie vom patriarchalischen Standpunkt aus ›gemeißelt‹ wurde. Stand und Bewegung, Raum und Zeit kreuzen sich in diesem Vorgang auf der Bühne.

Wie schon die Surrealisten ist auch Steinwachs von einer neuen Auffassung von Zeit und Raum fasziniert, doch mit einem Unterschied. Die im Surrealismus ausgedrückte männliche Furcht vor dem Raum wurde z.b. durch die berühmten schlappen Chronometer von Salvatore Dali repräsentiert, die in einer künstlichen Landschaft dahinschmelzen und den Verlust der Macht über die Vermessung des Raumes andeuten. Indem die Autorin die Örtlichkeiten auf traumhafte Weise verschiebt – was in ihrer Komik und nüchternen Absurdität an Kafkas späte Fabeln erinnert – erforscht sie einen Innenraum, einen Raum der von einer neuen Vision beherrscht wird und von einer Sprache, die mit der Zeit abrechnet. Diese Sprache entledigt sich sequentieller Vorschriften. Da die Sprache ›des Vaters‹ im Lacanschen Sinne (d.h. die Sprache des Patriarchats) linear in der Zeit verläuft und kausale Vernunft produziert, kann man sie unterlaufen, indem diese Linearität verworfen wird. Hier findet Steinwachs einen neuen Raum, in dem das heimatlose Begehren der Frauen situiert werden kann. Steinwachs ist die erste, die eine Kreuzung dieser beiden Konzepte auf die Buhne bringt: Stand und Bewegung, Raum und Zeit. Ihre Arbeitsweise erinnert an philosophische Überlegungen der französischen Feministinnen zum Intervall von Zeit und Raum, und genau der Intervall ist z.b. für Irigaray der Ort des weiblichen Begehrens.

Für die männlichen Surrealisten war es notwendig, das Subjekt als oberste Instanz einzusetzen, womit sie die Notwendigkeit schufen, sich das ›andere‹, das ›Objekt‹ zu unterwerfen bzw. einzuverleiben. Irigaray hat die Objektposition der Frau in der modernen Gesellschaft auf die patriarchalische Aneignung, d.h. Besitzergreifung, der *Zeit* zurückgeführt. Zeit als Funktion des Messens hat die Herrschaft über den Raum übernommen. Während Raum das Sichtbare, Materielle beinhaltet, bringt Zeit als Abstraktum dieses Materielle in eine gewünschte Ordnung. Der ›vermessene‹ Raum ist seit eh und je mit ›Frau‹ identifiziert worden. Obgleich z.B. Dalis schlaffe Chronometer in einer schier versteinerten surrealistischen Landschaft nichts Gutes für die patriarchalische Zukunft versprechen, dominiert noch immer das männliche Begehren in unserer Kultur. Dem weiblichen Begehren, das keine Sprache hatte, mangelte der Ausdruck; erst jetzt beginnt sich der Mangel selbst zu artikulieren. Die drei Dramatikerinnen versuchen, einige Aspekte des weiblichen Begehrens oder Mangels auf der Bühne zu inszenieren und somit in das kulturelle Bewußtsein einzubringen.

In Steinwachs' postmodernem Stück gibt es kein absolutes Subjekt, und es gibt auch kein gesellschaftlich konstruiertes Objekt. Als Dramenfigur überbrückt George Sand (die im Stück auch Hermaphrodite genannt wird) die Subjekt/Objekt-Trennung auf Geschlechterbasis und vereinigt in sich das Intervall zwischen Zeit und Raum auch rein körperlich: schon in der ersten Szene erscheint sie als eine monumentale Figur, die mit gespreizten Beinen über einem Abgrund, je mit einem Bein auf einem Berg, steht. Eine Imago greift in die andere über; z.b. drückt sich auch im Namen der Protagonistin dieser Abgrund aus. Sie schreibt ihren Künstlernamen G(e)orge, was auf die *gorge* hinweist und bezeichnet ihre Haltung:»RECHTS: DAS EWIG-WEIBLICH-GESTRIGE DES EIGENEN GESCHLECHTS. LINKS: DAS NOVULUM DES HALSBRECHERISCH-GEWAGTEN« (*Sand*, 31). Es ist ein riskanter Akt der Balance des Außen/Innenraumes, der Eigen- und Fremdbestimmtheit, der in dynamischer Beziehung zum Wechsel der Zeit steht. Ihr Begehren als Künstlerin drückt sie aus, indem sie behauptet:»Kunst kommt nicht von Können, sondern von Müssen.« (Sand, 56) Schließlich hat uns Steinwachs in die Mitte des 19. Jahrhunderts transportiert, und einer Frau waren damals solche Begehren nicht erlaubt. Doch der Geburtsname von George Sand ist Aurora, eine Tatsache, die Steinwachs benutzt, um das Kommende für die Frau anzudeuten, die Morgenröte. Ihre Leistung ist es, vom ›Spielbein‹ zum ›Standbein‹ wechseln zu können, wie es die gigantische Figur auf der Bühne praktiziert. Steinwachs visualisiert somit ein Fluktuieren zwischen der gesellschaftlichen Existenz der Protagonistin als Baronin und Ehefrau sowie ihrem eigenen Begehren. Durch ihre innovative Sprache übt Steinwachs die neu gefundene Darstellungsmöglichkeit des Zeit/Raum-Intervalls. Sands Beispiel ist von Steinwachs jedoch nicht als Rezept vorgeschrieben, sondern nur eine Möglichkeit, wie weibliches Begehren den Mangel überwinden kann.

Es erscheint eine George Sand, die sich nicht auf gesellschaftliche Begriffe der Geschlechterdifferenz fixieren läßt; sie trägt Frauenkleidung oder Männerkleidung; sie hat männliche oder weibliche Liebhaber. Sie ist Künstlerin, und sie ist Mutter. Sie ist zweifellos nicht der ätherische Zwitter, als den surrealistischer Maler emanzipierte Frauen so oft portraitierten. In ihrer Psyche hat Sand völlig die Möglichkeiten der Frau und des Mannes integriert. Die Polaritäten des Zeitkontinuums, auf das patriarchalisches Denken aufgebaut ist, sind hier zerstört und damit auch die Geschlechterdifferenzen. Nicht ein existentielles Entweder-Oder des Verlustes sondern ein Sowohl-Als auch der Fülle markieren Sands Leben sowie ihre Darstellungen auf der Bühne.

Von den drei Schriftstellerinnen hat sich Ginka Steinwachs – wie oben ausgeführt – am intensivsten mit der surrealistischen Bewegung auseinandergesetzt. In einem Interview gab sie zu, ihr Stück sei

(...)durchweg geschrieben in einer Sprache, die ein wenig abgelauscht ist dem (...) manischen Dialekt von bestimmten Geisteskranken, wie er sich besonders in Simulationsversuchen von André Breton und Paul Eluard zeigt (*Fürs Theater Schreiben*, 109).

Das fragmentarische Prinzip ihres Bühnengeschehens, gibt sie zu, »(...) hat auch sehr viel mit dem surrealistischen Begriff der ›trouvaille‹ zu tun«. (*Fürs Theater Schreiben*,108) Aber während die Surrealisten behaupten, ›wir erfinden nichts, wir finden‹, erweitert sie dieses Paradox und stellt ›finden‹ mit ›Erfindung‹ gleich, ein postmoderner Schritt, weg von ihren patriarchalen Modellen und hin zur Intertextualität. Das wild assoziative Spiel mit Worten ist eine Art surrealistischer ›ecriture automatique‹, jedoch ist es ein höchst intellektuelles Spiel – eine sehr gelehrte Autorin schöpft aus einer reichen Wissensquelle. Vieles ist aus Zitaten aus dem 19. und 20. Jahrhundert zusammengesetzt. Weniger kaustisch als Jelinek spielt sie in freudigem Übermut und dem Glücksgefühl der Entdeckerlust ein täuschendes Kinderspiel mit der Duplizität der Worte und Ausdrücke. Sie fügt freizügig Alliterationen und Assonanzen mit Zungengenuß dazu, baut neue Wortkreationen, folgt Assoziationen manchmal bloß witzigen Reimes wegen. So wird die Bedeutung der großen Worte und Sprüche, die sie in ›der Sprache des Vater‹ findet, von alten Intentionen entfremdet. Sie borgt überall und zitiert wahllos in oft schwer zu lesenden Großbuchstaben. Diese Verhöhnung der traditionellen Praktiken demaskiert auf skrupellose Weise die inneren Zusammenhänge jeder Gesellschaftsschicht, mit der George Sand in Kontakt kam. Oft liegt das Vergnügen an Worten allein in ihrer Musikalität. Die Idee, dieses Drama als Oper vorzuführen, ist ein Schritt, den die Autorin gerne verwirklichen würde.

Die Tiefendimension der Anspielungen werden sicher nur von Zuschauern verstanden, die mit französischer Kultur oder Literatur vertraut sind, doch das Vergnügen an den übermütig-heiteren Handlungen, tolldreisten Bildern und lustigen Sprachfiguren wiegt dies für den Rest des Publikums auf. Bei Steinwachs verwandelt sich Sprache oft in

Bilder; sie springen auf die Bühne und dekonstruieren festgefahrene Bedeutungen, Begriffe, Redensarten und Sprichwörter mit verheerender Wirkung. Menschen erscheinen in ihrer Klischee-Form und verdichten sich zu surrealistischen Bildern: ›Salonlöwen‹ (*Sand*, 64) sind als richtige Löwen präsentiert. ›Die Lokomotive der französischen Literatur‹ (*Sand*, 41) ist eine richtige Lokomotive, die auf die Bühne rollt und von Flaubert gelenkt sowie von Balzac eingeheizt wird. Die verderbliche Treibhausatmosphäre der Verlagshäuser wird durch ein Krokodil in der Badewanne visualisiert, wobei das Krokodil gleichzeitig der Verleger ist (*Sand*, 91ff), dessen kaltes Blut und Gefährlichkeit als Geschäftsmann augenscheinlich wird.

Hier ist ein reichhaltiges Unterhaltungsbuffet geboten, auf dem jede/r etwas nach eigenem Geschmack findet. Es wird bald klar, daß diese Pluralität gegen ein homogenes Weltbild gerichtet ist. Die Bilder, Aktionen und die sprachliche Akrobatik ohne Hinweischarakter sind oft nicht weit vom Slapstick entfernt. Das an sich Spielerische ist hier gewissermaßen das Subversive, und die gebrochenen Tabus einer rationalen Handlungsentwicklung weisen auf andere Identätsmöglichkeiten hin. In ihrem Drama *Erzherzog-Herzherzog* erhält z.b. auch das Publikum in dem Stück eine tragende Rolle und wird aus der traditionellen Passivität herausgehoben.

Elfriede Jelineks *Krankheit oder Moderne Frauen*

Weit kritischer ist Elfriede Jelineks Stück *Krankheit oder Moderne Frauen* (1984). Während Steinwachs eine historische Figur wieder neu zusammensetzt oder – noch genauer – sie neu erschafft, borgt Jelinek Figuren als konnotative Signifikanten. Sie wählt z.b. Emily Brontë und sie spekuliert mit den Assoziationen, die Leser oder Zuschauer haben, wenn sie diesen Namen hören. Die Figur erweckt die Vergangenheit nicht neu – wie bei Steinwachs – sondern Jelinek spielt mit Intertexualität, um Gegenwärtiges zu erhellen. Die historische Figur der englischen Schriftstellerin (1818-1848) verwandelt sich bei ihr in einen Vampir, der umgeht und Pflöcke in Herzen von Menschen schlägt, Blut saugt und sich auch sonst kannibalistisch aufführt. Pausenlos verschwindet und erscheint sie wieder und demonstriert damit die Tatsache, daß Frauen in dieser Kultur einerseits da sind und gleichzeitig nicht existieren: sie sind lebende Tote oder Untote. Jelinek ist in der Tat eine Autorin, die auf diese Weise ›Mangel‹ präsentiert, wie er von Lacan oder Irigaray aufgefaßt wird. Als Krankenschwester, Assistentin und Verlobte

Abb. 12: Szenenbild aus Elfriede Jelineks Stück *Raststätte*
Inszenierung von Frank Castorf, Hamburg 1995 – Das Szenenbild aus Jelineks
neuestem Stück zeigt sie selbst als gigantische Bühnenattrappe. Diese reflektiert die Provokation, die von ihrer Person und ihren Werken ausgeht. Jahrelang wurde die ›Nestbeschmutzerin‹ in Österreich nicht gespielt. Jelinek
bringt keine Menschen auf die Bühne, sondern ihre Figuren sind Elemente
einer Radikaldekonstruktion gesellschaftlicher Mißstände durch die Sprache
(etwa ›die Frau in der Gesellschaft‹ in *Krankheit oder Moderne Frauen;* ›Faschismus‹ in *Burgtheater;* Kunst in *Clara S.*).

dient Brontë einem Dr. Heidkliff, der auf forsch-groteske Weise eine zahnärztliche Praxis mit einer gynäkologischen verbindet. Offensichtlich ist Dr. Heidkliff ein intertextueller Hinweis auf Heathcliff, den finsteren und zerstörerischen Helden in Emily Brontës romantischem Roman *Wuthering Heights (Sturmhöhe)*. Dieser, im Originalroman mysteriöse, schicksalsträchtige und frauenfeindliche Liebhaber (der schließlich von einer Untoten, der Romanfigur Catherine, geholt wird) wurde aus seinem eigenen literarischen Kontext entfernt und damit entromantisiert. Auf Jelineks Bühne schadet er Frauen als Mann und als Arzt, denn er vollzieht das vom medizinischen Diskurs für sie institutionalisierte Schicksal: er kategorisiert und behandelt sie als Kranke. Er dringt in die oberen und unteren Regionen ihres Körpers ein, in Mund und Leib, das heißt bei Jelinek, er beherrscht und bestimmt ihre Sprache und Gebärfähigkeit. Jelinek verleiht durch diese Intertextualität unausgesprochenen gesellschaftlichen Vorgängen durch Sprache eine theatralische Körperlichkeit.

Intertextualität ist in diesem Drama überall verborgen bzw. offensichtlich. Jelinek borgt Slapstick-Sequenzen von der Pop-Kultur und Gruselelemente von Horror-Filmen. Jelinek verulkt und dekonstruiert Surrealismus als Kunstrichtung, wie es schon die Frauen der surrealistischen Bewegung begannen. Sie bedient sich der langen Traditionen von Vampir-Filmen und fügt eine Dimension hinzu, die nur in wenigen Filmen vorkommt: hier sind die Hauptvampire Frauen. Sogar der Tod von Carmilla, der Patientin, an der Dr. Heidkliff während der Geburt ihres sechsten Kindes gepfuscht hatte, ist als Karikatur dargestellt. Sie ist tot und lebt: Der gute Doktor sagt lakonisch: »Als Person ist sie tot.« (Jelinek, 215) Sie lebt weiter als Untote in einer lesbischen Beziehung mit Emily Brontë. In dem Zwischenreich der Untoten gibt es nur noch Frauen. Natürlich hat auch Carmilla einen intertextuellen Hintergrund. Die Figur wurde geborgt von dem Schriftsteller Sheridan le Fanu und seinem Vampir-Roman *Carmilla*, eine Geschichte, die schon damals (im 19. Jahrhundert) mit lesbischen Untertönen behaftet war. Jelinek hat das Signifikat ›lesbische Vampirin‹ übernommen, doch die Figur als Hausfrau abgewandelt.

Keine der intertextuellen Figuren hat Subjektcharakter. Nachdem die Untoten Emily und Carmilla sich zusammengeschlossen haben, wächst ihre Macht, d.h. die Macht der ›untoten Frauen‹. Sie bringen den Dentisten dazu, ihnen bewegliche Vampirzähne zu implantieren. Jelinek gelingt es hier, ein Bild eines phallischen Ersatzes für Frauen vor Augen zu führen, das nicht seinesgleichen hat. Durch diese Szene wird gewissermaßen eine künstliche *vagina dentata* geschaffen, durch die das

Sprachzentrum der Frauen, der Mund, zu einer machtvollen Region verändert wird. Jelinek drückt damit aus, daß die feministische Sprache beißend wird und die männlichen Ängste vor dem weiblichen Anderen schürt. Die beiden Frauenfiguren sind sorgfältig ausgewählt. Sie komplementieren einander, da ihre Existenz aufgrund ihrer Weiblichkeit zum Tod führte: Carmilla wurde wegen ihres biologisch bedingten Schicksals als Gebärmaschine getötet (sie stirbt während der Geburt ihres sechsten Kindes durch Dr. Heidcliffs Eingriff); Emily – die tote Schriftstellerin – lebte auch während ihrer historisch verbürgten Lebenszeit nicht durch ihren Körper, sondern geistig in der Welt ihrer schriftstellerischen Kreationen, d.h. sie war schon im Leben eine Tote.

Jelinek beschäftigt sich mit ihrer ›Nichtexistenz‹: Während Emily ihre eigene Identität so ausdrückt: »Ich denke, daher bin ich; ich trinke Blut(...)« (Jelinek, 207), behauptet Carmille: »Ich bin krank, daher bin ich.« (Jelinek, 232) Emily nimmt für sich den kartesianischen Existenzbeweis in Anspruch, wie er in der Männerwelt üblich war. Jedoch durch das kannibalistische Begehren nach Menschenblut enthüllt sie die Konsequenzen eines solchen Denkens. Carmillas kartesische Variante hingegen ist ganz auf die patriarchalische Weiblichkeit zugeschnitten, wie auch auf den Titel des Stücks, *Krankheit oder moderne Frauen*. Auf die Frage, »wo war das Geschlecht, bevor man darüber gesprochen hat?« wird vom Vertreter des Patriarchats, Dr. Heidkliff, einfach geantwortet: »Die Klinik ist geboren, und das Geschlecht ist dann auch irgendwann einmal geboren.« (Jelinek, 241) Die Fragestellung des Stükkes bezieht sich auf die unterschiedlichen Geschlechteridentitäten, d.h. die gesellschaftlich eingeübten Geschlechtermerkmale, die für die Frau Krankheit bedeutet. Frau und Krankheit sind demnach Synonyme. Jelinek befaßt sich indirekt mit der Proliferation von Frauenärzten, Frauenkliniken, Frauengesundheitszentren, Geburtskliniken ohne Hebammen, die in diesem Jahrhundert in steigendem Maße dazu beigetragen haben, daß die körperlichen und geistigen Funktionen der Frau pathologisiert wurden. Die Tendenz eines wachsenden Marktes, der Totaloperationen propagiert, der die weiblichen Geschlechtermerkmale durch Silikon dem männlichen Schönheitsideal anpaßt und die Anwesenheit von zumeist männlichen Ärzten bei der Geburt vorschreibt, wird durch Jelineks übertriebene Darstellung als grotesker Auswuchs unserer Gesellschaft angeprangert.

Eine dumpfe, surrealistische Stimmung mischt sich mit Pop-Art in der Szenenausstattung. Auf der einen Seite der Bühne plaziert Jelinek Dr. Heidkliffs Hi-tech-gyno-dentalen Operationsstuhl in einer aseptisch sauberen, klinischen Umgebung, während auf der anderen Seite der Bühne eine trostlose Brontësche Heidelandschaft verläuft, die sich laut der Bühnenanweisungen in zunehmendem Maße mit Müll und Kriegsgerümpel füllt. In jeder weiteren Szene türmen sich diese Abfälle der Kultur höher. Man denkt dabei an Walter Benjamins Engel der Geschichte, der, diesen Müllhalden zugewendet, von einem starken Wind in die ungesehene Zukunft geweht wird.

Jelinek hat eine einmalige Art und Weise entwickelt, die Sprache zu manipulieren und das Publikum mit beißenden Nebenbedeutungen zu verstören. Die kühle Slapstick-Atmosphäre enthält witze Anspielungen, die durch präzise Bühnenanweisungen verstärkt werden: Menschen schlagen aufeinander ein wie in Filmen von Dick und Doof. Kommunikation zwischen den Menschen findet überhaupt nicht statt. Zum Beispiel verläuft eine sogenannte Unterhaltung zwischen dem Ehemann Benno Hundekuchen und seiner Frau Carmilla so: »Sie: Ich habe Angst. Er, darauf sage ich: Schön bist du nicht.« (Jelinek, 202) Die marionettenartigen Personen auf der Bühne bombardieren einander mit konkreten Dingen und abstrakten Klischees. Wort und Handlung gehen ineinander über und haben auswechselbare semiotische Bedeutung. Die männlichen Figuren verkehren immer banaler und unzusammenhängender miteinander, wobei sich die männliche Diskursivität in ihrer Banalität besonders durch affektierte Ausdrücke der ›hohen Sprache‹ und Prinzipienreiterei offenbart. Hier wird Sprache zu surrealen, filmartigen Bildern, die das ›Gesetz des Vaters‹ als ein leeres Gebilde erscheinen lassen. Die leere Pose der Männer verrät sich durch ihr destruktives, unsinniges Geplapper. Jelinek setzt geschickt parodistische Mimikry ein. Die ›heeren‹ Aussprüche der Männer entlarven ihre festgefahrene Fremdbestimmung innerhalb des Symbolischen der Sprache des Vaters, wie sie Lacan definiert. Die auf abstrakten Prinzipien aufgebaute männliche Begriffswelt wird zum Beispiel von Heidcliff in folgendem Satz, der ohne Zusammenhang gesprochen wird, definiert: »An der Wirklichkeit zerbricht die Gedankenwelt noch lang nicht.« (Jelinek, 261) Tiefe, philosophische Bekenntnisse und Verkündigungen werden gleich als Gemeinplätze erkennbar. So sprüht Heidkliff hegelisch absurd hervor: »Wir sind dem Weltgeist nahe.« (Jelinek, 255) Das ist eine Überschätzung, die das Absurde solch einer Philosophie erkennen läßt wie auch die Kurzlebigkeit sogenannter universeller Wahrheiten.

Die Frauen parodieren ebenfalls ihre patriarchalisch bestimmte Identität: Carmilla redet pausenlos vom guten Saubermachen und Kochen. Doch in einer schlafwandlerischen Weise drückt sie auch Einblicke in ihre wahre Situation – ihren Mangel – in der Gesellschaft aus. Sie sagt: »Ich bin restlos gar nichts« (Jelinek, 203), oder: »Ich bin nichts halbes und nichts ganzes. Ich bin dazwischen. Ich bin von liebenswürdiger Geringfügigkeit.« (Jelinek, 201) Die Personen sind nicht mimetische Darstellungen von Menschen, sondern verstärken – mit einigen Ausnahmen – durch ihr Sein die Politik der Sprache. Sie sprechen mit den Lippen der Autorin, die das ganze Sprachgebäude des Patriarchats durch parodistische Mimikry zerstückelt.

Auch die Szenenbilder bringen verdinglichte Stereotypen und enthüllen dadurch die Ausbeutung von Frauen. In kannibalistischem Wahnwitz reißen die Männer z.B. während der Geburt buchstäblich alles, was sie nur können, aus dem Körper der Frau heraus: das Kind, das Herz, die Därme, seltsame unidentifizierbare Objekte und sogar aufgeblasene Kinderspielzeuge. So versucht Jelinek, die Zuschauer zu überzeugen, daß »die Geschichte (...) in letzter Instanz auf dem Körper des Menschen« beruht (Jelinek, 232), ein Satz, den sie plausiblerweise Emily in den Mund legt. Die Geburtsszene voll schwarzen Humors, in der Carmilla stirbt, liefert ganz deutlich einen intertextuellen Bezug auf ein ganz und gar nicht witziges, sondern tragisch anmutendes Gemälde der surrealistischen Malerin Frida Kahlo (Titel: *Henry Ford Hospital*), das sie 1933 gemalt hat, und auf dem sie sich selbst auf einem Krankenhausbett darstellt. Sie blutet stark, und innere Körperteile, befestigt durch dünne, lange Adern, schweben hoch über ihrem Körper. Während bei Kahlo ganz stark das Leiden in den Vordergrund rückt, entzieht Jelinek ihrem Bild alle Emotionen, und es verbleibt eine surreale Karrikatur. Die ausgerissenen Körperteile sind aus Plastik und werden nach kurzem Gebrauch zum Spielen der Kinder auf der Bühne weggeworfen. Der Unterschied zwischen dem Werk der surrealistischen Malerin und Jelinek liegt darin, daß bei der letzteren der wirkliche Schmerz, den Kahlo vermittelt, entfernt wird, wie es bei Cartoons für Kinder der Fall ist, wo z.B. Tiere – wie der Disney-Hase – auf brutale Weise zu Tode kommen, aber gleich wieder auferstehen. So aufersteht auch Carmilla gleich wieder, diesmal, wie gesagt, als Vampir. Die Erlösung in christlich-religiöser Verballhornung geschieht durch Emily, die Carmillas Blut aussaugt, d.h. ihrer Anfälligkeit zur Menschenliebe ein Ende bereitet. Ein Distanzierungsprozeß hat stattgefunden. Keineswegs soll die patriarchalisch eintrainierte Gefühlswelt der Zuschauer durch Mitleid oder Furcht angeregt werden. Der tatsächliche Schmerz verfremdet sich hier in einen satirischen Protest, und die patriarchalische Welt wird in ihrem schreckenerregenden Wahnwitz durch Mimikry kenntlich gemacht.

Es verwundert nicht, daß die Frauen in dem Stück Blut und alles, was damit zusammenhängt, endlich einmal für sich selbst begehren: Herz, Liebe, das pulsierende Leben. Wiederum bringt Jelinek eine surrealistsche Metapher auf die Bühne: Männer sind nicht dazu geeignet, Blut, das die Frauen brauchen, zu spenden, denn – so stellen die Frauen fest – es fließt einfach kein Blut in deren Adern. Deshalb trinken die Vampire Blut aus Dosen, die sie aus kleinen Kühl-Nachtschränkchen neben ihren Sarg-Doppelbetten ziehen. Um ihren notwendigen Vorrat zu bekommen, trinken sie schließlich das Blut ihrer Kinder und schlachten sie dann später. Jelinek beschwört so das Bild einer modernen Lamia herauf. Diese böse Mutter der Mythologie ist verknüpft mit der Situation der Frau, die im Patriarchat keinen anderen Lebenszweck hat als ihre Kinder. Auch in ihrem Roman *Die Klavierspielerin* hat Jelinek in Erinnerung an ihre eigene Mutter-Tochter-Beziehung eine allverschlingende Lamia-Mutter-Figur des Patriarchats dargestellt.

Am Ende wird eine fette, riesige Doppelfigur aus Emily und Carmilla zusammengestückelt, die auf einem immensen Schrotthaufen sitzt, den Überbleibseln von Krieg und verschwendeten Naturprodukten. Dieses Monstrum macht Picknick mit den Körperteilen ihrer Kinder. Jelinek macht es uns nicht leicht, dieses Bild zu goutieren. Wird die moderne Frau, die ihren eigenen Platz in der Gesellschaft verlangt, zum Monstrum? Wird aus einer Hausfrau, die mit einer intellektuellen Frau zusammengenäht ist, eine radikale Feministin? Möglicherweise stellt Jelinek hier solch eine schreckenerregende neue Identität vor, denn radikale Feministinnen werden von Traditionalisten oft als solche dikken, abstoßenden, kinderhassenden Ungeheuer dargestellt. Körper und Geist dieser zwei Frauen sind mehr schlecht als recht zusammengestoppelt. Der Doppelvampir verkörpert einen mühseligen Versuch, ihre Krankheit zu heilen. Als Dr. Heidkliff und Benno Hundekuchen, Carmillas Ehemann, das unförmige Frauen-Ungeheuer bemerken, schießen sie es ohne zu zögern tot und saugen sein Blut aus. Sogar Feminismus, könnte man sagen, ernährt noch das Patriarchat. Jedoch die Artikulation der Männer verkümmert in dieser Szene der totalen Destruktion; sie bellen wie Hunde, aber sie überleben – oder werden sie zu Werwölfen? Als es für sie nicht mehr weitergehen kann, erinnern sie sich daran, daß sie eigentlich Schauspieler sind, und sie streben ängstlich danach, dieser zwielichtigen Kreuzung von Zeit und Raum auf der Bühne zu entkommen. Ihre letzten Worte sind »Jetzt Licht und ab! Jetzt«. (Jelinek, 265) Sehnen sie sich nach dem aufklärerischen Licht des Rationalismus, das ihnen so gut gedient hat?

Jelinek gelingt es, die weibliche Seite des postmodernen Diskurses zu stärken, indem sie auf der Bühne die innere Funktionalität der patriarchalischen Gesellschaft aufdeckt und damit den Schaden, der durch Ausgrenzungen und Festschreibungen verursacht wurde, aufzeigt. Kein goldenes Zeitalter wird betrauert und kein romantisches Utopia vorgestellt. Das ist Sache der Zuschauer.

Gertrud Leuteneggers *Lebewohl, Gute Reise*

Gertrud Leutenegger nimmt uns auf eine andere surrealistische Reise, die zeitliche Gegenwart und Vergangenheit mit einer inneren und äußeren Räumlichkeit verbindet. Mit ihrem Drama *Lebewohl, Gute Reise* (1980) gelingt ihr eine feministische Aufarbeitung der Gilgamesch-Sage, des sumerischen Urmythos aus dem Jahre 3000 v. Chr. Ihre Spra che unterscheidet sich wesentlich von der Steinwachs' und Jelineks. Sie klingt überhöht, ist zeitweise mystisch und lyrisch, obgleich wir auch plötzlichen Brüchen begegnen, zum Beispiel wenn Affen unsinnige Reden von sich geben, oder wenn der Schlager »Lebewohl, gute Reise« der deutschen Gesangsgruppe *Comedian Harmonists* gespielt wird. Nur wenn man weiß, daß dieser Schlager eine intertextuelle Andeutung ist und sich auf das zuletzt vorgetragene Lied dieser Gesangsgruppe bezieht, bevor Hitler ihre öffentlichen Aufführungen in Deutschland verbot, erhalten wir ein Gefühl von der Tiefendimension, die dieses postmoderne Pastiche bietet. Das ›Lebewohl‹ führte die *Comedian Harmonists* ins Exil, ins Verstummen, und auch Leuteneggers Reise hat kein besseres Ziel. Andere Beispiele von Intertextualität gibt es in Überfülle: Fetzen des Hohen Lieds von Salomon demonstrieren die Objektifizierung, die Verdinglichung des weiblichen Körpers und die Perversion der Liebe. Das Material der Gilgamesch-Sage ist mit modernem Jargon durchzogen. Eine feministische Orientierung zeigt sich in Leuteneggers Weglassen der hohen männlichen Götter und der Plazierung der Göttin Inanna an ihre Stelle. Die Rolle der Hure nahm im Urtext nur einen kleinen Teil ein, hier wird sie zur Hauptfigur.

Die Bilder, die Leutenegger auf der Bühne kreiert, sind ebenfalls zersplittert und anachronistisch. Gilgamesch, der König, fährt in einem modernen Auto, raucht Zigaretten, die Göttin trägt ein Kofferradio, aus dem das besagte Lied ertönt. Lieblingsbilder aus dem Surrealismus dringen von überall ein: Häuser aus Glas, zerbröckelnde Mauern, die mit Blut verschmiert sind und über die bedrohlich Ameisen à la Dali kriechen. Alle Figuren tragen Masken, die eine falsche Realität andeu-

Abb. 13: Gertrud Leutenegger (*1948)
Die Schweizer Autorin greift auf uralte Mythen zurück. Mit ihrem Drama
Lebewohl, Gute Reise verleiht sie dem Gilgamesch-Epos aus dem dritten Jahr-
tausend vor Christus neues Leben. Der Titel ist anachronistisch, da er auf ein
Lied der Comedian Harmonists anspielt. Das Stück erhält dadurch eine intertextuelle Tiefendimension, weil die Gruppe dieses Lied zum letzten Mal sang,
nachdem sie von Hitler verboten worden war. Leuteneggers ›anderes‹ Theater
zeigt, warum das weibliche Ich, das sie durch die Jahrtausende verfolgt, in
seinen Emanzipationsbestrebungen scheitert.

ten und gleichzeitig als Schild gegen den Schmerz dieser Realität dienen.

Die männlichen Surrealisten ließen Zeit – nach Dalis Muster – gewissermaßen mit Raum verschmelzen und versuchten so, ihn in ihr Subjekt einzubeziehen. Diese Funktion erfüllen auch die Reisen von Gilgamesch, dem Prototyp des patriarchalen Mannes. Er will die gegenwärtige, sichtbare Welt besiegen, aber auch die Vergangenheit, die Unterwelt und die Region des Ewigen Lebens. Er benutzt Vergewaltigung und Mord als Mittel zum Zweck. Jedoch, wie schon die Degeneration der Szenenbilder andeutet, die Welt verkümmert, wird öde und unfruchtbar. Hier verleiht Leutenegger der Szenerie eine ähnliche Bedeutung wie es Jelinek in *Krankheit* tut, obgleich sie dies durch entgegengesetzte Mittel erreicht. Anstatt daß sich die Welt mit menschlichem Abfall füllt, wird sie aller Fruchtbarkeit entleert und zur Wüste gemacht. Im postmodernen Sinne scheint damit die Welt in diesem Stück ihr inneres Wesen verloren zu haben. Und auch Leutenegger benutzt Jelineks vampirisches Bild der Blutleere »(...) Auch Blut wird es bald nicht mehr geben, da die Menschen austrocknen wie die verdorrte Erde (...) Soll dich das Blut blenden bis in den Tod (...) Das Taubenblut einer Hure, die auszog, die Liebe zu lernen und zum Haß gezwungen wurde (...).« (*Lebewohl*, 102)

Dies sind die Worte der Hure, einer Inkarnation der Hauptfigur, eines weiblichen ›Ichs‹, das im ganzen Stück gegenwärtig ist. Gewissermaßen als ›Untote‹, liegt sie zu Anfang im Sarg und trägt eine weiße Maske mit weit offenen, fragenden Augen. Diese Inszenierung hat intertextuellen Bezug zu einem Gemälde von Frida Kahlo, auf dem eine Doppelfigur abgebildet ist, die wie tot in einem Bett liegt, unten als schlafende Figur, oben in Skelettform (*The Dream*, 1940). Obgleich Leutenegger ab und zu eine ähnliche Trauerstimmung wie Kahlo kreiert, tut sie es jedoch in Brüchen. Das weibliche ›Ich‹ spricht, kann sich aber nicht bewegen, weil es glaubt, nur so die Welt, für die sie sich verantwortlich glaubt, mit ihren Armen beschützen zu können. Das Stück ist bevölkert mit Doppelgängerinnen des bewegungslosen Ichs, die für es die notwendige Bühnenhandlung ausführen: z.B. treten die schon erwähnte Hure (die Persona des Ich in der Zivilisation) und die Faunäffin im Brotbaum (ihre Persona als natürliches, biologisches Wesen) auf. Im ganzen Stück ist die Huren-Persona Werkzeug für Gilgameschs patriarchalische Machtergreifung. Leutenegger benutzt krass diese Bezeichnung ›Hure‹, womit sie die Rolle der Frauen im Patriarchat kennzeichnet, seien es Prostituierte, seien es Ehefrauen. Gilgamesch siegt über die tellurischen Mächte, weil die ›Hure‹ einwilligte, den Naturmenschen Enkidu durch Verführung zu bewegen, für Gilgamesch zu kämpfen. Als Gilgamesch auch die himmlischen Mächte überwältigen will, hilft ihm die Hure ebenfalls, und als er sogar schließlich Unsterblichkeit anstrebt, dient sie ihm als Muse, die ihm den Weg über den ›Ozean des Todes‹ weist. So wird sie selbst zur Mittäterin – sie, die doch unbeweglich im Sarg liegt, d.h. keine Identität hat – und wird als Marionette Teil der Brutalität, die den patriarchalischen Diskurs der Geschichte durchzieht. Sie betrauert ihre Unmöglichkeit, Liebe lernen zu können, und sie sagt, weil sie »zum Haß gezwungen wurde, so will ich dich [Gilgamesch] verfluchen, daß du mich gierig zur Macht erzogst, der Macht, dir die Geschichte zu entreißen, der Macht, dir deine falschen Siege zu vernichten, der Macht, dir deine tödlichen Errungenschaften (…) [zu] zerstören.« (*Lebewohl,* 102) Diese Macht nutzt sie aber nicht aus.

Jelineks Kannibalismus klingt in seinem Vernichtungsrausch auch in Leuteneggers Stück an. Hier sind es die Urwesen, die Affen, die Teile von Gilgameschs Körper verlangen. Die tierischen Elemente des Menschen wollen sich den Zivilisationstäter Gilgamesch wieder einverleiben und ihn damit ungeschehen machen. Das weibliche Ich in der Inkarnation als Faunäffin verlangt für sich lediglich seinen Mund: in anderen Worten, sie möchte die Möglichkeit der Oralität erwerben und damit ihr Vergnügen, ihr Begehren, ihre Sprache und ihre Kommunikation erhalten, wie sie Steinwachs der Schriftstellerin George Sand zugesteht. Doch anstatt auf ihren Teil zu bestehen, hält das weibliche Ich die anderen von dem kannibalistischen Fest ab und geht deshalb auch leer aus. Das weibliche Ich bleibt im Sarg, der weiter das Bühnenbild beherrscht. Leutenegger deutet hier die dekonstruktiven aber aussichtslosen Versuche des Feminismus an, weibliche Emanzipation zu üben. Die den Frauen anerzogene Sorge für andere verhindert es, ihren Anteil zu bekommen.

Leutenegger dekonstruiert Carl Jungs archetypische Begriffe: Liebe, Macht, Krieg, Tod. Ihre Maskerade wird kenntlich durch die wechselnden Masken, die die einzelnen Figuren tragen. Es ist unmöglich, ohne Maske zu leben. Als die Königin Inanna ihre Maske einmal abreißt, ist auch ihr Gesicht mit abgerissen; es zeigt nur noch eine blutige, unkenntliche Masse. Die Archetypen, die im Stück auftauchen, sind ein offensichtlicher intertextueller Hinweis auf Leuteneggers Landsmann Carl Jung, dessen Mythosinterpretation sie so dekonstruiert. Während bei Jung der Mann die ›weibliche Seele‹, die *anima,* in sich entwickeln soll, wird der Frau abgeraten, den männlichen Aspekt, den *animus* in sich aufzunehmen. Was diese Ungleichheit für beide Geschlechter be-

deutet, stellt Leutenegger mit dem toten und liebenden weiblichen Ich
in bezug auf den machthungrigen Gilgamesch auf die Bühne.
Inanna,
die Göttin, trug viele Masken, die goldene Maske der Absoluten Herrschaft und auch die rote Maske der Liebe, die das Begehren der Menschen in humane Bahnen lenkt. Doch als Gilgameschs Herrschaft begann, wurde sie gezwungen, Göttin des Krieges zu werden. Leutenegger stellt die Göttin Inanna als Verkörperung des Begehrens dar, das
die Menschheit ermächtigt, und sie kann deshalb beides sein, Göttin
der Liebe oder des Todes. Mit der oktroyierten Umbenennung des Begehrens in eine negative Macht, mit diesem einfachen linguistischen
Trick, verliert das Prinzip des Begehrens, das durch Liebe ausgedrückt
wurde, seine positiven, kreativen Effekte. Gilgameschs Zerstörung zerstört auch die Gottheit. Die rote Maske der Liebe und des Lebens verschwindet während Gilgameschs Herrschaft, und die Göttin der Liebe
schrumpft zu einer Mumie zusammen. Ihre ursprüngliche Macht ist
verblaßt, auch ihre goldene Maske der absoluten Herrschaft ist verloren.

Auch die Ich-Figur trägt anfänglich eine *Femme-enfant*-Maske à la
Hanna Höch, mit dem unschuldigen, weitoffenen Blick. Diese Maske
des unbegrenzten Potentials verändert sich erst am Ende, als die trau-
ernde Mutter-Göttin Inanna sie mit ihrer eigenen weißen Maske ersetzt, die sie am Ende trägt. Das weibliche Prinzip ist weit heruntergekommen, denn die Maske zeigt das lächerliche, Zustimmung heischen-
de Grinsen einer manipulierten weiblichen Sklavin. Dies scheint der
einzige Schutz der Weiblichkeit zu sein. Nur in dieser vorgeschriebenen Identität kann das tote Ich am Ende des Stückes dem Sarg entstei-
gen. Die Aktivität, die es sogleich aufnimmt, paßt zu dieser Imago. Die
auferstandene Frau bedeckt einen hohen Berg unterhalb des Sarges mit
Scheiben weißen Brotes, wie eine Hausfrau und Mutter, die ihr Leben
damit verbringt, ihrer Familie Berge von Nahrungsmitteln zuzuberei-
ten. Entwicklung und Emanzipation haben nicht stattgefunden, nur
eine vorgeschriebene Identität wurde eingeübt.

Die Macht der Liebe, die das weibliche Ich benötigt, um ihren Sarg
zu verlassen, kann sich nicht halten in einer Welt und in einer Sprache
voller patriarchaler Signifikanten. Gilgamesch, der oft eine Maske trug,
deren Farbe Braun alle anderen Farben beinhaltet, kommt am Ende
von seiner Reise durch die Regionen des Todes mit einer schwarzen
Maske zurück. Auch das verwundert nicht, denn in seiner künstlichen
Nicht-Welt wird das Leben durch Totes bestimmt. Er lebt weiter in
einem ewigen, untoten Leben, indem er den Zyklus des Terrors auf
neuer Ebene weiterführt. Er legt die schwarze Todesmaske an und wird

anderen den Tod bringen, um sein eigenes Totsein zu vergöttern. Das weibliche, grinsende Ich wird fortfahren, Gilgamesch zu nähren und zu stärken, damit er weiter vergewaltigen, weiter morden und die schon wüste Erde ausbeuten kann. Jedoch durchzieht Leuteneggers Drama etwas Nostalgisches: das goldene Zeitalter, in dem die Königin und Göttin mit der goldenen Maske herrschte, steht als Realität der früheren Zeiten. In dieser Beziehung rührt Leutenegger vielleicht noch an die neo-romantische Sehnsucht der Surrealisten: daß es nämlich eine ursprüngliche Wesentlichkeit oder Bedeutung gegeben hat, an die man glauben kann. Sie unterscheidet sich von ihnen, indem sie diesen Glauben nicht in die Zukunft projiziert. Die Signifikanten, an deren Existenz man einmal glaubte, haben sich als Illusion herausgestellt: die Maske ist das Gesicht. Hinter der Maske steht nichts.

Alle drei Stücke, in den achtziger Jahren geschrieben, lassen eine weibliche Stimme hören, die aus einer Frauenperspektive die Position und die Wirkung der Geschlechterdifferenz beleuchtet. Besonders bei Jelinek und Leutenegger wird auch die Angst vor einer Zerstörung unseres Planeten artikuliert, die in den siebziger Jahren vorherrschte, als allgemein bekannt wurde, daß technologische Fortschritte und die Verschwendung der reichen Völker die Ressourcen der Erde ausbeuteten und die Umwelt zerstörten. Die drei Autorinnen habe verschiedene Stimmungen in ihre Dramen eingebracht, die sich aber alle mit Phänomenen des Todes auseinandersetzen. In *George Sand* wird fast manisch eine sinnliche Überfülle auf die Bühne gebracht. Das Stück stellt gewissermaßen ein Modell dafür dar, daß historische Bedingungen nicht ewig bestehen, daß Pionierleistungen wie Sands nicht Normalleistungen sein können. Steinwachs probiert Möglichkeiten durch, die weiblichen Rollen zu verändern. Der Tod, dargestellt durch die Statue aus Granit, kann rückgängig gemacht werden, durch Versinnlichung des Textes auf der Bühne im oralischen Theater. Bei Jelinek wird die Sinnlichkeit dem Text entzogen. Der Text reichert sich durch seine Klischees an und zerstört sich selbst. Es gibt weder Leben noch Tod, sondern ein Zwischenstadium: das Untote. Bei Leutenegger hat das Leben keine Chance: die Frau ist tot, da sie nur Werkzeug im Patriarchat ist, und der Mann ist tot, da er sich mit Künstlichem umgibt, was mit Mord und Totschlag erworben wird. Ewigkeit liegt im Toten.

Ein Haus aus Körpersprache:
Das Tanztheater von Pina Bausch und Reinhild Hoffmann

Im westlichen Denken hat sich seit Descartes eine dualistische Tradition entwickelt, die darauf basiert, daß sich das Weltbild in Polaritäten teilt, wobei der eine Pol höher gewertet wird als der andere, wie z.b. Geist im Gegensatz zur Materie. In diesem Denken identifizierte der Mann sich selbst mit dem Geist, die Frau wurde der Materie zugeordnet. In der postmodernen Theorie wird dieses geteilte Modell in Frage gestellt, weil es falsche Dichotomien kreiert. Seit kurzem verstärkt sich ein Interesse an einer neuen Theorie des Körpers, das eine Dekonstruktion dieser falschen Polaritäten vornimmt.

Dramatikerinnen, die ihre Arbeit ans Wort binden, müssen jedoch einerseits weiterhin gegen traditionelle, vom kartesianischen Denken beeinflußte Formen anschreiben. Die Erosion traditioneller Formen in der zweiten Hälfte dieses Jahrhunderts auch durch männliche Dramatiker half nur wenig dabei, daß die Autorinnen mit ihren Alternativformen und -ausdrucksweisen nicht grundsätzlich abgewiesen wurden.

Diese Überlegungen geben uns eine mögliche Erklärung, warum die Schöpferinnen des Tanztheaters berühmter und bekannter sind als die Dramatikerinnen der zweiten Hälfte des zwanzigsten Jahrhunderts. Den Namen Pina Bausch hat schon jeder gehört. Zwar wurde sie auch viel gescholten, doch auch viel gepriesen, und ihr Name und ihre Anerkennung dauern an. Noch Anfang des Jahres 1995 erhielt sie in Essen den Deutschen Tanzpreis. Woran liegt es, daß im Tanztheater Frauen sich einen starken Namen machen konnten?

Zum einen hat es sicher damit zu tun, daß es sich hier um ein ganz neues Genre handelt, in dem sich Frauen nicht erst Zugang gewinnen und sie nicht mit früheren Männertriumphen konkurrieren mußten. Hier konnte etwas Neues entstehen, was Aufschluß über den unbekannten Kontinent der Frau, wie Freud es ausdrückte, lieferte. Sie konnten sich auf neue Weise an das geschichtlich entwickelte Bild der Frau, ihres inskribierten, deformierten weiblichen Körpers, ihrer verhüllten, vorgeschriebenen Bewegungen, ihrer Gebrochenheit des Sprachgestus, ihrer Beziehung zur Musik an den Körper herantasten. Auf der Bühne des Tanztheaters wird der Körper zur Sprache, der sich metonymisch durch neue Ausdrucksweisen in die geschichtlichen Entwicklung der Kultur einbringt.

Tanztheater ist kein Gesamtkunstwerk im traditionellen Sinne, wie es Wagner vorschwebte, obgleich es auch Sprache, Musik, Tanz, Bilder und Zuschauerkontakt verbindet. In Wagners Gesamtkunstwerk wurde ein Wir-Gefühl aus mythischen Entfernungen künstlich belebt und als Rückkehr zum ›wahren Ursprung‹ in universeller, geschichtsloser Bedeutung verklärt. Durch Kunst sollte Leben bestimmt werden, und die Zuschauer sollten als Individuen in der Kunstwelt aufgehen. Es wurde als Aufgabe der Kunst gesehen, die postulierte ›ursprüngliche Einheit‹ von Mensch und Natur, Geist und Sinnlichkeit wiederherzustellen, die durch den reflektierenden Verstand zerstört worden sei. Die Gefahr, daß durch diese Art von Kunst und Lebensanschauung das Individuelle, das ›Andere‹, ohne Schuldgefühle unterdrückt, exiliert oder ausgemerzt werden konnte, wurde erst später erkannt.

Anders wirkt das Zusammenspiel der einzelnen Kunstmedien im modernen Tanztheater. Hier wird eine Kollektivierung der Kunst angestrebt und ein Spannungsverhältnis zum realen Geschehen hergestellt. Es ist hierbei bedeutend, daß im Gegensatz dazu Wagners Grundmedium Musik als abstraktes Medium dazu tendierte, undifferenzierte, unpräzise, emotionale, unkritische Gefühle herzuvorrufen. Im Tanztheater hingegen steht der konkrete Körper im Vordergrund, und dessen räumliche Bewegung lädt zum Sehen, d.h. zur Analyse ein. Das Auge kann nicht so leicht getäuscht werden. Musik wird in Fetzen, parodistisch und gebrochen eingebracht und dekonstruiert, statt Stimmungen zu erzeugen. Auch Tanz unterzieht sich dieser Dekonstruktion. Die Gestik des klassischen Balletts war Zuschauern in ihrer Unnatur schon immer erkenntlich, obgleich diese Art von Bezwingung der Natur, die Illusion der Überwindung von Schwerkraft und romantischer Harmonie, die das Ballett evoziert, bis heute noch Bewunderung hervorruft, und diese Künstlichkeit mit Kunst gleichgesetzt wird. Die ernstlichen Körperschäden, die sich spitzentanzende Frauen zuzogen, wurden dabei pfleglichst übersehen. Der Körper ist im klassischen Ballett Kunstobjekt und seine Gestik dient der Story, während das Tanztheater das Ballett parodiert, um seine Künstlichkeit offenzulegen.

Im Tanztheater dient der Körper u.a. dazu, seine eigene Deformation nachzuvollziehen und sichtbar zu machen. Es stellt die Welt als eine veränderbare dar.

Der Prozeßcharakter von Geschichte und Zivilisation wird hier nicht geleugnet, sondern anhand der Geschichte des Körpers – als einer Geschichte des Tanzes – thematisiert. (...) Dem Absolutheitsanspruch im Gesamtkunstwerk eines alle verpflichtenden Weltbildes steht im Tanztheater dessen emanzipatorisch-individueller Ansatz gegenüber, der die Kreativität und die Phantasie des einzelnen auf der Bühne wie im Publikum herausfordern will.« (Schlicher, 217)

Der Körper erscheint hier als inneres und äußeres Phänomen zugleich, wie es auch in den neuen feministischen Theorien angestrebt ist. Die australische Wissenschaftlerin Elizabeth Grosz hat den Prozeß verfolgt, in dem die fatale Trennung von Körper und Geist, wie sie seit Descartes gängig ist und das autonome Subjekt vom aufgeklärten Humanismus des 18. Jahrhunderts an beherrscht, die Frauen diskriminierte. Grosz weist darauf hin, daß das kartesianische dualistische Modell nicht den ganzen Menschen betrifft, und so geht ihr ganzheitlicher Gegenvorschlag von der Realität des Körpers aus. Sie spricht von ›flüchtigen Körpern‹ (*volatile bodies*), weil dadurch das Innere wie das Äußere ausgedrückt werden kann, ohne die Polarität »Innen : Außen« zu beschwören. Sie lehnt Descartes' sich gegenseitig ausschließende Pole (Geist : Materie; Mann : Frau) ab, ebenso wie Spinozas Modell, wonach Körper und Seele zwei Seiten einer Münze sind (wobei die eine Seite nichts von der anderen wissen kann). Bei diesen Modellen ist die eine Seite immer die privilegierte. Statt dessen schlägt Grosz als Denkmodell das Möbiussche Band vor, bei dem man auf geradem Weg, ohne Überschreitung einer Kante, auf die andere Seite, von innen nach außen gelangt. Dieses Band hat die Form der gekippten Zahl acht und ähnelt dem Unendlichkeitssymbol der Mathematik. Dieses Denkmodell gibt dem Körper eine Bedeutung, die er nie hatte, und es beendet auch die privilegierte Bewertung des Mannes auf Kosten der Frau. Das Innere hat eine kontinuierliche Beziehung zum Äußeren und vice versa, ohne daß eine Benachteiligung besteht.

Es scheint fast, als ob die Frauen im Tanztheater schon von Anfang an dieses Denkmodell für ihr Theater anwandten. Auch hier besteht eine Kommunikation von Innen und Außen, die von den Körpern in Bewegung oder Stillstand abzulesen ist, und es werden verschiedene Versuche gemacht, Polaritäten zu zerstören. Z.B. wird im *Stück 1980* von Pina Bausch der Gegensatz des Öffentlichen und des Privaten in verschiedenen Aktionen parodistisch auf die Spitze getrieben, und auch Publikum und Akteure bilden keinen Gegensatz, sondern sind ein integrierter Teil der Aufführung.

Gleichzeitig stellt sich das Tanztheater auch selbst in Frage. Die Tanztheater-Leiterinnen und -choreographinnen sehen ihre eigene Institution mit kritischen Blicken. Nachdem etwas einmal ausgedrückt und vermittelt wurde, ist es abgetan. Wenn gewisse Formen sichtbar gemacht sind, würden sie sich durch Wiederholung gewissermaßen zum Anachronismus abwerten. Doch scheint es mit dem Tanztheater wie mit dem Feminismus zu sein: es wird noch lange dauern, bis alte Unterdrückungspraktiken nicht nur sichtbar gemacht, sondern auch von allen erkannt werden. Pina Bausch sagt über ihre Methode: »Irgendwo ist hier alles sichtbar – auch wenn wir uns vielleicht festgehalten haben. Aber da kann man auch sehen, wo etwas unterdrückt ist. Da gibt es schon Stellen wo Menschen nicht daran denken, wie sie sich kontrollieren.« (Pina Bausch in: *Theater heute*, Februar 1972, 24)

Das Tanztheater unterscheidet sich vom amerikanischen *Modern Dance*, weil das letztere die tänzerische Bewegung ohne eine zugrunde liegende Bedeutung versteht und als autonomes Zeichen einsetzt. Hingegen gilt es im Tanztheater, Bedeutungen klar zu machen. Diese Idee wurde besonders von Pina Bausch gefördert, die als Hauptvertreterin des Tanztheaters gilt. Sie leitet schon seit 1973/74 das Wuppertaler Tanztheater, dessen Stücke sie choreographiert. Bauschs Bewegungssprache baut sich vor einem zivilisationsgeschichtlichen, gesellschaftlichen und individuellen Hintergrund auf. Doch zeigt sie auch Selbsterkundung, Versuche der Identitätsfindung, die aber nicht, wie im deutschen Ausdruckstanz (z.b. Mary Wigman) narzißtisch das Ich betreffen.

Das Außersichsein und das Beisichsein, das Überschreiten des eigenen Mikrokosmos, ohne seine Identität aufzugeben, vermitteln sich in den Stücken als Grunderfahrungen auf dem Weg zu einem neuen Tanz- und Körperverständnis. Individuelle Selbstfindung verliert eine geschlechtsspezifische Orientierung, Emanzipation wird zum gemeinsamen Anliegen aller.« (Schlicher, 149)

In Bauschs Werken geht es fast immer um eine ›Gender‹-Analyse, wobei die Frage gestellt wird, welche Wirkungen zwanghafte Verhaltensweisen der Menschen haben. Sie zeigen sich als Herrschaftsansprüche, als klassen- und geschlechterspezifisches Gebaren. Männer sind in diesen somnambulen Kreis ebenso eingeschlossen wie die Frauen. Die Stücke erhalten mit der Sichtbarmachung dieser Zustände etwas Surreales und deuten auf eine Metawirklichkeit, in der die Frauen oft die Opfer der Opfer sind, sich oft selbst zu Stereotypen reduzieren, um Kontakt und Liebe zu gewinnen. Dieses Liebesverlangen wird quasi nur noch im Kitsch gefunden. Das Banale und Triviale stellt sich als der Bereich heraus, in dem sich die Sehnsüchte und Phantasien der Menschen noch artikulieren können. (Schlicher, 132) Der Körper wird in Bauschs Stücken problematisiert, er stellt Zwänge, die von außen und von innen kommen, zur Schau. Der emanzipatorische Ansatz, der eine Festlegung von außen verweigert, kann nicht mit neuen Identitäten aufwarten. »Stück, Figuren, Szenen verlieren (deshalb) immer wieder die Balance, kokettieren mit ihrem Gegenteil und sind auch wieder nicht nur das. Sie entziehen sich einer eindeutigen Festlegung, eines eindeutigen interpretatorischen Zugriffs, konfrontieren die Zuschauer mit immer neuen Deutungsmöglichkeiten.« (Schlicher, 144) Ein Beispiel dieser Vieldeutigkeit ist eine Szene in Bauschs Stück *Cafe Müller.* Hier kommt eine Frau mit roter Perücke, Mantel und Stöckelschuhen auf die Bühne, zieht Schuhe und Mantel aus und geht fast somnambul, als würde sie auf einem Seil üben, hin und her. Sie hält inne, als erwachte sie aus einer Hypnose, zieht sich die Sachen wieder an und verläßt in ›weiblichen‹ Trippelschritten die Bühne. Eine andere Szene, in der ein Mann eine Frau immer wieder hochhebt, dann fallen läßt, wird so lange wiederholt, bis dieser manische Vorgang zur Interpretation verlockt. Aus Mißtrauen gegenüber allem Feststehenden und Gesicherten wiederholt Bausch die Vorgänge in ihren Stücken so lange, bis das Nicht-Stimmige auffällt.»Die Flüchtigkeit von Worten und Gesten ist durch ihre Wiederholung, durch Häufung oder durch das Verschieben in eine andere zeitliche Dimension aufgehoben.« (Schlicher, 129)

Da es keine Storyline und keinen harmonisch schönen Tanz gibt und das Gezeigte nicht die gewohnten Bedeutungsinhalte aufweist, werden die Zuschauer zu Denkanstößen animiert, um selbst Bedeutung zu produzieren. Pina Bausch will die schädlichen Idealbilder zerstören. Ihr Tanz ist nicht mehr schön, die Sprache, die sie einsetzt, besteht oft aus Satzfetzen, banalen Liedern oder Redensarten. Die Sprache trägt zur Verfremdung der Bühnenaktionen bei und hinterfragt die eigenen Inhalte. Auch die Bilder, die auf der Bühne kreiert werden, zerstören sich selbst wieder. Alles ist nur ein Experiment, ein Versuch, sich verschütteten Tatsachen anzunähern. So entwickeln sich die Stücke auch aus Mosaik-Fragmenten, die sich langsam, während der Probe entwickeln. Nichts hat einen Anfang oder ein Ende. Kreisförmig hört es oft wieder am Anfang auf. Abstrakta wie Bildlichkeit, Tanz, Musik, Sprache dominieren nicht mehr die Körper, sondern der Körper in Bewegung bedient sich und hinterfragt diese Medien. Heiner Müller (dessen *Hamletmaschine* z.B. durch Kresniks Tanztheater-Truppe zur Aufführung kam) schreibt über Pina Bausch:

Im Theater der Pina Bausch ist das Bild ein Dorn im Auge, die Körper schreiben einen Text, der sich der Publikation verweigert, dem Gefängnis der Bedeutung, Befreiung von den Zwängen des Balletts, dem das Stigma der Leibeigenschaft aufgeprägt ist. (...) Nach dem Theater ohne Text, von Zadeks Hamlet bis zu Steins Orestie, (...) eine neue Sprache des Theaters, ein anderes Theater der Freiheit. (Heiner Müller in *Theater* 1981, 35)

Andere wichtige Namen im Tanztheater sind Reinhild Hoffmann, Gerhard Bohner und Hans Kresnik. Tanztheater ist also ist also nicht nur ein Genre der Frauen, obwohl es stark durch sie geprägt ist. Es ist ein optimistisches Zeichen, daß ihre Neuerungen nicht als geschlechterspezifisch abgetan werden, daß ihre Kunst, die aus der Erfahrung als Frau schöpft, akzeptiert werden kann. Gabriele Klein schreibt hierzu in *Frauen – Körper – Tanz:*

Indem das Tanztheater die Spaltung, Polarisierung und Hierarchisierung des Männlichen und Weiblichen sowie die soziale Ausgrenzung und Unterdrük- kung des Weiblichen als alltägliches Problem moderner, nicht konkret gefaßter Gesellschaften thematisiert, zeigt es gleichzeitig seine Kehrseite: Wege zu indi- vidueller Emanzipation, zu Selbstverwirklichung werden sichtbar, die beide Geschlechter gleichermaßen betreffen. (Klein, 260)

Reinhild Hoffmanns Tanztheater unterscheidet sich von Pina Bauschs darin, daß sie vor einer klaren feministischen Haltung nicht zurück- schreckt. Hoffmann, geboren 1943 in Schlesien, studierte Tanz und übernahm 1978 das Bremer Tanztheater, das sie bis 1986 (bis 1981 mit Gerhard Bohnert) leitete und für das sie als Choreographin fungierte.

Ihre »Stücke entwerfen das Bild einer Frau, die gegen die Widrig- keiten und Begrenzungen ihres Lebensraumes ankämpft. Sie sind dabei doppelbödig. Die Beschränkung von außen durch den Gegenstand, das Gebundensein an ihn, kann gleichzeitig eine innere Begrenzung be- deuten.« (Schlicher, 240) Auch hier wird keine kontinuierliche Ge- schichte erzählt. Die Suche nach Kontakt und Liebe, die sich noch bei Pina Bausch findet, kommt nicht mehr vor. Auch hier geht die Sprache in das Bild und in die Bewegung ein. Ein postmoderner Surrealismus, der auch Pina Bauschs Stücke beherrscht, ist bei Hoffmann unüberseh- bar:

Das Bedeutungspuzzle der späten Stücke Reinhild Hoffmanns erinnert an Bil- der des Surrealismus, an René Magrittes Spiel mit dem Bild im Bild, einem Spiegelbild, das etwas anderes widerspiegelt als sein originales Gegenüber, mit den Verwirrungen des Standpunktes des Betrachters: Steht er vor dem Bild oder in dem Bild, betrachtet er es aus der Distanz oder ist er schon Teil des Bildinhaltes? (Schlicher, 256/57)

Es ist jedoch eine feministische Variante des Poststrukturalismus, die in diesem Tanztheater inszeniert wird. Während bei Pina Bausch eine agi- tatorische Bedeutungssuche eine große Rolle spielte, die nicht eine Beliebigkeit der geschichtlichen Wirklichkeit als schillerndes Kaleido- skop gestattet, scheint bei Hoffmann absolute Kontakt- und Kommu- nikationslosigkeit die Grundstimmung zu sein. Gewaltanwendung ge- gen Frauen (z.B. eine Frau allein und mehrere sie angreifende Männer) ist eine der wiederkehrenden szenischen Aktionen. Dies führt dazu, daß z.B. der Geschlechterkampf, der bei beiden Künstlerinnen eine Rolle spielt, bei Hoffmann stark ins Sadomasochistische umschlägt (hier ist sie Jelinek ähnlich, wie z.B. in *Die Klavierspielerin* und *Lust*). In

Abb. 14: Szenenbild aus Reinhild Hoffmanns *Föhn* (1985)
Tänzerinnen: Hannele Järvinen, Remo Rostango, Julie Shanahan (Bremen 1985)
– Ein Haus aus Körpersprache baut das deutsche Tanztheater von Pina Bausch
und Reinhild Hoffmann. Während die Dramatikerinnen der Sprache einen
Körper geben wollen, lassen die Choreographinnen die Körper eine neue
Sprache sprechen, die – besonders bei Hoffmann – den Mangel der Frau und
ihr Begehren visualisiert.

169

ihrem Tanztheater-Stück *Föhn* steht eine Frauengestalt im Bann eines geheimnisvollen befrackten Spielemachers mit Billardstock. Sie gibt sich immer wieder selbst in die Hände einer Männerrunde, wird hin- und hergestoßen, hält aber wiederum die Männer vom Weggehen ab. Sie malt sich fasziniert Kratzspuren auf die Arme und Beine, küßt zuerst einen Eisbären (Metapher für Lieblosigkeit) und reißt ihm dann den Kopf ab. Die Inszenierung und das Spiel mit der Gewalt verbindet sich mit der Darstellung von Beziehungslosigkeit, Rollenzwang, gesellschaftlichen Normierungen, Identitätsverlust und Abhängigkeiten.

Während Pina Bausch auch daran interessiert ist, Tanz neu zu definieren, bleibt dieses Medium bei Hoffmann nur eine Dimension der Bewegung. Den Gebrauch der Sprache betrachtet die Choreographin mit Mißtrauen: »Bewegung ist mindestens so beredsam wie Sprache. Man kann viel daraus lesen, aber es ist eben eine Sprache, die nicht so direkte Zeichen setzt wie ein Wort. Die Sprache würde das Geheimnis, das eine Person umgibt, wegnehmen.« (Reinhild Hoffmann, 13.) Im Gegensatz zu den Dramatikerinnen findet sie, daß Sprache fixiert und daß das tote Wort endgültig ist, während Bewegung als etwas Fließendes das menschliche Potential öffnet und eine wandelbare Identität ermöglicht.

Mit entgegengesetzten Mitteln haben die Dramatikerinnen und die Tanztheater-Choregraphinnen ein ähnliches Ziel verfolgt: einmal der Sprache Körper zu geben und zum anderen den Körper zur Sprache zu machen. Beide zusammen sind dem feministischen Projekt, die Frau in die Kultur einzubringen, einen Schritt näher gekommen.

Literaturverzeichnis

Bausch, Pina. in: *Theater heute*, Februar 1972.

Chadwick, Whitney. *Women Artists and the Surrealist Movement*, Boston: Little, Brown and Co., 1985 (Übersetzung der Zitate von Helga Kraft)

Fürs Theater schreiben. Über zeitgenössische deutschsprachige Theaterautorinnen. Bremen: Zeichen und Spuren, Frauenliteraturverlag, 1986.

Grosz, Elizabeth. *Volatile Bodies. Toward a Corporeal Feminism*, Bloomington and Indianapolis: Indiana University Press, 1994.

Handke, Peter. *Publikumsbeschimpfung.* Frankfurt/M: Suhrkamp, 1966.

Höch, Hannah. *Ihr Werk, Ihr Leben, Ihre Freunde*, Berlin: Argon Verlag, 1989.

Hoffmann, Reinhild. in: *Ballett International*, April 1983.

Iden, Peter, Hrsg. *Warum wir das Theater brauchen.* Frankfurt/M. Suhrkamp, 1995.

Irigaray, Luce. *Ethique de la différence sexuelle*. Paris: Les Editions de Minuit, 1984.

Jardine, Alice. *Gynesis: Configurations of Women and Modernity*. Ithaca und London: Cornell University Press, 1985.

Jelinek, Elfriede. *Theaterstücke*. Reinbek bei Hamburg: Rowohlt, 1992.

Klein, Gabriele. *Frauen – Körper – Tanz. Eine Zivilisationsgeschichtes des Tanzes*. München. Wilhelm Heyne Verlag, 1994.

Klett, Renate. »Gespräch mit Gerlind Reinshagen«, in: *Fürs Theater schreiben. Über zeitgenössische deutschsprachige Theaterautorinnen*. Bremen: Zeichen und Spuren, Frauenliteraturverlag, 1986

Leutenegger, Gertrud. *Lebewohl, Gute Reise. Ein dramatisches Poem*. Frankfurt/ M.: Suhrkamp, 1980.

Müller, Heiner, *Theater 1981*, Jahrbuch von *Theater heute*.

Morgenstern, Christian, *Werke und Briefe*, Band 2, Stuttgart: Urachhaus, 1990.

Owens, Craig. »Feminism and Postmodernism«. In: *Postmodern Culture*. Foster, Hrsg. London und Sydney: Pluto Press, 1985.

Reinshagen, Gerlind. »*Kann das Theater noch aus seiner Rolle fallen oder Die halbwegs emanzipierte Mariann*«, in: Reinshagen, Gerlind. *Gesammelte Stücke*. Frankfurt am Main: Suhrkamp, 1986.

Schlicher, Susanne. *Tanz Theater, Traditionen und Freiheiten, Pina Bausch, Gerhard Bohner, Reinhild Hoffmann, Hans Kresnik, Susanne Linke*, Reinbek bei Hamburg: Rowohlt, 1987, 2. Auflage: rowohlts enzyklopädie, 1992.

Sieg, Katrin. *Exiles, Eccentrics, Activists. Women in Contemporary German Theater*. Ann Arbor: The University of Michigan Press, 1994 (Übersetzung der Zitate: Helga Kraft).

Steinwachs Ginka. *George Sand. Eine Frau in Bewegung, die Frau von Stand*. Frankfurt, Berlin, Wien: Ullstein Verlag, 1983.

— *Mythologie des Surrealismus oder Die Rückverwandlung von Kunst in Natur*. Neuwied, Berlin: Luchterhand, 1971.

Wagner, Richard. *Mitteilung an meine Freunde*. In: Ders.: *Gesammelte Schriften und Dichtungen*, Hrsg. von Wolfgang Golther. Leipzig, 1907.

KAPITEL 7

Faschismus, Xenophobie und das fremde Ich auf der Bühne
Der ›andere‹ analytische Blick von Dramatikerinnen

Der Blick für das Fremde

In den letzten Jahren macht sich eine Toleranz für faschistophile Tendenzen in der deutschen Gesellschaft bemerkbar, die durch die Haltung prominenter Schriftsteller nicht gebremst wird. Hierzu wird in der Presse bemerkt:

> In den Diskussionen, die im letzten Jahr Deutschland belebten, den Texten von Enzensberger, Walser, Strauß und Heiner Müller, gibt es auch einen gemeinsamen Nenner, den man als das Fehlen von etwas bezeichnen könnte. Was fehlte, war, daß sich einer dieser deutschen Vordenker mit ein paar starken, klaren und leidenschaftlichen Worten für die Ausländer, die Asylanten und gegen die Nazis in die Bresche warf. (Korn, *Die Zeit*)

Dramatikerinnen der letzten Zeit hingegen haben kaum ein Stück geschrieben, das nicht faschistische und xenophobische Tendenzen anprangert. Der Diskurs des ›Fremden‹ in der Gesellschaft ist besonders der schreibenden Frau vertraut, da sie sich über Jahrhunderte hinweg als die ›Andere‹, als fremd und zugleich als einheimisch einrichten mußte. Nach der französischen Philosophin und Psychoanalytikerin Luce Irigaray ist der Frau die Funktion einer lebenserhaltenden Energieressource und eines Negativspiegels der männlichen Subjektivität zugewiesen. (Irigaray, *Speculum*) In der Sexualtheorie Freuds läßt sich der Feministin zufolge erstmals eine patriarchalische Einstellung deutlich ausmachen, welche die gesamte Diskursgeschichte im Verborgenen bestimmt: Die scheinbare sexuelle Neutralität des philosophischen und wissenschaftlichen Diskurses beruht in Wahrheit auf der Verabsolutie-

172

rung einer männlichen Subjektivität und Sexualität, die mit einer Ausbeutung und Ausschließung des Weiblichen gekoppelt sind. (*Lexikon*, 355).

Die Stimme von Dramatikerinnen – wenn sie es versuchten, zu diesem Diskurs beizutragen – wurde demnach nicht gehört. Außer einigen Alibifiguren waren Frauen von der Öffentlichkeit ausgeschlossen, durften nicht wählen, nicht studieren. Ihre Erfahrungen und Errungenschaften wurden trivialisiert und ihre Sexualität gefürchtet. Je nach Willkür wurden sie von Vätern oder Ehemännern geachtet oder mißachtet, geschätzt oder mißbraucht, auf den Sockel gestellt oder gedemütigt. Die erste Frauenbewegung brachte Frauen zwar etwas mehr Zugang zu Ausbildungswegen (ab 1919 wurde eine Quote von Frauen an einigen Universitätsfakultäten zugelassen) und ab 1918 eine politische Stimme, die jedoch kaum ernst genommen und weitgehend – besonders auch durch die Ausbreitung der Nazi-Ideologie – ignoriert wurde. Noch immer galten für sie als ›Naturwesen‹ andere Regeln als für Männer. Anfang des Jahrhunderts veröffentlichte Dr. P. J. Möbius bezeichnenderweise ein ›wissenschaftliches‹ Buch mit dem Titel *Über den physiologischen Schwachsinn des Weibes* (1905), das viele Auflagen hatte.

Noch Ende des 20. Jahrhunderts, kurz nach der Wiedervereinigung Deutschlands, erkannte z.B. Christa Wolf das Fehlen von Frauen im öffentlichen Diskurs der Länder im Osten Deutschlands:

Das Wort haben jetzt die Politiker und die Wirtschaftsleute. Das Wort haben wieder die Parteien. (...) Sie alle – Politiker, Wirtschaftsmanager, Parteifunktionäre – brauchen für ihre Unternehmungen ein Vaterland, das sehe ich ein. Ein Mutterland ist, wie bisher, nicht in Sicht. (*Im Dialog*, 16-17)

Seit einigen Jahren hat sich die Forschung nun schon der unbequemen Tatsache zugewandt, daß Frauen oft Opfer der Geschichte waren, daß sie in großer Anzahl als Hexen verbrannt wurden, daß sie keine Rechte geltend machen konnten, wenn sie vergewaltigt, mißhandelt und ausgebeutet wurden. Es wurde dokumentiert, daß Väter oder Ehemänner die Vormundschaft über sie hatten und daß sie außerhalb des Hauses nur schlechte, minder- oder gar nicht bezahlte Arbeit bekommen konnten. Auch der unbedeutendste Mann war legitimiert, seine Frau zu beherrschen. Die Frauen waren sich selbst fremd, sie lebten in einer doppelten Identität, bzw. Nicht-Identität, wie die französische Autorin Irigaray in ihrer Abhandlung *Das Geschlecht, das nicht eins ist* ausführt:

Die Frau hat also kein Geschlecht. Sie hat davon mindestens zwei, die jedoch nicht als zweimal eins identifizierbar sind. (Irigaray, 27)

Das Eigentliche, das Eigentum sind dem Weiblichen zweifellos recht fremd. (Irigaray, 30)
[Frauen sind zu sehen] (...) als Überbleibsel oder Ausfälle eines Spiegels, der vom (männlichen) »Subjekt« besetzt wird, um sich darin zu reflektieren, sich selbst zu verdoppeln. Die Rolle der »Weiblichkeit« ist außerdem von dieser männlichen Spiegelung und Spekulation vorgeschrieben und korrespondiert kaum dem Wunsch der Frau, der sich nur insgeheim, im Verborgenen, in unsicherer und schuldhafter Weise wiedererlangt. (Irigaray, 29)

Wenn man den Ausdruck ›Faschismus‹ in Wörterbüchern und Lexika aufsucht, erkennt man, daß er nicht nur auf Mussolinis oder Hitlers Faschismus bezogen wird, der auf Rassenhaß, Ausländerfeindlichkeit und starken nationalistischen Tendenzen aufgebaut ist, sondern auch auf das Alltagsleben angewandt wird. Die Bedeutung des Wortes hat sich im Sprachgebrauch auf eine allgemeine Tendenz der Ausübung starker autokratischer oder diktatorischer Kontrolle ausgeweitet. Dies hat schon Ingeborg Bachmann erkannt, die den Keim des Faschismus in der Familie entdeckte. Die Autorin wies in einem Radiointerview im Juni 1973 darauf hin, daß auch Faschismus und die Geschlechterdifferenzen miteinander verbunden sind:

(...) ich habe (...) darüber nachgedacht wo fängt der Faschismus an. Er fängt nicht an mit den ersten Bomben, die geworfen werden, er fängt an mit dem Terror (...) in jeder Zeitung. Er fängt an in Beziehungen zwischen Menschen. Der Faschismus ist das erste in der Beziehung zwischen Mann und Frau (...) und ich habe versucht zu zeigen, in dieser Gesellschaft ist immer Krieg. (Bachmann, 144)

Einer der ersten Beiträge zur Faschismusdebatte in bezug auf Gender entstand an der Nimwegener Winteruniversität im Jahr 1983. In der Vortragsreihe »Frauen, Literatur und Faschismus« wurden auch Werke deutscher Autorinnen berücksichtigt. Ein Artikel, der auf einem während dieser Konferenz gehaltenen Vortrag basierte, »Haus und Front. Bilder des Faschismus in der Literatur von Exil- und Gegenwartsautorinnen« (von Johanna Bossinade) erschien aber nicht in Deutschland, sondern in der holländischen Fachzeitschrift *Neophilologus*. Im Ausland (USA) kam auch die erste umfassendere Studie über die Rolle von Frauen im Faschismus heraus (Koonz, Claudia. *Mothers in the Fatherland*. 1987), sowie gerade jetzt eine größere Untersuchung zur Beziehung von Gender und Faschismus in der deutschsprachigen Literatur. Marie-Luise Gättens' Buch *Re-constructing Histories: Language, Gender, and Fascism* (Gainesville: University of Florida Presses, 1995) thematisiert den Zusammenhang dieser im Titel genannten Triade Sprache/ Geschlechterdifferenzen/Faschismus in einer Reihe von Analysen von

Romanen deutscher Schriftstellerinnen (Ruth Rehmann, *Der Mann auf der Kanzel;* Christa Wolf, *Kindheitsmuster;* Helga Schubert, *Judasfrauen,* etc.). Bossinade wie auch Gättens gehen von einer Faschismus-Definition aus, die sie schon 1938 von Virginia Woolf formuliert fanden (in: *Drei Guineen*). Zu diesem frühen Zeitpunkt schrieb Woolf über den systematischen Ausschluß von Frauen aus kulturellen, politischen und wirtschaftlichen Institutionen, wodurch ihrer Ansicht nach auch eine Gesellschaft wie die britische *de facto* eine undemokratische war. Vor Bachmann bemerkte auch Woolf, daß nicht nur die öffentlichen Institutionen, sondern auch die Familie der Mittelklasse die Geschlechterdifferenzen und damit die Benachteiligung der Frau nach altem Muster durch die Sozialisierung ihrer Kinder reproduzieren. Frauen und Männer kollaborieren, um dieses System beizubehalten. Frauen nehmen nach Woolf daran zumeist teil, weil sie bewußt oder unbewußt die ihnen zugeschriebene Rolle zur Sicherung ihres Lebensunterhalts ausüben müssen, oder weil ihre Stimmen unterdrückt werden.

Teil des Faschismus-Begriffes ist der Fremdenhaß, die Ausländerfeindlichkeit. Das Wort Xenophobie ist erst kürzlich in den deutschen Sprachgebrauch eingegangen. ›Ausländerfurcht‹ impliziert Haß auf Fremde, Ausländer oder alles Fremde oder Ausländische. Julia Kristeva beteiligt sich an dem Diskurs des Fremden in ihrem Buch *Fremde sind wir uns selbst* (1988, deutsch 1990). Sie schreibt:»Die ersten Fremden, die zu Beginn unserer Kultur in Erscheinung treten, sind Frauen – die Danaiden.« (Kristeva,51). Frauen waren nach sozio-anthropologischen Untersuchungen (z.B. Lévi-Strauss, Michel Foucault) schon deshalb Fremde, weil sie von außerhalb des Stammes als Tauschobjekte in die Familie gebracht wurden.

Wenn wir von Xenophobie und Faschismus sprechen, soll damit jedoch keineswegs die besondere, verderbliche Form des Staatsfaschismus unter Hitler verwischt werden, die in Deutschland zum Holocaust führte. Die in diesem Kapitel besprochenen Dramatikerinnen haben die verschiedenen Aspekte des deutschen Faschismus oder faschistische Tendenzen in ihren Bühnenstücken thematisiert. Einige befassen sich direkt mit dem Faschismus unter Hitler oder den Auswirkungen, andere thematisieren den Fremdenhaß.

Seit ungefähr zehn Jahren befassen sich feministische Studien nicht nur mit der Opferposition der Frau in der Gesellschaft, sondern auch mit ihrer Mittäterschaft. Historische Dokumente belegen, was auch in Stücken von Dramatikerinnen dargestellt wird, daß Frauen ebenfalls (Mit-)Täterinnen waren und sind. Sie kollaborierten im System des Patriarchismus oder Faschismus, indem sie ihre Söhne zu Herren, ihre

Töchter zu Sklavinnen erzogen, sie befürworteten Kriege, unterdrückten ihre Sexualität, vertuschten ihre Intelligenz, um ›hinter der Szene‹, oft durch einen schwachen Mann, Macht zu erlangen. Sie denunzierten andere, mißhandelten ihre Kinder und hielten das System, das auf ihrer eigenen Unterwürfigkeit aufgebaut ist, mit aufrecht. (Siehe z.B. das Buch von Helga Schubert: *Judasfrauen*)

Neben diesen zwei Aspekten der Rollen, die den Frauen in der westlichen Geschichte zukamen, nämlich Opfer und Mittäterin zu sein, möchte ich eine *dritte Rolle* der Frau thematisieren, die noch wenig Beachtung gefunden hat, weil man sie ihr wohl nicht zutraute und noch immer nicht zutraut. Es ist ihr öffentliches Auftreten als Kritikerin der Gesellschaft aus weiblicher Perspektive. Die Gesellschaftswissenschaft weiß längst, daß betrachtende, analysierende und stellungnehmende Beiträge zu einem herrschenden Diskurs (wie Faschismus und Xenophobie) auch gesellschaftsformende Wirkung haben können – wenn sie beachtet werden. Aber auch heute noch fällt es Frauen schwer, sich in der öffentlichen Sphäre diese Beachtung zu verschaffen. Von daher war es erstaunlich, daß zum Beispiel das politisch orientierte Werk von Christa Wolf, in dem sie ebenfalls eine neue Reflexion zum Faschismus anstrebte, zunächst einen weiten Einfluß genommen hat; aber es verwundert im Grunde nicht, daß die Autorin schnell wieder zur *persona non grata* abgesunken ist und daß ihre Werke wieder trivialisiert wurden (Heiner Müller sprach ihr in der Fernsehsendung ›check‹ im April 1994 die Mentalität einer Gymnasialschullehrerin zu). Doch sind Frauen nicht mehr davon abzuhalten, gesellschaftliche Prozesse öffentlich auf ihre Weise, d.h. anders darzustellen. Viele der schreibenden Frauen wehren sich dagegen, durch das Beiwort ›Feministin‹ einseitig kategorisiert zu werden. Damit nehmen die Frauen natürlich keine anti-feministische Haltung ein, sondern sie wollen vielmehr zum Ausdruck bringen, daß sie – wie fast alle AutorInnen vor und neben ihnen – an der Individualität ihres Werkes gemessen werden wollen. Durch ihre Werke selbst nehmen sie am feministischen Projekt teil. Für das Theater haben Autorinnen visuelle Modelle geschaffen, die eine neue Kritik der faschistischen Elemente in der Gesellschaft bieten. Unsere Realität ist für sie – trotz der Bilderflut der elektronischen Medien – hauptsächlich an die Sprache geknüpft, die noch immer dazu taugt, ein ›anderes Theater‹ zu erfinden. So sind ihre Stücke weitgehend von der Sprache getragen oder werden durch sie verstärkt, und ihre Perzeptionen schlagen sich in einer individuellen und innovativen Sprachkonzeption nieder. Durch einen Bruch im konventionellen sprachlichen Ausdruck gelingt es ihnen, Wahrnehmungen darzustellen, die durch ihre Erfahrungen als Frauen geprägt sind. Da die öffentliche Anstalt Theater anfängt, diese Modelle hier und da auf die Bühne zu bringen, dringt langsam eine neue Perspektive ins öffentliche Bewußtsein.

In diesem Kapitel sollen Dramatikerinnen zu Worte kommen, die sich intensiv mit dem Hitler-Faschismus, mit Xenophobie und mit modernen faschistischen Tendenzen befaßt haben. Schon in den zwanziger Jahren zeigte Marieluise Fleißer in *Fegefeuer in Ingolstadt* faschistische Ansätze in informellen Jugendformationen. Früher als andere befaßte sich Eleonore Kalkowska mit der Xenophobie der Deutschen (1929), und es wäre wichtig, den Namen dieser bemerkenswerten, vergessenen Dramatikerin wieder bekannt zu machen. Else Lasker-Schüler hat mit *IchundIch* schon 1942 eine postmoderne Schau kreiert, die das weibliche Ich in Spannung zur faschistischen Tradition in Deutschland zeigt. Und Nelly Sachs (1891 – 1970) hat ihre Reaktion auf den Holocaust mit *ELI, Ein Mysterienspiel vom Leiden Israels* (Entstehung 1944/1945) in einem Possenspiel formalisiert. (*Das Buch der Nelly Sachs*, 97 ff.) Auch früher als andere hat Gerlind Reinshagen 1972 in *Sonntagskinder* vorgeführt, daß faschistische Tendenzen in der Familie ausgebrütet werden; daß auch Frauen nicht nur Leidende sind, sondern beides sein können, Mittäterinnen und Opfer, und daß sich auch nach dem Zweiten Weltkrieg der Faschismus unterschwellig behauptete. Indem sich in Reinshagens Stücken die Tendenzen zum Faschismus wie aber auch zur mitleidenden Menschlichkeit innerhalb einzelner Figuren vermischen, gelingt es der Autorin eine gängige stereotype und eindimensionale Auffassung zu verwerfen. Sie demonstriert ihrem Publikum, daß äußere oder innere Umstände einen Einfluß darauf haben können, welche Tendenz überwiegt. Dieses ernste Thema wird jetzt von jüngeren Dramatikerinnen im Diskurs der Ausländerfeindlichkeit weitergeführt, der als Teil des Faschismusbegriffes gesehen werden kann, nicht zuletzt deswegen, weil er im Zentrum der Neo-Nazi-Bewegung steht. Bettina Fless stellt in ihrem Stück *Asyl* (1991) alle Stereotypen und die schrecklichen Auswüchse der Xenophobie auf die Bühne.

Gibt es hier eine separate, allgemeine Frauensicht? Wohl kaum, doch eine gewisse Perspektive, die durch die weibliche Biographie einer Autorin geprägt wird, birgt Aspekte, die von der Warte eines männlichen Dramatikers wohl nicht sichtbar gemacht werden können. Es gilt, diese Perspektive in den Diskurs unserer Zeit mit aufzunehmen, damit die Welt und ihre Geschichte in ihrer Ganzheit wahrgenommen werden kann und sich auf diese Weise ›das fremde Ich der Frau‹ ungestraft entwickeln kann.

Eleonore Kalkowskas *Joseph*

Im Laufe der Weimarer Republik hatte sich die traditionelle Trivialisierung der Beiträge von Frauen im öffentlichen Diskurs etwas vermindert. Zu dieser Zeit kam auch zum ersten Mal ein Drama auf die Bühne, das Ausländerfeindlichkeit, faschistische Praktiken und Xenophobie aus der Frauenperspektive aufdeckt. Die Autorin, selbst eine Fremde, war vorzüglich zu diesem Projekt geeignet: die in Warschau, Polen, geborene Eleonore Kalkowska hatte schon von ihrer Biographie her ein dringendes Interesse an der Behandlung von Fremden in Deutschland. Sie war gewissermaßen Deutsche und Polin, die einen Krieg zwischen ihren beiden ›Heimatländern‹ miterleben mußte. Im Ersten Weltkrieg hatte sie einen starken Pazifismus entwickelt und Kontakte mit Unabhängigkeitsorganisationen aufgenommen. Ihr praktisches Engagement zeigte sich auch darin, daß sie polnische Verwundete in Berlin pflegte. Ihre Erfahrungen bei dieser Arbeit, ihre polnische Abstammung und ihr Aufenthalt sowie ihr Universitätsstudium im Ausland schärften ihren Sinn für die wachsende Xenophobie in ihrer Umgebung. In ihrem Stück *Joseph* (1929), das frei nach einem tatsächlichen Mordfall konzipiert wurde, entlarvt sie die Ausländerfeindlichkeit der Deutschen. Es ist einer Studie der Germanistin Anne Stürzer zu verdanken, daß dieses unveröffentlichte Drama wieder bekannt geworden ist. (Stürzer, 69) Durch einen Justizirrtum wird der Pole Joseph wegen Mordes zum Tode verurteilt. Er wird von den ›guten Leuten‹ des Ortes als ›Luder, dreckiger Hund und Saupolacke‹ beschimpft und schließlich hingerichtet, obgleich sich die Indizien und Zeugen als höchst fragwürdig herausstellen. Die Tat wird ihm von allen zugetraut, eben weil er Ausländer ist. Ein Geschworener bekennt offen:»Ich bin übrigens fest davon überzeugt, daß eigentlich dem ganzen Dorf ein großer Dienst geleistet wird, wenn man es von diesem fremden, unsauberen Element befreit. Kam mir schon immer so, wie ein einzelner hängengebliebener, schmuddliger Regentropfen vor.« (Stürzer, 51, Kalk. 195) Das ist schon die Sprache der Hitlerzeit, die vor der Tür steht, eine Sprache, die für alle Nicht-Arier reserviert war. Kalkowska skizziert einen Prozeß, der an das Thema der Dreyfus-Affaire in Frankreich rührt, doch einen schlimmeren Ausgang nahm. Der fälschlich beschuldigte Jude Dreyfuß wurde schließlich 1906 begnadigt, doch im Jahre 1929 konnte sich die Dramatikerin nur den Justizmord vorstellen, da das Rechtssystem zunehmend von xenophobischer Voreingenommenheit infiziert wurde. Das am Ende dieses Kapitels behandelte Stück *Asyl* von Bettina Fless knüpft an das Thema der Ausländerfeindlichkeit an, wie es von Kalkowska behandelt wird.

Else Lasker-Schülers *IchundIch*

Im Jahre 1942/43 sah Else Lasker-Schüler von Israel aus mit Entsetzen die unmenschlichen Gewalttaten, die im Hitlerdeutschland besonders auch gegen ihre jüdische Gemeinde ausgeübt wurden. Sie, die mögliche Identitäten der Menschen in ihrer Lyrik weit jenseits aller Konvention erprobt hatte, konnte die Greueltaten, die nun als Folge eines Rassenwahns verübt wurden, innerhalb ihres Ich mit keinem Gefühl oder Gedanken vereinbaren. Deshalb begeht die Autorin in der Maske der ›Dichterin‹ ihres Stückes eine ›Mordtat‹ und teilt sich in zwei Teile auf: IchundIch. So heißt auch das Stück, in dem sie diese Gewalttrennung versucht: *IchundIch, Eine theatralische Tragödie in sechs Akten, einem Vor- und einem Nachspiel*. Auf der Bühne sodann hofft sie, daß es ihr gelingen könne,

> Zu mimen ungeheuerlich Genie
> Und da vermischt im dunklen, engen Leibe nie,
> So auf der weiten Bühne werden wir uns finden,
> Zwischen Tugenden und Sünden,
> Geklärt zum Schluß sich ich und ich verbinden!
> (*IchundIch*, 71-72)

Die Mimetik, die sie vorstellt und mit der sie eine Auseinandersetzung mit dem Faschismus anstrebt, wurde zunächst von Kritikern mit Herablassung und Unverständnis entgegengenommen. Man behauptete von dem Stück *IchundIch*, es wäre wohl Altersschwachsinn, der für dieses unverständliche Wortgestammel verantwortlich sei. Der Schauspieler Ernst Ginsberg ging so weit vorzuschlagen, »im Interesse des Angedenkens und des unzerstörten Bildes der Lasker von einer Veröffentlichung dieses Stückes abzusehen« (zitiert nach Middel, 637). Noch immer wird hier und da an ihrer Sprache gemäkelt, auch wenn das Stück inzwischen aufgewertet wurde.

Erst wenn das Stück mit Hilfe postmoderner Literaturtheorien analysiert wird, ist die Innovation und die Stärke dieses Sprachwerkes zu erkennen. Besonders die intertextuelle Dimension fällt auf: Als Dichterin tritt die Autorin des Stückes selbst auf, daneben namhafte Schauspieler, die das Stück im Stück spielen, der Regisseur Max Reinhardt, Goethe und seine Figuren Faust, Mephisto, Marthe Schwertlein, Nazigestalten wie Hitler (»Germanias Gott«), Göring, Goebbels, v. Schirach, Rosenberg, der israelische Publizist Adon Swet, mythische Figuren wie Baal und eine sprechende Vogelscheuche. Gewisse Textstellen, die in frühen Kritiken als Sprachschwäche, als naive Holperreime oder sinnlose Wortassoziationen abgewertet wurden, stellen sich als dekonstruktives Herangehen der Autorin an ihren Stoff mittels einer neuen Sprache heraus. Wenn also die Figur ›Frau Marthe‹ schlecht hört und Goebbels' Worte »Wotan« als »Truthahn«, »In eine Pfütze geraten« als »In eine Grütze geraten« versteht, oder statt »Frau Kuppelfei, heut ist nicht Mai!« »Die Ariergottheit legte doch ein Ei!« *(IchundIch*, 84), so sind dies nicht Nonsense-Sätze, sondern mit Assoziationen geladene Denkanstöße, die den Zuschauer u.a. die gefährliche Leere der faschistischen Sprache nahebringen (z.B. »Schirach: Erhebe dich, Deutschland, Juda verrecke«, *IchundIch*, 80). In dieser Beziehung ist Lasker-Schüler gewissermaßen Vorgängerin von Elfriede Jelinek, und *IchundIch* könnte Modell für Jelineks eigene Sprachgrotesken gewesen sein, die sie für das Theater geschaffen hat (siehe weiter unten die Besprechung von *Burgtheater)*. Eine konventionelle Story oder eine konventionelle Sprache reichte für Lasker-Schüler offenbar nicht dazu aus, sich mit den Unmenschlichkeiten des Faschismus auseinanderzusetzen.

In einem unveröffentlichten Artikel bemerkt Virginia Evjion (»The Narrative Subject: Lasker-Schüler's *Ichundich«)*, daß Lasker-Schüler den Holocaust von einem weiblichen, narrativen, dynamischen Subjekt her aufarbeitet, wobei sie die traditionelle Position des patriarchalischen, männlichen ›Ich‹ dekonstruiert, wie es sich in der Figur des Faust manifestiert. Das intertextuelle Potpourri von literarischen und mythischen Figuren, das Lasker-Schüler auf die Bühne bringt, fungiert als Signifikant ihrer Auseinandersetzung mit der deutschen Identität. Durch ihr *IchundIch* bietet sie gewissermaßen einen neuen *Faust*, der »Tragödie dritter Teil«, wie Goebbels im ersten Akt bemerkt. Dieses weibliche, doppelte Ich ist getrennt und doch gebunden (das Wort ist zusammengeschrieben), es beinhaltet die anderen Figuren und auch wieder nicht. Die Gestalt der Dichterin ist gewissermaßen eine Visualisierung von Irigarays oben besprochenem weiblichen Ich, das einerseits die vom patriarchalischen Diskurs eingeschriebene, künstliche Wunschgestalt darstellt und außerdem noch ein , ›anderes‹, was dynamisch und nicht definierbar ist.

Die Autorin zerstört dabei den deutschen Kulturdiskurs und die sogenannte humanistische Vergangenheit, die zu einer Abspaltung des menschlichen Bewußtseins von den verübten Untaten geführt hat. Das Faustische ›Am Anfang war die Tat‹ wird von ihr verworfen. Die zwei Seelen in Fausts Brust sind eben nicht je nach dem ›gut‹ oder ›böse‹. Die Figur Max Reinhardts bestätigt: »Mephisto und der Faust ein Zwillingspaar! Ja, *ein* Mensch im Grunde ist und immer war.« (*Ichund-Ich*, 77) Wenn Faust sagt, »Das ewige Leben dem, der viel von Liebe weiß zu sagen – ein Mensch der Liebe kann nur auferstehn« (*IchundIch*, 92), wird diese Behauptung als Heuchelei entlarvt, denn z.B. sein Begehren nach Gretchen (die er noch immer als »blonde Stimme« zum *pars pro toto* degradiert) hat nichts mit Liebe, sondern mit Verführungslust zu tun. Dies bestätigt die Gestalt des Baal, der bemerkt, »daß doch der Mensch sein böses Tun dem Teufel in die Schuhe schiebt – im Arm des Nachbars tugendhaft zu ruhn (...) « (*Ichundlch*, 92).

Das Stück innerhalb des Stückes spielt in der ersten, noch aushaltbaren Hölle, deren Speisesaal vor dem Hintergrund des brennenden Reichspalasts situiert ist. Feuer, Brand und Flammen sind Chiffren, die diese Art von Marionettentheater umrahmen. Das Unglück ist schon eingetreten, und die Schuldigen an Unrecht, Mord und Gewalttat – die Naziführer und Soldaten – versinken konsequenterweise in brodelndem Höllenlavaschlamm. Mephisto ruft: »O diese Welt von Menschenhand. Wär Gott nicht Gott, verlör Er den Verstand!« *(Ichundlch*, 97) Den einzigen Gottesbeweis, den er erbringen kann, ist seine eigene, die teuflische Existenz. (»Ich bin Sein Zeuge – Gott ist da.« *Ichundlch*, 76)

Das Ichundlch im Text ist nicht nur die gespaltene Dichterin, sondern auch Faust/Mephisto, der patriarchalische Aspekt ihres Innern. Die weibliche Ich-Gestalt tritt in den Szenen in der Hölle nicht auf. Die Suche nach Gottes Erlösung wird ihr deshalb nicht leicht gemacht. Mephisto sieht sich zwar als Kind Gottes, aber er gesteht: »In den Himmel sperrte ich Gottvater ein und die Welt in seinen Heiligenschein.« (*Ichundlch,* 94) Die Welt also besteht nur zum Schein als Gotteswelt, d.h. als gute Welt, und der faustische Mensch, der mit Hilfe von Mephisto die Obermacht über die Zeit erringen möchte und der selber Gott sein will, hat durch die Perversion des religiösen Diskurses am Göttlichen keinen Anteil mehr. Er merkt dies, denn in der Hölle lebt er abgespalten in zeitloser Ewigkeit. Er bittet Mephisto: »Gebt mir einen kleinen Tröpfchen Zeit, / Lobzupreisen unsere Einigkeit, Inniglich umhüllt mit keuscher Minne. Ich stürbe gern den Opfertod für – dich, mein teurer Weggeleit.« (*Ichundlch*, 94-95)

In dieser Faust-Posse ist das Weibliche nicht mehr rettende Instanz wie noch bei Goethe, wo Faust von Gretchen als dem Ewig-Weiblichen zu Gott hinaufgeführt wird. Lasker-Schüler reinterpretiert das Ende von *Faust II*. Von Fausts Rettung durch Gretchen kann nicht die Rede sein, denn er verbleibt in der Hölle. Die Faustfigur verschmilzt mit ihrem Autor Goethe und dessen sogenannten aufgeklärten Humanismus. Lasker-Schüler läßt Goethe/Faust als intertextuelle Signifikanten in der Hölle mit Mephisto Schach, d.h. mit Menschenleben, spielen und weist damit auf das aufklärische Denkspiel hin, das sich in der deutschen Geschichtsentwicklung zu einer einseitigen, narzißtischen und subjektiven Ideologie zugespitzt hatte, die hier in der Verkörpe-

Abb. 15: Szenenbild aus Else Lasker-Schülers *IchundIch*
Karin Pfammater als Goebbels und Dieter H. Jendreyko als Mephisto II. Inszenierung von Michel Gruner am Stuttgarter Schauspielhaus, 1991. – Dieses
erstaunliche Drama wurde schon 1942 geschrieben, aber erst nach mehr als
vierzig Jahren aufgeführt. Goethe, Faust, Mephistopheles, wie auch Hitler,
Goebbels und andere Nazis erscheinen auf der Bühne. Die schon postmoderne
Struktur und der Einsatz der Sprache wurden lange mißverstanden. Die Autorin versucht, durch die Wahrnehmungen eines dynamischen weiblichen Ichs,
das als Schriftstellerin – sprich, sie selbst – in Szene tritt, die Folgen des deutschen Humanismus seit der Aufklärung in einer Art Faust III, einem Spiel
innerhalb des Spieles, aufzudecken.

rung der teuflischen Naziführerschaft auf der Bühne sichtbar gemacht wird. Da Mephisto seine Blutsverwandtschaft mit Adolf zugibt, sind alle diese Figuren – von Goethe über Faust zu Goebbels und Hitler – mit dem Teuflischen identifiziert. Vom Standpunkt des dynamischen Ichs aus kann die Autorin dem Teufel deshalb schon zu Anfang des Krieges, als das Stück geschrieben wurde, eine Prophezeiung in den Mund legen, die sich bewahrheiten wird:

Ich warne meinen Vetter [Hitler] vor den Kämpfen über dem Ozean. Ja, meine Herren, vor allzu großem Siegesdrang mir bang, verliert Ihr Führer die geraubte Welt zum Schluß im Kriege. (*Ichundlch*, 79)

Sowohl Mephistos wie auch Fausts Identität ist von Melancholie gespeist. Mephisto sagt: »Du bist unsterblich, Heinrich, und ich kann nicht sterben.« (*Ichundlch*, 98) Lasker-Schüler bezieht sich darauf, daß Faust eine literarische und Mephisto eine mythologische Figur ist. Als solche haben sie die Kultur des Landes infiltriert und das Bewußtsein der Menschen besetzt. Aber auch in der Hölle kann Faust wie im siebten Himmel leben. Die Vereinigung der beiden kulturellen Elemente: Teufel und Faust (»Uns beide – stillvereint im Leibe: Ichundlch«,) zeigt den Wiederholungszwang einer Kultur, die auf Unrecht und Gewalt aufgebaut ist. Es wird ein »unerlöster Tod dem Antichrist und Antijud!« (*Ichundlch, 101*) vorausgesagt, jedoch angenommen, das nicht der Engel, sondern der Teufel im Menschentum zuletzt lachen wird.

Die Autorin bringt jedoch den erwähnten Engel als Dichterinfigur im Nachspiel auf die Bühne. Die Dichterin, die ja während des Spiels in der Hölle nur in der Faust/Mephisto-Inkarnation, eines Teils ihres Ichund-Ich, anwesend ist, starb im Akt danach, der auf der Erde, in Jerusalem spielte, nachdem sie festgestellt hatte, daß sich das Welträtsel um die Identität des Menschen nicht lösen läßt. In diesem Akt wurde sie mit einer Vogelscheuche in Verbindung gebracht, mit einer machtlosen Kunstfigur, einer Menschenhülle, dem wandernden Juden der Jahrtausende, der das Böse auf Erden nicht verscheuchen kann. Als Engel will die Dichterin wie Gretchen in Goethes *Faust II* einen Gottesbeweis erbringen: »Wie meine Hälfte ähnlich schon erwähnte ungeschminkt im zweiten Teil, die Wahrheit gänzlich zu beweisen, bin ich bereit auf höheren Gleisen.« (*Ichundlch*, 106) Dieser Gottesbeweis, der Beweis des Guten im Menschen, kann zur Nazizeit nicht mehr visuell, d.h. nicht mehr öffentlich, geführt werden. Hinter dem Vorhang singt der Engel/die Dichterin am Ende leise doch provozierend die folgenden Worte: »Ich freu mich so: Gott ist da!« Wie schon bei Gretchen kann auch hier die Erlösung des doppelten Ich nur im Tod geschehen.

183

Nelly Sachs' *Eli, ein Mysterienspiel*

Nelly Sachs (1891 – 1970) nannte ihre Theaterstücke ›szenische Dichtungen‹, die in ihrer Form als höchst experimentell zu bezeichnen sind. Einige von ihnen weisen surrealistische Elemente auf, setzen z.b. teilweise Marionetten ein, die mit Tonbandstimmen eine unaussprechliche, schlimme Wirklichkeit, wie zum Beispiel das Ungeheure der Verbrechen gegen das jüdische Volk, repräsentieren. Sachs greift auf eine breite jüdische Tradition zurück, die sie jedoch mit ihrer eigenen unorthodoxen Modernität verknüpft. Sie schreibt über *Eli*, daß dieses Mysterienspiel nach einem furchtbaren Erlebnis der Hitlerzeit in einigen Nächten nach der Flucht in Schweden niedergeschrieben wurde. In diesem Stück wird eine mystische Transzendenz an realen Abläufen festgemacht. Israel ist einerseits für sie das Land der leidenden Juden ihrer Zeit, andererseits steht der Name aber auch für alle Opfer und Verfolgten der Welt. Sachs sucht Sinn in einer zerstückelten, sinnlos gewordenen Zeit. Der Biograph Bengt Holmqvist schreibt über die Motivierung der Stücke von Sachs: »Aus dem Bedürfnis nach einem Zusammenhang entspringt eine psychologische Herausforderung schwerster Art: der Henker muß dem Opfer zur Seite gestellt werden als Gegenstand der Einfühlung.« (*Buch Sachs*, 41–42)

In Nelly Sachs' Stück *Eli*, das im Polen der Hitlerzeit spielt, geht es um Henker und Opfer. Dieses Mysterienspiel handelt von der Suche des Schusters Michael nach dem Nazi-Mörder eines jüdischen Knaben. Obgleich das Stück abstrakt-expressionistisch erscheint, hat sich die Begebenheit tatsächlich in einem jüdischen Dorf zugetragen. Gleich zu Anfang wird erzählt, daß vor Beginn des Stückes ein jüdisches Ehepaar von Soldaten verhaftet wurde und abtransportiert werden sollte. Der achtjährige Sohn Eli lief den Eltern nach und blies verzweifelt auf seiner Hirtenflöte gen Himmel. Einer der Soldaten glaubte, es handele sich um ein Signal und erschlug das Kind mit dem Gewehrkolben. Der junge Schuster ist nach der chassidischen Mystik einer von sechsunddreißig geheimen Gottesknechten, die – ihrer Aufgabe selbst nicht bewußt – das unsichtbare Universum tragen. Diese Wirklichkeit jenseits der sichtbaren Welt ist eine Metapher dafür, daß ein von Sachs gesuchter Zusammenhang trotz einer zerstückelten, inhuman gewordenen Welt bestehen kann.

Als Weg des auserwählten Schusters zum Ziel seiner Suche inszeniert Sachs die Leiden, die das jüdische Volk ertragen mußte. Doch nur die Spuren der Täter sind bis zu den letzten Bildern hin zu finden: In der großen Auslöschung und Zerstückelung sind z. B. nur die Trümmer von Häusern, nur die Schuhe von geliebten Menschen übrig geblieben, und es sprechen die Hände der Täter. Das unsagbar Böse, die ungeheure Maschinerie der Vernichtung durch staatliche und private Täterschaft kann nicht direkt dargestellt werden. So zeigt Sachs die Nachwirkungen einer zerstörerischen Macht, die wie ein Wind über das Land geweht ist und die Menschen ausgerottet hat. Sie kann nur das Echo darstellen, in dem sich buchstäblich der Stein erweicht: So stellt sie tatsächlich einen zerfallenen Schornstein aus Stein in die Szene, der die Stimme erhebt:

> Wir Steine sind die Letzten, die Israels Leib berühren.
> Jeremias Leib im Rauch
> Hiobs Leib im Rauch,
> die Klagelieder im Rauch,
> der kleinen Kinder Wehklagen im Rauch,
> der Mütter Wiegenlieder im Rauch –
> Israels Freiheitsweg im Rauch –
> (*Buch Sachs*, 144)

Der Weg in die ›Freiheit‹ war für die Menschen in Auschwitz der Tod, und so bedient sich auch Nelly Sachs der Metapher des Todes. Im Tod wurden Opfer und Henker vereint. Indem die Autorin den Tod in tote Buchstaben kleidet und ihn durch diese sprachliche Fixierung aus der Welt des Erlebens herausnimmt, kann es auch wieder Hoffnung fürs Leben geben.

Der erwählte Schuster Michael kann die Grenze vom Land der Opfer zum Land der Henker überschreiten. Am Ende findet er den Mörder, dessen eigener Sohn nun stirbt, nachdem er die Hirtenpfeife des toten Eli berührte. Auch die Mörderhände des Vaters verfallen beim Anblick des Gottesknechtes zu Staub. Obgleich am Ende der Täter durch einen kosmischen Eingriff bestraft wird und somit der Schluß als mögliche Reue interpretiert werden kann (Holmqvist), ist das Opfer nicht durch die Bestrafung des Mörders aufgehoben. Das Entsetzen überwiegt.

Es gelingt Nelly Sachs hier, die extremen Auswirkungen des faschistischen Rassenhasses durch das Leiden und auch durch die unerlöschliche Kraft, sich wieder zu erheben, darzustellen. Sie arbeitet aus der Verzweiflung heraus, Menschlichkeit wieder entstehen lassen zu wollen. Alles verfällt zu Staub, die Hände des Mörders, die zerstörten Häuser, die verwesten Opfer. Obgleich Nelly Sachs sich nach dem »Staublosen« sehnt (dem Reinen, das sie in ihrem Gedichtzyklus »Fahrt ins Staublose« thematisiert hat), bleibt dieser Staub der Grundstoff, mit dem die Maurer und Zimmerleute der jüdischen Gemeinde mit neuer

Kraft ihre zerstörte Stadt außerhalb der Mauern wieder neu aufbauen. Trotz der Unmenschlichkeit des Faschismus, die ein ganzes Volk zum Verstummen gebracht hat, können die Opfer die Sprache wiederfinden, indem Resultat und Ursachen dieser barbarischen Praktiken aufgedeckt werden. Der nach Elis Tod verstummte Großvater Samuel findet nach der Identifikation des Mörders seine Sprache wieder. Adornos Diktum, man könne »nach Ausschwitz keine Gedichte mehr schreiben«, wird dann auch folgerichtig von Nelly Sachs gewissermaßen umgekehrt, nämlich, daß man nach Auschwitz Gedichte schreiben müsse. Sie schreibt an Gisela Dischner:

(...) die furchtbaren Erlebnisse, die mich selbst an den Rand des Todes und der Verdunkelung gebracht haben, sind meine Lehrmeister gewesen. Hätte ich nicht schreiben können, so hätte ich nicht überlebt. Der Tod war mein Lehrmeister. Wie hätte ich mich mit etwas anderem beschäftigen können, meine Metaphern sind meine Wunden. Nur daraus ist mein Werk zu verstehen. (*Buch Sachs*, 311)

Die szenische Dichtung von Nelly Sachs erhält ihre geschichtliche Tiefe, indem einige der tatsächlichen Motive der Nazi-Faschisten beleuchtet werden, die zur Enteignung, Verschleppung und Ausrottung vieler Juden in Polen beigetragen haben. Erst jetzt, in den neunziger Jahren, kommt durch Öffnung von Archiven in Polen und der Ukraine immer mehr Beweismaterial zutage, das eine niedere Raffgier – geschürt durch die Terrorbürokratie des deutschen Staatsfaschismus – aufdeckt. Mit der Aufdeckung dieses Materials liefert z.B. der Historiker Thomas Sandkühler, der mit einer Dissertation über den Judenmord in Galizien promoviert hat, in einem Artikel in *Die Zeit* vom 3. November 1995 Beweismaterial dafür, daß die Untaten nicht nur von der SS verübt wurden und nicht nur einen ideologischen Hintergrund hatten, sondern daß die Zivilverwaltung von der Judenenteignung und -verschleppung profitierte. Zum Beispiel hatte sich der auch jetzt noch in Hamburg als liberaler Journalist lebende Peter Grubbe unter seinem wirklichen Namen Klaus Volkmann als Kreishauptmann bereichert. Im Distrikt Galizien gab es in August 1941 mindestens 530.000 Juden. In einem Abschlußbericht der SS zur ›Lösung der Judenfrage im Distrikt Galizien‹ wird nach Sandkühler die Vernichtung von mehr als 430.000 Juden gemeldet. Waggonweise wurde beschlagnahmtes Gut an Privatadressen in Deutschland zurückgeschickt, meist an die Familien der zivilen Verwalter in Polen. Die Morde an den Juden sollten Hitlers Staatskasse »mit Immobilien, Möbeln, Edelsteinen, Gold, Silber und Bargeld« füllen, und so wurden einige der sich bereichernden Zivilbeamten bestraft oder an die Front geschickt, wie auch Volkmann. Nach dem Krieg, in den sechziger Jahren, benutzte der neue Journalist diese Bestrafung und die Aussagen von Kumpanen zu seiner Reinwaschung. Im Gegensatz zu Nelly Sachs' Lösung in ihrem Mysterienspiel wurden viele der Mörder nicht gefunden, fielen ihnen nicht die ›Mordhände‹ ab, sondern sie lebten als geachtete Bundesbürger ein respektiertes Leben mit späterer guter Pension.

Woher die faschistische Tendenz kommt, wonach der ›fremde‹, einer anderen Rasse angehörende Mensch als »minderes Leben« behandelt wird, dem man überlegen ist und den man ungestraft ausrotten kann, darauf antwortet Nelly Sachs nicht in ihren Stücken. Doch hat dieses ungeheure Unrecht, das die Nobelpreisträgerin (1966) in ihre szenischen Dichtungen und ihre Lyrik einfließen läßt, auch spätere Dramatikerinnen inspiriert. Bettina Fless stellt ihrem Stück *Asyl* einen Gedichtauszug von Nelly Sachs voran:

> Ich bin meinem Heimatrecht auf der Spur
> dieser Geographie nächtlicher Länder
> wo die zur Liebe geöffneten Arme
> gekreuzigt an den Breitengraden hängen
> bodenlos in Erwartung.

Gerlind Reinshagens *Sonntagskinder*

Was Nelly Sachs und Else Lasker-Schüler auf Grund ihrer Biographien in ihren Dramen nicht anstreben mochten oder konnten, versucht Gerlind Reinshagen in ihrem Stück *Sonntagskinder* (1977 geschrieben und von Claus Peymann in Stuttgart uraufgeführt): den Ursprüngen faschistischer Haltungen und der Reaktion der Bevölkerung auf den Staatsfaschismus der Hitlerzeit innerhalb der deutschen Familie nachzugehen. Sie schrieb das Stück zu einer Zeit, als die Frage der nationalen Identität in dem kulturellen und politischen Diskurs Deutschlands wieder aufgenommen wurde. Reinshagens Drama spielt in der Mittelklasse, in dem Apothekerhaushalt Wöllmer, in der Zeit von 1939 bis 1945, und die Rassenfrage ist nicht zentral angeschnitten. Wie schon der Titel andeutet, ist das Stück aus der Perspektive der Kinder geschrieben, wobei die Apothekertochter Elsie – zu Anfang vierzehn Jahre alt – die Hauptfigur ist.

Was brachte Menschen zur Akzeptanz des Faschismus, dessen zerstörerische Macht in Reinshagens Stück vorgeführt wird? Die Hinwendung von Frauen zum Faschismus wurde in dem anfangs erwähn-

Abb. 16: Szenenbild aus Gerlind Reinshagens *Sonntagskinder*
Welchen Einfluß hatte die Nazizeit auf eine durchschnittliche Familie? Reinshagen meint: »Ich halte es für oberflächlich und ungenau, auf dem Theater die politischen Vorgänge selbst und ihre Hintergründe aufzeigen zu wollen.« So macht sie in ihrem Stück deutlich, daß der Faschismus schon im eigenen Heim anfing: durch Einübung des Althergekommenen, durch Abtötung des individuellen Begehrens, durch Profit- und Machtgier, aus Gewohnheit, aus Verwirrung. Es gab keine sichere Enklave zu Hause. Im Gegenteil, aus der Perspektive eines Kindes wird in Reinshagens *Sonntagskinder* (von Michael Verhoeven im Jahre 1983 verfilmt) der Prozeß der Sozialisierung zum ›guten Bürger‹ oder dessen Scheitern offenbar.

ten Artikel (»Haus und Front«) auf ein Abgestorbensein des Selbst zurückgeführt. Durch die Sozialisierung des Mädchens im Elternhaus
wird z.b. das eigene Begehren nach einer freien Entwicklung in
Schranken gehalten und auf einen Innenraum verbannt – das Haus, der
einzigen der Frau angemessenen Sphäre. Hier sind die älteren Frauen in
Reinshagens Stück, Tante Tilda und die Mutter, angesiedelt, und sie
binden nun auch die jungen Mädchen in diesen Raum.

Die innere Leere der Frau, die durch das Entfernen aller eigenen
Wünsche entstand, wurde oft dadurch kompensiert, daß das Ich in einem Ganzen aufging, wie es z.b. Rosenbergs faschistische Ideologie
postuliert. Diese Tendenz findet sich z.b. in einem Buch von Melita
Maschmann, *Fazit. Mein Weg in der Hitlerjugend* belegt, die sich an ein
Zwiegespräch mit sich selbst im Jahr 1939 erinnert, als sie nach Polen an
die Grenze fuhr und die Angst vor dem Krieg zu verarbeiten suchte. Eine
ihrer inneren Stimmen beruhigte sie, daß sie nun keine Angst mehr haben müsse:»Für dich selbst bist du jetzt tot. Alles, was einmal Ich war, ist
aufgegangen in dem Ganzen.« (Maschmann, 63) Als Tote muß sie keine
Angst mehr haben, erkennt Johanna Bossinade:»Sie spaltet sich in eine
Mörderin und ihr Opfer und gibt sich solchermaßen selbst den Tod. (...)
Der Krieg, der Angst erregt, weil er das Leben bedroht, ist Instrument
zur Lebens- und Angstbewältigung in einem.« (Bossinade, 93) Während
bei Nelly Sachs das Weiterleben durch den Tod ein analytischer Prozeß
war, der einen Zusammenhang schuf, ist es hier ein Tod im Leben, der
das Individuum einem unhinterfragten Ganzen, dem Faschismus, überantwortet. Diese Psychodynamik hat auch Reinshagen in ihr Stück aufgenommen. Die Apothekerfrau Wöllner, die ›Mutter‹ im Stück, reagiert
seltsam freudig auf des Vaters Mutmaßung:»Und vielleicht gibt's ja Krieg.«
»Mutter *hoffnungsvoll* Meinst du sicher? (...) Dann hätten wir anderes zu
denken ...« (Reinshagen, 274-275) Diese Antwort, diese freudvolle Er-
wartung eines Krieges, folgt einer Unterhaltung, die mit dem leeren Leben in ihrer Ehe zu tun hat, und die mit den Bemerkungen der Mutter
schließt:»Ich versteh nicht, warum willst du nicht verstehn, auf einmal ...
gibst mir keine Antwort (...) *Verzweifelt* Ludwig, warum sprichst du nicht
mit mir?« (Reinshagen, 274) Diesem Ausbruch folgt eine Pantomime,
die das Geheuchelte, das rein Formale der Ehe vorführt. Die Bühnenanweisungen geben vor, daß sich die Eheleute zu einem langsamen Walzer
»im Takt auf der Stelle [wiegen], später tanzen sie dann ungelenk und steif
(...)« (Reinshagen, 275) Reinshagen erkennt, daß eine typische Mittel-
klassefrau wie die Mutter eine Ideologie internalisiert hat, die die Möglichkeit einer eigenen Identität auslöschte und sie zur Marionette von
Konventionen macht.

Es ist jedoch gefährlich, eine Gesamtaburteilung der ›Frau‹ in der Hitlerzeit nach einem einzigen Schema zu unternehmen. So hat die amerikanische Wissenschaftlerin Katrin Sieg in einer vorbildlichen Studie darauf hingewiesen, daß Reinshagen die deutsche Identität nicht als natürlich und innerlich, sondern als historisch und extern darstellt. Sie bringt monolithische Vorstellungen wie ›deutsche Nationalität‹, ›Weiblichkeit‹ und ›Nazismus‹ dadurch ins Wanken, daß sie komplexe Bilder entwickelt, die Stereotypen unterminieren und das wieder einbringt, was das faschistische System unterdrückt hat.

Durch die Darstellung von Identität als komplex und heterogen kann Reinshagen ihre Aufmerksamkeit auf die Politik der Indifferenz und der Handlungslosigkeit richten. (Sieg 1991, 34, Übersetzung von H. Kraft)

Traditionelle Historiker vertraten bisher zwei divergierende Ansichten in bezug auf die Position von Frauen im Dritten Reich. Auf der einen Seite wird behauptet, daß Frauen durch den Staats-Sexismus machtlos waren, auf der anderen Seite, daß Frauen selbst Schuld an dem Heraufkommen des Faschismus trugen. (Sieg 1991, 35) In diesem Zusammenhang hat z.b. Gisela Bock darauf aufmerksam gemacht, daß Historiker auch in den siebziger Jahren noch unkritisch die bei den Nazis übliche Verachtung von Frauen übernahmen. Eine in Deutschland kontrovers geführte Auseinandersetzung mit diesem Thema entstand als Reaktion auf Claudia Koonz' Studie *Mütter im Vaterland: Frauen im Dritten Reich* (1994; zuerst erschienen in den USA 1987). Koonz lehnt die homogene Behandlung von Frauen seitens der Geschichtswissenschaft ab und untersucht die unterschiedlichen gesellschaftlichen, ethnischen, politischen und religiösen Gruppen von Frauen im Dritten Reich. Sieg bemerkt:

Reinshagens Stück deutet eine direkte Verbindung zwischen dem bürgerlichen Feminismus des neunzehnten Jahrhunderts und der Nazi-Ideologie: beide definierten Frauen allein unter dem Begriff Mutterschaft(...).
Bürgerlicher Feminismus und Nazi-Geschlechterpolitik werden als historisches und ideologisches Kontinuum dargestellt; das Beharren konservativer Frauen der Mittelklasse auf der Verbindung von Weiblichkeit und Reproduktion bereitete den Weg für das Zusammenlegen der Nazis von Anatomie und Schicksal. (Sieg 1991, 36, Übersetzung von Helga Kraft)

Haus, Wohnzimmer und somit der ›Lebensraum‹ der Familie bedeutete kein Refugium gegen Nazipolitik. Claudia Koonz fand »ganz im Gegensatz zu der verbreiteten Auffassung, daß die meisten Frauen in einer von Politik untangierten Sphäre leben – die Ideologie des Nationalsozialismus nahezu alle Bereiche des Lebens der ›kleinen‹ Leute durchdrang.« (Koonz, 26) Sie weist darauf hin, daß die Nazifrauen, unterstützt durch Staatsmittel und reichliche Propaganda, in das Familienleben mit Eugenik, ideologische Indoktrination und Antisemitismus eindrangen. Der ›Lebensraum‹, der durch Anschluß und Invasion im Ausland erzwungen werden sollte, war schon im Haus reflektiert. Auch Reinshagen verneint die Möglichkeit einer weiblichen Sphäre, die durch den Staat unberührt bleiben würde. Die Autorin geht auf das Paradox eines Systems ein, in dem Frauen als Mütter hochgestellt werden, während es ihre Kinder vernichtet. Im Stück ist z.B. eine dieser Mütter Frau Belius, die drei Kinder durch den Krieg verloren hat und stolz während der letzten Beerdigung ihr Mutterkreuz trägt.

Doch traut die Autorin dem Individuum noch zu, als Kind, vor der Sozialisierung, eine Utopie in sich zu tragen, und sich dessen auch bewußt zu sein. Ironischerweise werden im Stück vorbeimarschierende junge Soldaten von Lona, dem jungen Dienstmädchen der Familie Wöllner, als ›Sonntagskinder‹ bezeichnet, weil ihr Gesicht eine so frische und hoffnungsvolle Zukunftsicht widerspiegelt, obgleich viele sicher bald an der Front fallen werden. Daß die utopischen Wünsche der Jugend auch für Frauen niemals Wirklichkeit werden, zeigt Reinshagen durch die konservative Mutter Wöllner. Sie kann sich zwar noch an innere, verschüttete Träume erinnern, wertet diese jedoch negativ. Um die Angst ihres Dienstmädchens Lona zu beschwichtigen, berichtet sie:

»(...) ich habe das auch gekannt, als junge Frau. Monatelang hab ich darunter gelitten, und alle Tropfen und Pillen halfen nicht; es war nämlich seelisch bedingt. (...) Lona, ich hatte wirklich Angst. Aber wovor? Wir hatten ja alles, waren gesichert von Anfang an, und ich so behütet ... (...) ich war noch so dumm ... ich hatte immer Träume aus der Kinderzeit: heute wollte ich Tänzerin werden, morgen Samariterin im Urwald (...). Vorstellungen! Aber die sind das Gift, Lona! Sie verhindern, daß man sich schickt in die Dinge. Daß die Vernunft kommt. Die Träume, die Unvernunft auszumerzen, das ist ein schmerzhafter Prozeß. Als ich endlich davon abließ, wurde es besser. Ich verlor die Angst und langsam verschwanden die Symptome. (Reinshagen, 336)

Das Haus, den den Mittelklassefrauen zugeschriebenen Ort, hat Tilda, die unverheiratete Tante, seit über zwanzig Jahren buchstäblich nicht mehr verlassen. Mit dieser Figur zeigt Reinshagen eine Frau, die sich von allem Leben abgekapselt hat, die nur als Dienerin im Heim anderer lebt und sogar auf die einzige, ihr erlaubte Rolle als Mutter und Ehefrau verzichten muß. Sie hatte ihren Verlobten im Ersten Weltkrieg an der Front verloren und nie geheiratet. Sie sagt, »ich hab mir jede Art von Vorstellung verboten. Und wie gut, wie gut!« (Reinshagen, 298) Am Anfang des Stückes proklamiert sie das Haus als einzigen Ort, in dem der Mensch sicher sein kann. Es wird aber schnell klar, daß das Haus ein Gefängnis war und nicht geschützt ist, wenn die Bomben fallen. Tilda lebt in ihrer marginalen Lebenswirklichkeit einen Widerspruch, den sie nicht austragen kann. Reinshagen führt uns das Haus als Schreckensort vor, in dem trotz Zusammenbruchs rundherum Gehorsam gelernt und eine triviale Ordnung eingeübt wird (Silber wird geputzt, Mokkalöffel sollen statt Kaffeelöffeln geholt werden, nicht ordnungsgemäß durchstochene Stachelbeeren veranlassen einen Wutausbruch der Mutter). Die Sexualität wird unterdrückt, und die Ideologie der Mächtigen, der Regierung, wird nicht in Frage gestellt.

Es zeigt sich, daß auch die Lebensoptionen der Töchter, wie Elsie, auf diesen engen Raum eingeschränkt werden sollen. Ihr kindlicher Forschungssinn und ihre Risikobereitschaft, geheime, dunkle und gefährliche Orte auszuspionieren, werden unterdrückt, indem ihr solche Ausflüge verboten werden. Sie wird sich dieser konstruierten Realität dumpf bewußt und kann sich nur den Zusammenbruch wünschen. In einem ihrer Fluchtträume versucht sie, ihre Tante Tilda zu bewegen, während eines Fliegeralarms mit ihr wegzugehen, um nie wieder gefunden zu werden.

Tilda, als moderne Norne, sitzt und näht unaufhörlich auf der Nähmaschine, während im Verlaufe des Krieges das Unglück seinen unvermeidlichen Lauf nimmt. Es findet schließlich eine Implosion in ihrer Wirklichkeitsauffassung statt, und sie spricht die Schicksalsworte: »Was kommen soll, kommt, du brauchst dich nicht zu bewegen, (...) es ist schon unterwegs.« (Reinshagen, 339) Ihre Phantasie, die sie lange verdrängt hatte, nimmt nach Zerstörung des Hauses überhand. Tilda wird, gemessen an der Norm, wahnsinnig. Doch eigentlich gelingt ihr damit der Ausbruch aus ihrem ›Nicht-Leben‹. Bomben haben ihre Lüge vernichtet und damit auch ihren Panzer, der sie von ihrem eigenen Begehren abgeschnitten hatte. Nun kann sie auch das Haus verlassen. Sie streunt im Ort umher, und ihre Schwester kritisiert heftig das Unziemliche ihrer Haltung und den Umgang mit ›anrüchigen‹ Leuten. Bei Reinshagen bedeutet diese Flucht in den Wahnsinn, dem Schrecken der ›Normalität‹ zu entkommen. Sie ist gewissermaßen ein Aufstand, eine Verweigerung gegen den Wahnsinn des Faschismus, der im Haus beginnt. Bei der Konstruktion der großen ›normalen‹ Unordnung, die im Grunde in grausame Gewaltanwendung mündet, macht Tilda nicht mehr mit, denn die ihr versprochene und gelebte Phantasie vom ›sicheren Heim‹ ist für sie zerstört worden.

Die Mutter im Stück hingegen bleibt Kollaborateurin: sie kreiert weiterhin eine Pseudo-Ordnung und paßt sich auch nach dem Fall des

Dritten Reiches an, indem sie den Mitläufer und Denunzianten Rodewald – Schuldirektor – in der letzten Szene heiratet, als der Aufbau des
Hauses nach altem Muster schon im Gange ist.
Reinshagen stellt den Vater von Elsie, den Apotheker, in seiner Beziehung zum Faschismus anders dar. Er, der sich vom Politischen abgekapselt hatte, erkennt sein Mitläufertum und kann direkt reagieren.
Seine Frau ist doppelt getroffen: als Frau lebte sie ohnehin schon in
einer abgetöteten Märchenwelt, die nur zusammengehalten werden
kann, indem sie die patriarchalische Welt des Faschismus stützt. Während die Mutter deshalb möchte, daß ihr Mann die völkische Literatur
liest, lebt er in Angst vor abweichenden Gedanken und Gesprächen. Er
fühlt sich totmüde und unfähig zu agieren. Doch seine Ehefrau erkennt
diese seelische Zerrüttung nicht und schlägt – als typische Auswei-
chung ins Praktische – ärztliche Behandlung vor. Umgekehrt sind
Frauen aber auch für diesen sensiblen Mann letzlich Objekte, über die
er verfügen kann. Während seine Frau als Mutter und Haushälterin
dient, beansprucht der Vater das uralte männliche Privileg für sich: er
befriedigt seinen Wunsch nach Freiheit innerhalb der bedrohlichen
Nazigesellschaft durch eine sexuelle Beziehung mit dem achtzehnjähri-
gen Hausmädchen Lona. Sie ist gewissermaßen seine Muse, ein Melu-
sinen-Symbol, in dem er »ein Stück Mensch« sieht, »dieses schöne
Stück Mensch, ganz frank und frei ...« (Reinshagen, 237) Reinshagen
integriert damit traditionelle Mythen, die den Mann ermächtigten.
Auch vom geliebten Vater wird also die Frau fragmentiert und als Eli-
xier für die eigene Bewegungslosigkeit benutzt, die er nur im Tod auflösen kann. Trotz Rückstellung meldet er sich freiwillig an die Front,
wo er prompt umkommt. Der Unterschied zwischen der sich abtöten-
den Frau (wie z.B. der Mutter) und dem soldatischen Mann (wie dem
Vater) besteht darin, daß letzterer den Tod auch aktiv verbreitet, den sie
passiv als unabänderliche Notwendigkeit hinzunehmen bereit ist. (Bossinade, 94)
Die besondere Situation der Deutschen als Nation nach dem Ersten
Weltkrieg wird theoretisch darauf zurückgeführt, daß der Schmerz der
Kriegsverluste wegen der Niederlage nicht ausgelebt werden konnte.

Wenn es so ist, daß im Faschismus der ›Schmerz der Moderne‹ seine eigene
Erfahrung leugnet, dann ist dies im Fall der Frauen denn auch in einer doppelten Dimension zu sehen, nämlich zugleich im Hinblick auf die von ihnen
verdrängte Erfahrung ihrer Weiblichkeits- und Emanzipationsproblematik.
(Bossinade, 98)

In der Ikonographie der Frau im Dritten Reich stellen sich Männer in
ihrer sanktionierten sexuellen Herrschaft über Frauen dar. »Angesichts

des Ausmaßes *ihrer* Entfremdung konnte der Mann die auch ihm versagte Identität mittels Herrschaft über die Frau kompensieren.« (Hinz, 86) Doch, wie Sieg bemerkt, zeigt sich bei Reinshagen diese ›männliche Herrschaft‹ in ihrer wahren Form: Nolle, z.B., ein Kriegsverletzter, ein morphinsüchtiger, halb wahnsinniger Invalide im Rollstuhl, wird zur Chiffre der Perversität männlicher Oberherrschaft. Er ist Nazi und überwacht andere. Dabei behandelt er seine Frau wie ein Arbeitstier, die alle seine Launen erfüllen muß. (Sieg 1991, 38) Umgekehrt wird dadurch aber auch wieder der Anteil der Frau an ihrer eigenen Unterwerfung klar: Almuths, Nolles Frau, größter Wunsch von klein an war, die Aufmerksamkeit eines Mannes zu erregen, weil sie unter ihrer mutmaßlichen Häßlichkeit litt. Doch schon dieses Begehren war ein von den Mythen und Märchen wie den Realitäten ihrer Umgebung künstlich erzeugtes.

Die Frauen bemerken zwar, daß ihr Leben sehr schön sein kann, wenn alle Männer weg sind. In einer Szene sitzen sie z.b. gemütlich zusammen und artikulieren sogar die Tatsache, daß es ohne die Männer besser ist und daß sie selber schon Karriere machen können. Als jedoch ein Mann – eben der verkrüppelte Nolle – angesagt wird, vergessen sie diese Realität und agieren wie Marionetten: sie binden sich die Schürze ab, glätten das Haar, und Mutter Wöllner sagt zu dem Mädchen Almuth, die gerade ihre baldige Hochzeit mit dem Krüppel angekündigt hat:»Das ist am Ende doch das Beste, was einer Frau passieren kann.« (Reinshagen, 314) Es ist angedeutet worden (Sieg 1991, 38), daß die Heirat von Nolle und Almuth die Beziehung der Deutschen zu ihrer Regierung symbolisiert. Was als Herr-Diener-Verhältnis erscheint, wird eine erkennbare gegenseitige Abhängigkeit, eine Symbiose, in welcher beide Partner zur Fortsetzung der Macht/Ohnmachtverteilung beitragen.

Reinshagen hat mit ihrer weiblichen Zentralfigur, Elsie, den Prozeß einer Selbstvergewisserung erprobt, der sich herkömmlicher Wahrnehmungsschemata zu entziehen sucht. Reinshagens Hölderlin-Zitat, das dem Stück als Motto vorangeht:»Unschuldiger! Sind klüger die Kinder doch / Beinahe, denn wir Alten ...«, ist bezeichnend. Doch auch Elsie ist schon von Anfang an gespalten, da sie zwar in die Handlung mit einbezogen ist, doch gleichzeitig kindliche Außenseiterin bleibt. »Während die Mädchen als Gefangene ihrer Mütter, die an ihnen die eigene Gefangenschaft wiederholt (*sic*), im Haus, wie es bei Reinshagen heißt zu ›verschimmeln drohen‹ (...) , befinden sich die Väter und jungen Männer an der Front, von wo sie als geistige oder als körperliche Krüppel (oder gar nicht) zurückkehren.« (Bossinade, 109) Die Verkrüppelung ist bei den Mädchen nicht so sichtbar: »Da sie ihren Schmerz über die Einengung ihrer körperlichen und geistigen Möglichkeiten nicht als Schmerz wahrnehmen dürfen, erscheint auch ihre Erziehung zur Weiblichkeit als eine Form der Schmerz-Erziehung: als Zufügung von Schmerz bei gleichzeitiger Aberziehung der Schmerzerfahrung.« (Bossinade, 109-110) Elsie sticht sich zum Beispiel absichtlich in den Finger, um ihre Gefühlslosigkeit zu durchbrechen. (Reinshagen, 330) Auch die freie Lona bricht aus dem Luftschutzkeller des Hauses aus. »Lona (...) Ich kann nicht mehr. Lieber draußen lebendig verbrennen, als noch eine Minute hier (...) in der Falle.« (Reinshagen, 339) Sie flieht in den Bombenhagel auf der Straße. Wird sie furchtbar gestraft, weil sie den ihr zugewiesenen Ort verlassen hat? Nicht ein Knopf von ihr wurde nach dem Alarm gefunden. Oder ist sie davongekommen? Reinshagen mystifiziert das Verschwinden von Lona – die mit dem Melusine-Mythos in Zusammenhang gebracht wird – wohl bewußt, vielleicht um eine prekäre Utopie zu bewahren. Vielleicht ist Lona ja auch wirklich entkommen und lebt irgendwo in Freiheit, dort wo auch Elsie hin wollte. Reinshagens utopischer Subjektivismus impliziert somit noch die Möglichkeit des Individuums, von sich aus eine freie, auf eigenes Begehren basierte Existenz aufbauen zu können. Dem Körper des Menschen scheint eine eigene Vernunft innezuwohnen, der diese Verkrüppelung, die dem Verlust einer Identität folgt, nicht unendlich lange aushalten kann. Wenn er sich nicht selbst zerstört, muß er diesen Drang jedoch objektivieren und andere Körper zerstören. So werden in Familien Kinder psychisch wie auch physisch mißhandelt, und faschistische Führer bedienen sich dieser Krüppel – wie sie Reinshagen immer wieder thematisiert –, um Gewaltmaßnahmen in größerem Umfange gegen einen imaginären Feind (z.B. das jüdische Volk) kühl, ordnungsgemäß, gründlich und ›vernunftsmäßig‹ durchzuführen.

Bei den Kindern, bzw. jungen Leuten ist das faschistische Handeln noch ambivalent. Während Inka, die Generalstochter, sich einerseits nach Nazigeschmack körperlich ertüchtigt, flieht sie andererseits zusammen mit dem geliebten Konradi, dem Schulassessor und enttäuschten Soldaten, der wegen seiner antifaschistischen Anspielungen denunziert wurde. Die beiden werden erschossen. Der junge, nicht faschistische Metzenthin aus der Arbeiterklasse denunzierte Konradi nicht, weil er Nazi ist, sondern gewissermaßen aus Neid. Metzenthin kann jedoch nach der schrecklichen Konsequenz – der Erschießung Konradis – nicht mehr leben und begeht Selbstmord. Elsie, die bis zum Ende gegen ihre Einschränkung und gegen die Gewalt aufbegehrt, geht auf General Belius, dem Symbol der weiter andauernden faschistischen

Tendenz – von der Mutter ironischerweise als ›Symbol Deutschlands‹ verehrt (Reinshagen, 325) – am Ende mit der Schere zu. Auch die Opfer können in dieser faschistischen Gesellschaft schließlich nur durch eine Gewalttat reagieren. Doch es kommt nicht dazu, denn Elsie wird als Irre neutralisiert, indem man ihr das Zeichen ihrer Weiblichkeit, ein Kleid, wie eine Zwangsjacke über den Körper stülpt.

Claudia Koonz bemerkt über die Orientierung der Menchen im Dritten Reich:»Angesichts der schwierigen Entscheidungsfragen verwischten sich für alle Deutschen die Grenzlinien zwischen Opportunismus, Pragmatismus und Idealismus.« (Koonz, 26) So bleiben zum Beispiel die überlebenden Erwachsenen bei Reinshagen in ihrer Lüge etabliert. Die Autorin stellt die Intellektuellen in dieser Beziehung als besonders gefährlich dar. Mitläufer- und Denunziantentum ist durch den Schuldirektor Rodewald verkörpert, der keine klare Linie vertritt und sich auf philologische Seitenwege verlegte, um auch den Faschismus vertreten zu können. Zum Beispiel ist für ihn der Ausdruck »Deutschland erwache« Zeichen dafür, daß »die Sprache erwacht als Spiegel der Seele des Volkes« (Reinshagen, 312). Bei diesem vagen Geschwafel kann dann auch ein Wort wie »Volksschädling« gutgeheißen werden, mit dem er das Mädchen Inka verteufelt, die in ihrem Glauben an die Nazis schwankend geworden ist. Die Frau von General Belius arrangiert sich immer wieder und beruhigt auch die anderen trotz des Verlustes ihrer drei Kinder. Ihre absurde, perverse Mutterschaft hat das letzte Wort am Ende des Stückes:»Scht, scht, still, still, schon, Kind, ja, gut« (Reinshagen, 343) sagt sie, als Elsie die Schere weggenommen wird, als eigentlich nichts gut ist, und Schweigen ein Totschweigen bedeutet.

Ist die vorprogrammierte Identität der Erwachsenen in das Ganze des Hitler-Kosmos eingegangen, verschmilzt sie jetzt in dem Ganzen der Wirtschaftswunder-Ideologie. Ihre Identitätsleere benötigt etwas, womit sie gefüllt werden kann. Es beginnt damit, daß die Frau des Apothekers den Mittäter und Schuldirektor Rodewald heiratet. Das Spiel kann wieder beginnen, die Frau kann die vom Patriarchat gewünschte Rolle weiterspielen.

Obgleich in Reinshagens Stück der Antisemitismus ausgespart ist und Xenophobie nur kurz in einer Szene mit einem Polen gestreift wird, gelingt es ihr jedoch zu zeigen, daß die deutsche nationale Identität nach dem Zweiten Weltkrieg viele alte Charakteristiken aufweist. Die ›Obrigkeit‹ wendet weiter Gewalt an: z.B. konnte noch am 12. November 1995 konstatiert werden, daß der Mord an fünf türkischen Frauen in Solingen (1993) zwar der bisher letzte in einer Reihe von

Ausländermorden war, jedoch Gewaltanwendung und Belästigungen durch die Polizei seit 1990 um das vierfache zugenommen haben.

Elfriede Jelineks *Burgtheater*

Elfriede Jelinek beteuert in einem Gespräch mit Anke Roeder: »Ich will die Risse sichtbar machen. Ich will, wenn ich überhaupt noch für das Theater schreibe, ein anderes Theater.« Ihre Stück verweigern sich dem psychologischen Theater. Sie kann keine »weibliche Sprache behaupten«, sondern lediglich zeigen, »daß die patriarchalische Kultur existiert, daß die Frauen keinen Ort haben in ihr.« (Roeder, 144) Auf Jelineks Bühne leben die Figuren nicht, sondern sie »behaupten etwas von sich« (Roeder, 143), sie sprechen in Sprachschablonen. In ihrem Stück *Burgtheater. Posse mit Gesang* (zuerst 1982 veröffentlicht), in dem sie die faschistische Vergangenheit des Theater-Genres in Wien erbarmungslos entblößt, wird die Kunstsprache, die sie einsetzt, von ihr als ›kreativ‹ definiert. Sie wählt einen unechten österreichischen Dialekt, mit dem sie, Zitat auf Zitat, gewissermaßen den intertextuell vollgestopften Text zum Bersten bringt und das Böse hinter dem trivialen Heimatmythos sichtbar macht. Freudsche Versprecher und Assoziationen, die eine hypokritische Gesinnung erkennen lassen, durchziehen das ganze Stück. Die Autorin will »dem Theater das Leben austreiben.« »Der Zuschauer soll auf der Bühne nicht sehen, was er hört, er soll nicht mitempfinden.« Die Figuren sollen nicht als Menschen auf der Bühne erscheinen, sondern als Konstruktionen. Doch ›Menschenbildner‹ nennen sich die Schauspieler, ein zweideutiges Wort aus der Nazizeit, mit dem sie sich schmückten. Wie schon bei Lasker-Schüler wird das öffentliche Forum des Theaters dazu eingesetzt, falsche Identitäten erkennbar zu machen. »Das Disparate von Gebärde, Bild und Sprache öffnet Möglichkeiten des freien Assoziierens.« (Roeder, 153) Doch hält Jelinek ihre Texte für engagierte Texte, was sie von einigen postmodernen Tendenzen entfernt. Sie sieht, wie sie anläßlich einer Publikumsdiskussion im März 1994 im Wiener Burgtheater sagte, ihr Theater als aufklärerisches Medium. Im Stück *Burgtheater* will sie den geschichtlichen Vorhang der österreichischen Nazivergangenheit öffnen.

Was die Geschichte der Menschheit anlangt, so vergleicht die Autorin sie mit dem Vampirismus. »Sie kommt immer wieder, ›das Gedächtnis des Bodens‹ hält die Toten nicht in der Erde. Sie kommen immer wieder herauf.« (Roeder, 155) Diese untoten Elemente der Geschichte hat Jelinek einerseits in ihrem Stück *Wolken.Heim* thematisiert, wo das Zugeschüttete wieder aufbricht. Ihre viel kritisierte Posse *Burgtheater* hat sie geschrieben, als die Hundertjahrfeier für dieses berühmte Theater gefeiert wurde, ohne dabei auf die faschistische Vergangenheit einzugehen. Jelinek galt als ›Nestbeschmutzerin‹, und es gelang ihr erst spät, auch in Österreich aufgeführt zu werden. Kein Wunder, denn sie bezeichnete das »Burgtheater‹ [als] (...) eine Metapher für eine lebende Leiche, sie lebt und lebt nicht wie der Vampir. Aber die Verdrängung funktioniert nicht, die Gebeine kriechen aus dem Boden hervor.« (Roeder, 156.)

Erst im Jahre 1995 wurde *Burgtheater* in einer umfangreicheren Analyse gewürdigt (Marlies Janz), die über frühere, sensationsheischende Zeitungsrezensionen hinausgeht. Diese Rezensionen beschäftigten sich vor allem mit der Identifikation der Schlüsselfiguren des Stückes mit realen Personen. Die Figuren Schorsch, Istvan, Käthe und die drei Kinder waren klar als Paul Hörbiger, Attila Hörbiger, dessen Ehefrau Paula Wessely und ihre drei Mädchen zu erkennen. Das Stück räumt mit dem Mythos einer neutralen Kunst und neutralen Künstlern auf, denn eine scheinbare Neutralität dient dazu, faschistische Tendenzen zu bemänteln. Janz bemerkt ganz richtig, daß »über den Skandal um *Burgtheater* (...) eher unbemerkt geblieben [ist], daß das Stück das Problem einer faschistischen Politisierung von Sprache aufgreift und behandelt«. (Janz, 69) Durch Verballhornung und Wortentstellung gelingt es Jelinek, die Nazi-Ideologie innerhalb der Sprache aufzudecken. Ein typischer, ›gellender‹ Ausruf von Käthe enthüllt eine Assoziationsreihe von Befindlichkeiten:

Nein! Nicht befriedigen! Nicht schon wieder dieses häßliche kleine Wort! Die wunderbare daitsche Sprache, die Sprache Goethes und Schillers, verfiegt ieber so viele andare Werta!
(...)
Heimatlaut! Heimatklang! Die Gemse brunzt im Morgenrot, der junge Krieger, der ist tot. Ich schenke nach meiner Ankunft in Wean die erste Nacht einem Manne. Heil! Sieg Heil! (Jelinek, 134–135)

Durch die Entstellung wird kenntlich gemacht, was normalerweise eben *nicht* ausgesprochen wird. So macht sich eine psychoanalytische Tiefe der Sprache z.B. der Käthe-Figur bemerkbar, deren Stottern und Stammeln auf Sexualisierung und Sadismen hinweist, die sie anfällig machen für Führerkult und Menschenverachtung. Sie kann dieses Stottern nur durch kitschige Heimat- oder Naturzitate aus Stücken überspielen, die sie automatisch aufsagt und dadurch die faschistischen Tendenzen wegglättet, die als Versprecher einbrechen. Die Figuren geben durch ihre Sprache schon eine Interpretation des Gesagten mit.»Ihre Sprache decouvriert ein Einverständnis nicht nur mit der Nazi-Ideologie, sondern auch mit der Menschenvernichtung, das sie in der Realität so selbstverständlich nicht aussprechen würden.« (Janz, 70) Deutlich wird hier die Mittäterschaft der Frau im faschistischen Ganzen in den Vordergrund gestellt. Aber Jelinek thematisiert auch die andere Seite, die die Frau als Opfer zeigt. Alles ist ambivalent, und der gängige Sprachduktus wird immer nur zum Vorteil der identitätslosen Menschenhülle eingesetzt.

Was im ›Slapstick‹ auf der Bühne außerhalb des Redeflusses passiert, ist eine Visualisierung der Brutalisierung innerhalb der Familie, in der das Private keineswegs als Fluchtstätte aus der öffentlichen Brutalität faschistischer Systeme fungiert. Janz stellt fest, daß im Stück die Künstlerfamilie nicht nur »als Mitläufer und Opportunisten denunziert sondern als ideologische Vollstrecker des Holocaust« dargestellt werden. (Janz, 64)

Das Heimatgefühl, das in jedem zweiten Satz gejodelt wird, ist nur Schein, es ist so künstlich wie die vielen Heimat- und romantischen Kitsch-Filme, die Jelineks Figuren zitieren, wie die vielen harmonischen Schlager vom herrlichen Heimatland, wie die hohen Worte der ›Dichter und Denker‹; ›Heimat‹ ist nach dem Anschluß für sie Nazideutschland, und es geht um Profitgedanken, Anerkennung und Angst. Die Schauspieler wollen weiterspielen; schon einmal waren sie vorgeladen und nach der rechten Gesinnung geprüft worden. Ihre große Chance liegt im Film, und es macht ihnen auch nichts aus, in einem Film mitzuwirken, der polenfeindliche Propaganda der Nazis verbreitet. Jelinek stellt hier einen intertextuellen Bezug zu dem Film *Heimkehr* her, in dem Paula Wessely und Attila Hörbiger 1941 mitgespielt hatten. Dieser propagandistische Film war von der Wien-Film 1938 als Rechtfertigung von Hitlers Überfall auf Polen als angebliche Hilfsaktion für die Wolhynien-Deutschen produziert worden (vgl. Löffler, 1986).

Die Brutalität, die durch solches Handeln der Familie zum Ausdruck gebracht wird, findet sich jedoch nicht nur indirekt durch ihr Kollaborieren mit den Nazis. Bachmanns Überzeugung, daß Faschismus in der Familie anfängt, wird von Jelinek geteilt. So werden in dem Stück die Kinder ununterbrochen ohne besonderen Grund auf übertriebene Weise geschlagen, ihre Köpfe in heißes Essen getunkt, kochendes Wasser über sie geschüttet, gar versucht, sie umzubringen; der Ehemann tritt, schlägt und erniedrigt seine Frau fast unaufhörlich, aber auch sie tritt ihn z.B. auf brutalste Weise in die Hoden. Mehr noch wird die unverheiratete Schwester des Hausherrn psychisch gepeinigt, geknechtet, geschlagen, getreten und ausgenutzt. Hier geht Jelinek auf das Faschistische in der geschichtlich nachgewiesenen Mißhandlung älterer lediger Frauen ein. Therese, die Schwester von Istvan und Schorsch, ist – wie es in bürgerlichen Familien üblich war – zur Dienstbotin herabgewürdigt, die nicht mit am Tisch essen darf, die alle Dreckarbeit der Familie erledigt und noch dankbar sein muß, daß sie als erfolgloses, gewissermaßen unwertes Wesen Unterschlupf gefunden hat. Der Unwert der Frau wurde sichtbar, wenn für die Umwelt klar wurde, daß sie keinen Mann ›abbekommen‹ hat und demnach die wichtigste Rolle, die sie auch unter Hitler ausüben mußte, nämlich Mutter zu sein, nicht erfüllen konnte. Ob Therese tatsächlich auch geistig zurückgeblieben ist oder durch die Umstände so erscheint, ist offen gelassen. Die Familie gibt jedenfalls vor, die Schwester vor der Staatseuthanasie gerettet zu haben, während des Dritten Reiches, um sie bei der Stange zu halten und danach, um ihre Entnazifizierung voranzutreiben.

Auch die Sexualität der Frau steht im Dienst faschistischer Praktiken: die noch nicht erwachsene Tochter soll verschachert werden, um am Ende die Familie, die mit Hitler kollaboriert hat, zu retten. Daß die Tochter die weibliche Sozialisierung schon internalisiert hat, ist z.B. daran zu erkennen, daß sie willens ist, ihren Körper für ein schönes Kleid hinzugeben. Die ›gute Mutter‹ wird als Monstrum entlarvt, indem sie Petroleum über die Tochter schüttet, allein weil das Mädchen verspricht, ihrer eigenen Schönheit und Popularität Konkurrenz zu machen.

Zwei Figuren, mit denen Jelinek die Behandlung des Nazi-Phänomens in Österreich thematisiert, teilen die Bühne mit der Familie. Es ist zum einen der Alpenkönig selbst, eine intertextuelle Figur aus Raimunds gleichnamigem Stück aus dem 19. Jahrhundert (*Der Alpenkönig und der Menschenfeind*), der gewissermaßen die ›Seele Österreichs‹ repräsentiert und als Angehöriger des österreichischen Widerstandes Geld kassieren will. In diesem neuen, ›deutschen‹ Haus, in dem die Schauspieler Siebs Bühnendeutsch üben, wird er jedoch als »Vertreter des Weltjudentums« (Jelinek, 145), als Ausländer beschimpft und buchstäblich in Stücke gerissen. Die Ambivalenz der Figuren, d.h. ihr moralischer Ausverkauf, zeigt sich darin, daß der eine Schauspielbruder, Schorsch, doch Gelder für den Widerstand gegeben hat. Man will zwar von den Nazis profitieren, doch ist man nicht dumm genug, an ein ›Tausendjähriges Reich‹ zu glauben: ein ›Hinterher‹, eine Reinwaschung wird durch solche Gesten schon im voraus gesichert. In diesen Zusammenhang gehört auch die zweite Besucherfigur: der

Burgtheater-Zwerg, der ohne das Wissen der Familie von der Schwester Therese während der Nazizeit versteckt wurde, um ihn vor dem Euthanasie-Verfahren zu retten. Die Familienmitglieder schreiben sich nach dem Krieg Thereses Rettungstat selber zugute, weil sie sich Vorteile bei der Entnazifizierung erhoffen. Selbstlose Opfer stellt Jelinek niemals auf die Bühne: alle sind Opfer und Täter zugleich. Auch Therese rettet den Zwerg nicht nur aus humanistischen Gründen, sondern um zu einem Mann und erotischen Erlebnissen, die ihr verweigert waren, zu kommen. Aber auch der Zwerg will seine kurze Machtperiode ausnutzen und sich die schöne, junge Tochter der Burgtheaterfamilie als erotisches Objekt durch Erpressung beschaffen. Alle Mitglieder dieser patriarchalischen Gesellschaft sind gewissermaßen verkrüppelt, ob geistig, physisch, emotionell oder moralisch.

Doch sieht Jelinek ihre Dekonstruktionsversuche in ihrem Wirkungspotential als positiv. Erst wenn die Menschen ihre eigene Position erkennen, die sie zu Opfern und Tätern macht, wäre vielleicht ein anderes Gesellschaftsmodell, das nicht schon den Faschismus in der Familie einübt, möglich. Ein Schritt dazu ist ihr ›anderes‹ Theater.

Bettina Fless' *Asyl*

Eine Dramatikerin der neuen Generation, Bettina Fless (*1961), hat ein Stück geschrieben, das die Xenophobie im Deutschland der Gegenwart kraß ausleuchtet und dabei die vorhandenen faschistischen Tendenzen offenlegt. Das Drama wurde 1991, nach dem Ende der DDR geschrieben, einer Zeit also, in der Asylanten in Deutschland besonders gern als Abschaum der Menchheit angesehen und behandelt wurden; einer Epoche, in der Neo-Nazis ausländerfeindliche Gedanken offen schürten und handgreiflich durch Gewaltanwendung verwirklichten. Die damals nicht mehr ›schweigende Mehrheit‹ der Bundesbürger meinte schon zu viel zu tun, wenn sie die deutschen Brüder und Schwestern aus dem Osten ›finanzierte‹, und ließ immer offener ihren Unmut darüber aus, daß die sich ›wie Kaninchen vermehrenden‹ Asylanten ihre schwerverdienten Steuergelder aufbrauchten, ›ihre‹ Wohnungen und ›ihre‹ Arbeitsstellen einnähmen. Dieser eskalierende ausländerfeindliche Diskurs basierte aber nicht nur auf einer vagen, aufgehetzten Volksmeinung der konservativen Rechten, wie z.B. der NPD oder Republikaner-Partei. Er basierte auch nicht allein auf der Angst der einzelnen vor Arbeitslosigkeit, vor Benachteiligungen durch

Abb. 17: Bettina Fless (*1961)

Diese Nachwuchsdramatikerin packt heiße Eisen an. In Ihrem Stück *Asyl* konfrontiert die Autorin die Problematik der deutschen nationalen Identität mit den Auswüchsen des Fremdenhasses. Sie setzt postmoderne Mittel ein: z.B. wohnen marginalisierte Typen in Schließfächern am Bahnhof, und Freudsche Metaphern erscheinen verkörpert auf der Bühne. Fless' ›Hotel Deutschland‹ bietet kein ruhiges, kein sicheres Wohnen. Hier sind die Opfer gleichzeitig Täter. Xenophobie und das Fremde in uns sind die großen Themen. Fless' Kunst selbst weist darauf hin, daß Frauen nicht mehr – wie früher postuliert – nur als Opfer oder Kollaborateurinnen im gesellschaftlichen Prozess fungieren, sondern diesen nunmehr analysieren sowie reflektieren und ihn dadurch möglicherweise mitbestimmen.

Ausländer, nicht einmal nur auf der Überheblichkeit der etablierten Bundesbürger gegenüber den Unterprivilegierten, die Fless in einem grotesken Szenario visualisiert. Die Autorin deckt auch schädliche Regierungsmaßnahmen sowie Praktiken deutscher Behörden auf, die gegen internationale und deutsche Rechte verstoßen und die dazu beitrugen, daß Asylsuchende unfair behandelt, gedemütigt und in ihrer Existenz zerstört wurden. Obgleich Deutschland mehr Asylsuchende als andere europäische Länder aufgenommen hat und viele Deutsche gegen Mißhandlungen protestieren, hat sich offensichtlich nicht viel in der Ausländerfeindlichkeit seit Kalkowskas Stück *Joseph* gebessert. Noch in *Der Spiegel* vom 23.10.1995 war zu lesen:

Tödlicher Knebel. Der abgelehnte nigerianische Asylbewerber Kola Bankole könnte womöglich noch leben, wenn der Bundesgrenzschutz (BGS) bei seiner Abschiebung weniger gewaltsam agiert (...) hätte. (...) Obwohl Bankole bereits an Händen, Füßen und Knien gefesselt war, spannten ihm die Beamten noch einen Gurt um die Brust und zwängten ihm einen Knebel in den Mund.

Im Anzeigenzettel zur Uraufführung von *Asyl* im *Theater im Marstall* in München, Juni 1992, wird über die Inszenierung wie folgt dargestellt:

»*Asyl in Deutschland –* (...) Wie ergeht es dem Schwarzafrikaner Ajagunla, der mit deinem gefälschten Paß aus seinem Heimatland als politisch Verfolgter fliehen mußte, im ›neuen‹ Deutschland?
Ajagunla trifft in der Nacht von Rosenmontag auf Faschingsdienstag auf einem deutschen Bahnhof auf Ausgestoßene der Gesellschaft, auf ›Randfiguren‹ wie er selbst: Penner, die in den Schließfächern ›wohnen‹. Ihren Haß untereinander und gegeneinander kompensieren sie in ihrem Haß auf den Schwarzen.
Aber nicht nur sie treiben ihr grausam-böses Spiel mit Ajagunla. Ein verkleidetes Banker-Ehepaar mit seinem Fahrer läßt ebenso die ›Sau raus‹ wie zwei deutsche Fußballfans. Ein wildes Panoptikum der Gewalt, der unterdrückten Aggressionen, die sich blitzartig an dem Andersfarbigen entladen. Ein nächtlicher Spuk des Hasses.
Der Leidensweg Ajagunlas hat aber erst begonnen: in seinem eigenen ›Schließfach‹, dem Asylantenheim, wartet er [im nächsten Akt] seit zwei Jahren auf seinen Bescheid. Im Traum erscheint ihm die weiße Frau. Er lebt zusammen mit Leidensgenossen, die ihre afrikanischen Sehnsüchte, Träume, ihre Kultur mit der neuen ›Heimat‹ Deutschland konfrontieren. Endlich trifft er auf die erwarteten Beamten aus Zirndorf – sie verwalten, registrieren, protokollieren unpersönlich, süffisant – und lassen ihn allein zurück. Am Ende des Wartens steht sein Tod. Das tödliche Feuer im Asylantenheim ist die Saat der Gewalt, die sich noch heute täglich in unserem Land zeigt. Kein Ort nirgends.

Neben aufklärerischen Versuchen, wie die von Fless, wird der Ausländerhaß von Intellektuellen in letzter Zeit aber auch auf eine mythologisierende Art behandelt. Gefährlich sind diejenigen respektierten Apologeten, die die Furcht vor dem Fremden als ›vorzivilisatorisch‹ hinwegtheoretisieren, die gewaltmäßige Angstreaktionen als instinktiv und natürlich empfinden, wobei die feindliche Begegnung mit Fremden essentialisiert bzw. biologisiert wird. Diese mythische Anbindung an Praktiken der Vorzeit trägt dazu dabei, daß die jetzt in der Gegenwart praktizierten feindlichen Reaktion gegen Fremde als ›natürliche‹ Selbstverteidigung angesehen werden, die nicht abgebaut werden können. Hans-Magnus Enzensberger, der sich in einem Essay zur Struktur und Entstehung des Nationalstaates äußert, in dem er die Funktion des Fremdenhasses in die Vorzeit zurückverfolgt, fällt in die Falle des Essentialismus. Er schreibt: »Gruppenegoismus und Fremdenhaß sind anthropologische Konstanten, die jeder Begründung vorausgehen. Ihre universelle Verbreitung spricht dafür, daß sie älter sind als alle bekannten Gesellschaftsformen. (...) Ethnien entstehen quasi naturwüchsig, ›von selbst‹«. (Enzensberger, 13) Enzensberger erkennt bei vorzivilisatorischen Völkern gewisse Tabus, die den Fremden zwar Gastfreundschaft garantieren, jedoch von ihnen verlangen, daß ihr Aufenthalt im Gastlande nur vorübergehend sei. Eine Fremdenphobie steckt danach im einzelnen Menschen, die die Xenophobie und den Rassismus in modernen Nationalstaaten erklärt. Das ist eine politisch gefährliche These, denn die ›menschliche Natur‹, gegen die kaum vorgegangen werden kann, wird als schuldig erklärt, anstatt z.B. Politiker oder kapitalistische Sektoren der Wirtschaft, die davon profitieren, bzw. rechtsextreme Gruppen, die sich als Mitglieder einer ›besseren, privilegierten Rasse‹ etablieren wollen, voll dafür verantwortlich zu machen.

Bettina Fless hingegen bietet ihren Zuschauern ein Schauspiel, das tief ins Zentrum des Fremdseins hinunterreicht. Die Fremden, die uns Fless vorstellt, gehören verschiedenen Klassen und Rassen an. Im Mittelpunkt steht der Afrikaner Ajagunla, dessen haarsträubende Behandlung als politischer Asylant in Deutschland vor uns abläuft. Die anderen Gestalten – eine Deutsche aus der früheren DDR, zwei Alkoholiker, ein abgewrackter Spion – sind Ausgestoßene der Gesellschaft, die selbst zu den Marginalisierten, Entfremdeten gehören. Und fast alle diese Gestalten wiederum finden andere, die sie als Fremde von sich weisen können. Jedoch kommt nie der Gedanke auf, daß hier primitive menschliche Natur ausgespielt wird. Es ist immer wieder die Gesellschaftssform, die solche Ausbrüche der Brutalität gegen Fremde und die eigene Entfremdung verursachen. Es wird ein laufender Prozeß inszeniert, der geschichtlich bedingt ist und deshalb auch geändert werden kann.

Die Schließfachabteilung im Hauptbahnhof ist eine große Allegorie auf die gesellschaftliche und politische Struktur Deutschlands. Hier verkriechen sich die Abgewrackten in Schließfächer – hier wohnen die Obdachlosen; sie sind ein- und ausgeschlossen. Hier kommen sie um, und niemand merkt es, bis sie stinken, wie z.B. eine Leiche, die aus einem der Fächer fällt. Dieses Land der Eingeschlossenen besetzen auch die Reichen, Selbstgefälligen. Sie suchen Kontakt zu den Marginalisierten, um ihren Eigenwert zu erhöhen, sich als die Besseren zu fühlen, bzw. ihre Macht über andere beweisen zu können. Fless nennt diesen allgorischen Ort »Hotel Deutschland« (Asyl, 39), in dem die Reichen von den Armen bedient und die Unerwünschten getreten, vertrieben oder umgebracht werden.

Während die Fremden und Asylanten individuelle Namen tragen, tritt die ausbeuterische Klasse der Moneymakers nur noch generisch auf: Chef, Gattin. Ironischerweise oktroyiert dieser Chef seinem Chauffeur eine ihm genehme subalterne Identität auf: er nennt ihn grundsätzlich Hubert und bezeichnet ihn als Türken, obgleich er Kemal heißt, in Deutschland geboren und kurdischer Abstammung ist. Auf surrealistische Weise, mit Slapstickmethode vergröbert, häuft Fless Auswüchse der Xenophobie und zeigt sie in ihrer Unbegründetheit. Wie bei Jelinek sind die Menschen im Stück oft nur Sprachfiguren, durch die Klischees auf die Bühne kommen und dabei Stereotypen entlarven. Fless sieht Neo-Nazi-Praktiken in Ost und West. Obgleich zwei brutale Handwerker, einer aus dem Osten, individuelle Namen tragen, sind sie zum Fasching in Fußballeruniformen verkleidet, und damit ebenfalls im Allgemeinen eingeebnet. Fless thematisiert hier den Nationalstolz aus zweiter Hand, der in Deutschland durch Überlegenheit im Fußball geschürt wird. Jedesmal nach dem Krieg, wenn Deutschland im Fußball internationale Meisterschaften gewonnen hatte, gab es brutale Ausschreitungen, besonders gegen Ausländer. Durch die Sportmetaphorik zeigt Fless, wie der Drang der zwei Männer, etwas Besseres zu sein, in Brutalität umgesetzt werden kann. Indem sie den Schwarzen foltern – beleidigen, treten, fesseln, seinen Kopf in einen Wassereimer stecken, ihn auf die Schienen legen – geben sie einer gedankenlosen Ideologie, wonach Ausländer an allen Übeln schuld sind, schreckliche Wirkung.

Doch anders als Jelinek setzt Fless auch Figuren ein, die zwar immer noch verfremdet sind, die jedoch in sich selbst eine eigene Geschichte tragen, wie der Schwarze Ajagunla und zu einem gewissen Grade die ostdeutsche Kunsthistorikerin Elisabeth. Mehr als Jelinek in ihren Stücken greift Fless politische und rechtliche Machenschaften und Ungerechtigkeiten an, so wie sie jetzt im Lande herrschen. In ihrem erfolgreichen Stück *Memmingen* hatte sie die Hetze gegen Abtreibungs-Ärzte auf die Bühne gebracht, wobei sie den ganzen Hintergrund gefolterter Frauen, verbrannter Hexen und die Regulierung des weiblichen Körpers thematisierte.

Daß faschistische Tendenzen in der Gender-Differenzierung stecken, weiß die Dramatikerin. Auch die ›Gattin‹ des Chefs, Mitglied der privilegierten Klasse, muß dennoch als Sexualwesen gefügig und unterwürfig entwürdigende Dienste leisten. Sie ist eine übertriebene, patriarchalische weibliche Konstruktion. Ihr Faschingskostüm – ein Zebra – ist »von einer Objektkünstlerin entworfen« (*Asyl*, 36), und bezeichnenderweise stellt sie den hinteren, niederen Teil des Tieres dar, der Mann den Kopf. Der Chef hat sie als ›Eroscenter‹ (S. 41) eintrainiert und befiehlt z.B., »Sitz Kriech Spring Höher Lach Mach die Beine breit Dreh dich Andersrum Los stell dich tot Na siehst du es geht doch.« (*Asyl*, 41) Die Frau gehorcht, reagiert aber die ihr angetane Demütigung an dem Afrikaner Ajagunla ab, dem sie eine noch schlimmere sexuelle Demütigung abverlangt und der gefoltert wird, als er ihre Zumutung ablehnt. Ihre eigene Herabwürdigung veranlaßt sie dazu, Mittäterin zu werden. Nur einmal kurz ist sie sich ihrer eigenen Lage bewußt, als sie in einem Gespräch unter Frauen zu Elisabeth sagt: »Ich habe so oft das Gefühl nichts geht mehr Tiefe Depressionen Schrecklich Dann denke ich du hast doch alles was du dir wünschst und trotzdem diese Leere wirklich ich kenne das nur zu gut Aber (...) Dem Leben kann man nicht entfliehen.« (*Asyl*, 51)

Doch das ist es eben, was Elisabeth, die Kunsthistorikerin aus der DDR, plant. Sie bringt eine Tasche voller Selbstmordinstrumente und -utensilien mit, denn sie ist im Westen eine Fremde, hat keine Arbeit, keine Bleibe, kein Geld. Mit dieser Frauengestalt scheint die Autorin Bettina Fless (deren Name eine Ableitung von Elisabeth ist) gewissermaßen ihre eigenen tiefen Gefühle zur Fremdheit auszudrücken. Elisabeth ist Intellektuelle und sagt von sich:

> Nein Geisteswissenschaften zum totlachen
> Keine Wohnung kein Geld
> Flucht wo immer sie mich hingeführt hätte
> Die Ganze Welt ist ein Kriegsschauplatz
> Ein Truppenübungsgelände.« (*Asyl*, 52)

Das Zitat reflektiert Bachmanns Überlegungen zum Faschismus. Fremdsein und Flucht gehören für sie zusammen, wobei der Flüchtling der Verfolgte ist.

Pferch ihn in ein Ghetto
in einen Viehwagen in die Uniform
des Gefangenen lagernackt
und was bleibt übrig
ein transportables Nichts von einem Menschen
der sich durch die Schicht seines Lebens schleppt. (*Asyl,* 52)

In ihrer Ausweglosigkeit ist Elisabeth mit sich selbst beschäftigt und ignoriert ihre Umgebung. Während Ajagunla mißhandelt wird, denkt sie nur an Selbstmordvariationen, mit denen sie ihr Fremdsein beenden will. Dies ist eine Möglichkeit, das Fremde, das im Menschen selbst den Ursprung hat, zu bekämpfen. Jedoch wird die Art und Weise, wie Elisabeth es versucht, von Fless in ihrer ausschließlichen Selbstbezogenheit kritisiert. Fremdheit – so impliziert das Stück – muß bekämpft werden, indem Fremde als individuelle Menschen akzeptiert werden, und indem man ihnen bei ungerechter Behandlung beisteht. Elisabeth hat keinem Fremden geholfen, sie hat nicht eingegriffen, als Ajagunla angegriffen wurde. Sie konnte deshalb auch sich selbst nicht retten.

Im Programmheft zur Uraufführung von *Asyl* im Münchner Theater im Marstall (16. April 1992) ist ein Text von Kristeva abgedruckt, der sich mit der psychologischen Komponente der Fremdheit und des Hasses befaßt. Kristeva wünscht, daß sich die Frage stellt: »Nicht mehr nach Aufnahme des Fremden in ein System, das ihn auslöscht, sondern nach Zusammenleben dieser Fremden, von denen wir erkennen, daß wir alle es sind.« (Kristeva, »Fremde. Tokkata und Fuge für den Fremden« in: *Fremd sind wir uns selbst,* 11-13). Die französische Psychologin und Feministin rät: »Fremdheit auch abschwächen, indem man unaufhörlich darauf zurückkommt – aber immer rascher. Sich von dem Haß und der Bürde befreien, sie nicht durch Angleichung und Vergessen fliehen, sondern durch ein *harmonisches* Wiederaufgreifen der Differenzen, die sie voraussetzt und propagiert.« (Kristeva, 12/13) Kristeva postuliert, daß das Fremde in jedem Menschen selbst steckt. Sie hat von Freud gelernt, daß es kein selbstsicheres »wir selbst« mehr gibt. Problematisch im männerzentrierten Freudschen Diskurs findet sie die Objektifizierung der Frau als ›Fremde‹: Sogar ein Fremder löst selten das Entsetzen und die Angst aus, meint Freud, welche das weibliche Geschlecht, die Triebe und der Tod hervorrufen.

In der faszinierten Ablehnung, die der Fremde in uns hervorruft, steckt ein Moment jenes Unheimlichen, im Sinne der Entpersonalisierung, die Freud entdeckt hat und die zu unseren infantilen Wünschen und Ängsten gegenüber dem anderen zurückführt – dem anderen als Tod, als Frau, als unbeherrschbarer Trieb. Das Fremde ist in uns selbst. Und wenn wir den Fremden fliehen oder bekämpfen, kämpfen wir gegen unser Unbewußtes – dieses »Uneigene« unseres nicht möglichen »Eigenen«. (Kristeva, 208-209)

Sie meint von Freud gelernt zu haben, daß wir die Fremden nicht mehr integrieren sollen und noch weniger verfolgen, »sondern sie in dieses Unheimliche, diese Fremdheit aufnehmen, die ebenso ihre wie unsere ist.« (Kristeva, 209)

Die Fremdheit in sich selbst hat in Fless' Stück auch der Alkoholiker und selbsternannte Dichter Martin, ein Obdachloser, der in einem der Schließfächer wohnt, entdeckt:

> Ich habe keine Heimat
> Deshalb kann ich schlecht ein Flüchtling sein
> (...)
> Ich habe keine Vergangenheit
> in meinem Kopf gibt es keinen Ort der mir bekannt ist
> (...)
> Ich bin ein Ausländer
> in mir selbst (*Asyl*, 21)

In der Figur des Martin ironisiert Fless einerseits ihr eignes Dichtertum. Er will sich selbst konstruieren. Doch dieses Außenseitertum brachte es mit sich, daß er von der Normengesellschaft für wahnsinnig erklärt wurde. Im Stück ist er »aus der Psychiatrie entflohen«:

> Ich KENNE das Gefängnis der Unendlichkeit
> Vielleicht wurde ich nie gedacht
> Ich bin ein Ausgedachter in mir selbst
> Mein Denken ist krank es hat den Hospitalismus.

Aber auch seine Identität, sein Subjektivismus, ist geschlechtsspezifisch männlich, denn er braucht à la Novalis seine tote Freundin Heidi auf dem Friedhof zur Inspiration, deren Dienste er nun gerne auf die lebendige Elisabeth übertragen möchte.

Fless hat den psychoanalytischen Diskurs – daß das Weibliche, das Unheimliche und der Tod im Patriarchat zusammenhängen – in ihr Stück mit aufgenommen. Elisabeth, der es endlich gelang, sich mit Tabletten zu vergiften, tritt im zweiten Akt als kalte Todeserscheinung in Ajagunlas Zimmer. Ihr Anliegen ist, seine Verzeihung für ihre Tatenlosigkeit während seiner Folterung zu erhalten. Er soll entschuldigen, daß sie nur an ihre eigene Befreiung aus der Fremde durch ihren Tod gedacht hatte. Sie ist nun für ihn das Unheimliche, das ihn daran erinnert, daß auch seine Eltern in Nigeria als Konsequenz seiner Flucht verfolgt werden und leiden müssen, und daß sein Bruder auch deswegen verschleppt wurde und wahrscheinlich schon umgebracht worden ist. Ein

Fremder war Ajagunla schon in seinem Vaterlande, wo seine demokratischen Bemühungen als Student zu seiner Verfolgung durch die totalitäre Regierung führten. Fless führt den Diskurs zu dem Ende, daß der Metapher des Todes, dem Erscheinen der toten Elisabeth, der Tod Ajagunlas folgt. Sein Hoffen auf Gerechtigkeit in Deutschland ist durch die Ablehnung seines Asylantrags zunichte gemacht worden, obgleich er niemals den Buchstaben des deutschen Gesetzes verletzt hatte und zum Beispiel auch wie vorgeschrieben nicht gearbeitet hatte, um seine Chancen auf Asyl nicht zu verderben. Fless setzt Ajagunla von seinen zwei afrikanischen Zimmergenossen ab, von denen der eine einen Amerikaner spielt, weil er so von weißen Frauen ausgehalten werden kann, und der andere schwarz arbeitet, um sich so im Untergrund am Leben zu erhalten. Ajagunlas Antrag wurde abgelehnt, weil er nicht beweisen kann, daß er politischer Flüchtling ist. Er war geflohen, ehe er gefaßt wurde, und ist deshalb in einem Teufelskreis geraten.

Fless führt uns das individuelle Schicksal eines gehaßten Asylanten so vor Augen, daß die üblichen Stereotypen zusammenbrechen. Sein Tod durch eine ins Fenster geworfene Feuerbombe durch die ›Fußballer‹ am Ende ist prophetisch für die in Deutschland (besonders 1993 in Solingen) geschehenen Gewaltakte und führt dem Theaterpublikum vor, daß der Faschismus weiter herrscht.

Wie ist der Teufelskreis zu durchbrechen? Kristeva verfolgt die psychologische Komponente und glaubt, daß die Erkenntnis des Fremden in uns selbst uns eine Chance bietet, Xenophobie durch das Paradox eines extremen Individualismus zu überwinden. Sie konstatiert:

(...) wir sind zum ersten Mal in der Geschichte dazu gezwungen, mit anderen, von uns gänzlich Verschiedenen zu leben, und dabei auf unsere persönlichen Moralgesetze zu setzen, ohne daß irgendein unsere Besonderheiten umschließendes Ganzes diese transzendieren könnte. Eine paradoxe Gemeinschaft ist im Entstehen, eine Gemeinschaft von Fremden, die einander in dem Maße akzeptieren, wie sie sich selbst als Fremde erkennen. Die multinationale Gesellschaft wäre somit das Resultat eines extremen Individualismus, der sich aber seiner Schwierigkeiten und Grenzen bewußt ist – der nur Irreduzible kennt, die bereit sind, sich wechselseitig in ihrer Schwäche zu helfen, einer Schwäche, deren anderer Name unsere radikale Fremdheit ist. (Kristeva, 213)

Fless deutet an, daß diese Gedanken in gesellschaftliche und politische Aktionen umgesetzt werden müssen.

Literaturverzeichnis

Bachmann, Ingeborg. *Wir müssen wahre Sätze finden*. München, Zürich: R. Piper Verlag, 1983.

Bock, Gisela. »Frauen und ihre Arbeit im Nationalismus«, in: *Frauen in der Geschichte*. Band 1, Annette Kuhn und Gerhard Schneider, Hrsg. Düsseldorf: Pädagogischer Verlag Schwann-Bagel, 1979.

Bossinade, Johanna. »Haus und Front. Bilder des Faschismus in der Literatur von Exil- und Gegenwartsautorinnen«. *Neophilologus*, Band LXX, 1986.

Dinesen, Ruth. *Sachs, Nelly. Eine Biographie*. Frankfurt/M.: Suhrkamp 1994.

Enzensberger, Hans Magnus. *Die große Wanderung*. Frankfurt/M.: Suhrkamp, 1992.

Evjion, Virginia, »The Narrative Subject: Lasker-Schüler's *Ichundich*«, unveröffentlichtes Manuskript, 1995.

Feßmann, Meike. *Spielfiguren. Die Ich-Figurationen Else Lasker Schülers als Spiel mit der Autorrolle*. Stuttgart: M und P., Verlag für Wissenschaft und Forschung, 1992.

Fless, Bettina. *Asyl*. Köln: Ute Nyssen & J. Bansemer Theaterverlag, 1991.

Gätten, Marie-Luise. *Re-constructing Histories: Language, Gender, and Fascism*. Gainesville: University of Florida Presses, 1995.

Hedgepeth, Sonja. »Betrachtungen einer Unpolitischen: Else Lasker-Schüler zu ihrem Leben im Exil«, *The Germanic Review*, Band LXII, 1987.

Hessing, Jakob. *Else Lasker Schüler*. Karlsruhe: von Loeper Verlag, 1985.

Hinz, Berthold. *Die Malerei im deutschen Faschismus. Kunst und Konterrevolution*. München 1984 (München/Wien 1974).

Holmqvist, Bengt, Hrsg. *Das Buch der Nelly Sachs*, Frankfurt/M: Suhrkamp, 1977.

Irigaray, Luce. *Das Geschlecht das nicht eins ist*. Berlin: Merve Verlag, 1979 (Original: *Ce sexe qui n'en est pas un, Paris: Les Editions de Minuit, 1977*).

— *Speculum. Spiegel des anderen Geschlechts*. Frankfurt/M.: Suhrkamp, 1980. (Original: *Speculum de l'autre femme*, Paris: L'editions de Minuit, 1974.)

Janz, Marlies. *Elfriede Jelinek*. Sammlung Metzler. Bd. 286. Stuttgart, Weimar: J.B. Metzler, 1995.

Jelinek, Elfriede. *Theaterstücke*. Reinbek bei Hamburg: Rowohlt, 1992.

Kalkowska, Eleonore. *Joseph*, Typoskript o.J.

Kristeva, Julia. *Fremde sind wir uns selbst*. Frankfurt/M.: Suhrkamp, 1990.

Koonz, Claudia. »Beyond *Kinder, Küche, Kirche:* Weimar Women in Politics and Work«, in: *When Biology Became Destiny: Women in Weimar and Nazi Germany*. Bridenthal, Atina Grossmann, Marion Kaplan, Hrsg. New York: Monthly Review Press, 1984.

— *Mütter im Vaterland. Frauen im Dritten Reich*, Reinbek bei Hamburg: Rowohlt, 1994; Amerikanische Ausgabe: *Mothers in the Fatherland. Women, the Family and Nazi Politics*. New York: St. Martin's Press, 1986.

Korn, Benjamin. in: *Die Zeit*, 27. Mai 1994.

Kuckart, Judith. *Im Spiegel der Bäche finde ich mein Bild nicht mehr*. Frankfurt/M.: Fischer Verlag, 1985.

Kuhn, Annette und Schneider, Gerhard, Hrsg. *Frauen in der Geschichte*. Band 1. Düsseldorf: Pädagogischer Verlag Schwann-Bagel, 1979.

Lasker-Schüler, Else. *IchundIch*, in: *Spectaculum* 42, Frankfurt: Suhrkamp, 1986.

— *Die Wupper und andere Dramen*. München: Deutscher Taschenbuch Verlag, 1986.

Löffler, Sigrid. »Erhalte Gott dir deinen Ludersinn«, in: *Dossier 2: Elfriede Jelinek*, Bartsch, Kurt und Höfler, Günther, Hrsg. Graz 1991.

Maschmann, Melita. *Fazit. Mein Weg in der Hitlerjugend*. (Erstveröffentlichung 1963).

Middel, Elke. »IchundIch‹ von Else Lasker-Schüler.« *Sinn und Form*. 33. Jahrgang, 1981.

Möbius P. J. *Über den physiologischen Schwachsinn des Weibes*. München: Matthes & Seitz Verlag, 1977, Nachdruck der 8. Auflage, Halle 1905.

Reinshagen, Gerlind, *Sonntagskinder*, Frankfurt/M.: Suhrkamp, 1981.

Renner, Rolf Günter und Habekost, Engelbert. *Lexikon Literaturtheoretischer Werke*. Stuttgart: Alfred Kröner Verlag, 1995.

Roeder, Anke. *Autorinnen: Herausforderungen an das Theater*, Frankfurt/M.: Suhrkamp, 1989.

Sachs, Nelly. *Gedichte*, Frankfurt/M.: Suhrkamp, 1977.

— *Das Buch der Nelly Sachs*, Holmqvist, Bengt, Hrsg. Frankfurt/M.: Suhrkamp, 1977.

Sandkühler, Thomas. *Die Zeit*, 3. November 1995.

Schubert, Helga. *Judasfrauen*. Frankfurt/M.: Luchterhand, 1990.

Sieg, Katrin. *Exiles, Eccentrics Activists. Women in Contemporary German Theater.* Ann Arbor: University of Michigan Press, 1994. (Übersetzung von Zitaten: Helga Kraft)

Sieg, Katrin. »The Representation of Fascism in Gerlind Reinshagen's *Sunday's Children*«. *Theatre Studies*, Band 36, 1991.

Stürzer, Anne. *Dramatikerinnen und Zeitstücke. Ein vergessenes Kapitel der Theatergeschichte von der Weimarer Republik bis zur Nachkriegszeit*. Stuttgart: Metzler Verlag, 1993.

Woolf, Virginia. *Ein eigenes Zimmer/Drei Guineen. Essays*. Leipzig: Reclam, 1987.

Wolf, Christa. *Im Dialog. Aktuelle Texte*. Frankfurt/M.: Luchterhand, 1990.

ANHANG

Dramenveröffentlichungen der in Teil II besprochenen Autorinnen

Marieluise Fleißer (1901 – 1974, geb. in Ingolstadt, Bayern)
Gesammelte Werke. Hrsg. von Günther Rühle. 3 Bände (Band 1, Dramen).
Frankfurt/M: Suhrkamp, 1972.
Der starke Stamm: Ein Volksstück in vier Akten. In: *Spectaculum; Moderne Theaterstücke,* Bd. 32, 1980.
Stücke, Vorwort von Manfred Nossig. Berlin: Henschelverlag Kunst und Gesellschaft, 1976.
Ingolstädter Stücke. (Fegefeuer in Ingolstadt und Pioniere in Ingolstadt) Frankfurt/M: Suhrkamp, 1977.
Der Tiefseefisch. Text, Fragmente, Materialien. Hrsg. Wend Kassens und Michael Töteberg. Frankfurt/M: Suhrkamp, 1980.

Fless, Bettina (*1961, Unna, Westfalen)
Memmingen, Köln: Ute Nyssen & J. Bansemer Theaterverlag, 1990.
Asyl, Köln: Ute Nyssen & J. Bansemer Theaterverlag, 1991.

Elfriede Jelinek (*1946, Mürzzuschlag, Österreich)
Was geschah nachdem Nora ihren Mann verlassen hatte. In: *manuskripte 58,* 1977/1978.
Clara S. In: *manuskripte 72,* 1981.
Burgtheater. In: *manuskripte 76,* 1982.
Krankheit oder Moderne Frauen. In: *manuskripte 85,* 1984.
Theaterstücke. Clara S. Was geschah, nachdem Nora ihren Mann verlassen hatte. Burtheater. Hrsg. und mit einem Nachwort von Ute Nyssen. Köln: Prometh, 1984.
Begierde und Fahrerlaubnis (eine Pornographie). In: *manuskripte 93,* 1986.
Krankheit oder Moderne Frauen, Mit einem Nachwort von Regine Friedrich, Köln: Prometh Verlag, 1987.
Präsident Abendwind, in: *Anthropophagen im Abendwind,* Berlin, 1988.
Wolken.Heim. Göttingen: Steidl, 1990.
Totenauberg, Reinbek: Rowohlt, 1991.
Theaterstücke. (Clara S. Was geschah, nachdem Nora ihren Mann verlassen hatte. Burgtheater. Krankheit oder Moderne Frauen.) Reinbek: Rowohlt, 1992.
Raststätte oder Sie machen's alle. In: *Theater heute 12,* 1994.

Else Lasker-Schüler (1869-1945, geb. Wuppertal-Elberfeld, Westfalen)
Arthur Aronymus. Die Geschichte meines Vaters. Berlin: Rowohlt, 1932.
*Dichtungen und Dokumente; Gedichte, Prosa, Schauspiele, Briefe, Zeugnis und Erin-
nerung.* Hrsg. von Ernst Ginsberg. München: Kösel-Verlag, 1951.
Die Wupper; Arthur Aronymus und sein Vater. München: Deutscher Taschenbuch
Verlag, 1965.
Die Wupper. Schauspiel in 5 Aufzügen mit Dokumenten, Nachwort von Fritz
Martini. Stuttgart: Reclam, 1977.
Gesammelte Werke in acht Bänden [Band 7, Dramen]. München: dtv, 1986.
IchundIch. Eine theatralische Komödie. Hrsg. und mit einem Nachwort von Mar-
garete Küpper. München: Kösel, 1980.

Gertrud Leutenegger (*1948, Schweiz)
Lebewohl, Gute Reise, Frankfurt/M.: Suhrkamp, 1980.

Gerlind Reinshagen (*1926, Königsberg, West-Preußen)
Doppelkopf. Ein Spiel. In *Deutsches Theater der Gegenwart.* Hrsg. von Karlheins
Braun. Bd. 2 Frankfurt/M.: Suhrkamp, 1967. Auch in *Theater heute* 4, 1968.
Das Frühlingsfest. Frankfurt/M.: Suhrkamp, 1980.
Sonntagskinder. Frankfurt/M.: Suhrkamp, 1981.
Die Clownin. Frankfurt/M.: Suhrkamp, 1985.
*Gesammelte Stücke. (Doppelkopf, Leben und Tod der Marilyn Monroe, Kann das
Theater noch aus seiner Rolle fallen oder Die halbwegs emanzipierte Mariann,
Himmel und Erde. Eine deutsche Trilogie: Sonntagskinder. Das Frühlingsfest.
Tanz, Marie! Eisenherz. Die Clownin.)* Frankfurt/M.: Suhrkamp, 1986.
Tanz, Marie! In *Spectaculum* 44. Frankfurt/M.: Suhrkamp, 1987.
Die Feuerblume. In: *Spectaculum* 46. Frankfurt/M.: Suhrkamp, 1988.
*Drei Wünsche frei. Chorische Stücke. (Doppelkopf. Leben und Tod der Marilyn Monroe. Drei
Wünsche frei. Die Feuerblume. Die fremde Töchter).* Frankfurt/M.: Suhrkamp, 1992.

Friederike Roth (*1948, Stuttgart-Sindelfingen, Württemberg)
Klavierspiele. Frankfurt/M.:Verlag der Autoren, 1980.
Der Ritt auf die Wartburg. Frankfurt/M.:Verlag der Autoren, 1981.
Krötenbrunnen: Ein Stück. Frankfurt/M.: Suhrkamp, 1984.
Ritt auf die Wartburg; Klavierspiele. Zwei Stücke. Frankfurt/M.: Verlag der Auto-
ren, 1984.
Die einzige Geschichte. Theaterstück. Frankfurt/M.: Suhrkamp, 1985.
Das Ganze ein Stück. Frankfurt/M.: Suhrkamp, 1986.
Erben und Sterben. ein Stück. Frankfurt/M: Suhrkamp Verlag, 1992.

Nelly Sachs (1891-1970, geb. Berlin)
Eli. Ein Mysterienspiel vom Leiden Israels. Malmö: Forssell, 1951. Wiederabdruck
in *Spectaculum* 5. 1962.

Der magische Tänzer. Versuch eines Ausbruchs. Für zwei Menschen und zwei Marionetten, in: Hortulus 9, 1959.

Fünf szenische Dichtungen I. (Der magische Tänzer. Versteckspiel mit Emanuel. Vergebens an einem Scheiterhaufen. Was ist ein Opfer? Beryll sieht in die Nacht.). Frankfurt/M.: Suhrkamp, 1962.

Fünf szenische Dichtungen II. (Abschieds-Schaukel. Verzauberung. Viermal Galaswinte. Der Stumme und die Möwe. Eine Scheidelinie wird weiter hinausgezogen.). Frankfurt/M.: Suhrkamp, 1962.

Zeichen im Sand. Die szenischen Dichtungen der Nelly Sachs. Frankfurt/M.: Suhrkamp, 1962.

Simson fällt durch Jahrtausende. Ein dramatisches Geschehen in 14 Bildern, in: Theater heute 8. H 1, 1967.

Die Leiden Israels (Eli. In den Wohnungen des Todes. Sternverdunkelung.). Frankfurt/M.: Suhrkamp, 1965.

Verzauberung. Späte szenische Dichtungen. Frankfurt/M.: Suhrkamp, 1970.

Ginka Steinwachs (*1942, Göttingen, Niedersachsen)

George Sand. Eine Frau in Bewegung, die Frau von Stand. Nachwort von Helma Sanders. Frankfurt/M, Berlin, Wien: Ullstein, 1983.

Erzherzog – Herzherzog oder: Das unglückliche Haus Österreich heiratet die Insel der Stille. München: Raben-Verlag, 1985.

Tanztheater-Stücke in Auswahl

Pina Bausch

Fragment (1967)

Im Wind der Zeit (1969)

Iphigenie auf Tauris (1974)

Orpheus und Eurydike (1975)

Die sieben Todsünden (1976)

Blaubart (1976)

Café Müller (1978)

Bandoneon (1980)

Nelken (1982)

Ahnen (1987)

Palermo, Palermo (1989)

Walzer (1990)

Tanzabend II (1991)

Das Stück mit dem Schiff (1993)

Ein Trauerspiel (1994)

Danzon (1995)
Auf dem Gebirge hat man ein Geschrei gehört (1995)

Reinhild Hoffmann
Solo mit Sofa (1977)
Chimära (1978)
Hochzeit (1980)
Dido und Aeneas (1983)
Föhn (1985)
Verreist (1986)
Machandel (1987)
Ich schenk mein Herz (1989)
Hof. Ein Abend in drei Teilen (1990; mit Kei Takei und Valentin Jeker)
1991 (1991)
Vier (1992)
Zeche Eins (1992)
Zeche Zwei (1993)
Denn ein für alle Male ists Orpheus, wenn es singt (1994)
Folias (1995)

Dramatische Werke von deutschsprachigen Autorinnen*. Eine Auswahl

Adlersfeld, Eufemia von, 1854 – 1941 – *Jadwiga*, Dramatisierte Novelle, 1880; *Comtesse Käthe*, Schwank, 1897.

Albrecht, Sophie, 1757 – 1840 – *Lauschen ist auch gut*, Schauspiel mit Gesang, 1781; *Theresgen*, Schauspiel mit Gesang, 1781.

Amalie, Marie Friederike Auguste, Prinzessin von Sachsen (Pseu. Amalia, Amalie Heiter, Serena), **1794 – 1870** – *Die Braut aus der Residenz*, Lustspiel, 1834; *Die Unbelesene*, Lustspiel, 1838; *Der Mörder*, Schauspiel, 1844; und mehr als 80 weitere Dramen und Opern.

Anneke, Mathilde Franziska (Pseu. Mathilde, Franziska), **1817 – 1884** – *Oithono, oder Die Tempelweihe*, Drama, 1844.

Bandemer, Susanne von (Pseu. Susanne v. B.), **1751 – 1828** – *Knapp Edmund oder die Wiedervergeltung*, Schauspiel, 1800; *Sidney und Eduard, oder Was vermag die Liebe?*, Schauspiel, 1792.

Baum, Vicki, 1888 – 1960 – *Menschen im Hotel*, Drama, 1930.

Becker, Maria Luise, 1871 – ? – *Der Richter*, Drama, 1919.

Berger, Gisela, 1878 – 1961 – *Weltreise*, Lustspiel, 1930.

Berkéwicz, Ulla, ? – *Nur Wir*, 1991.

Bern, Vera, 1888 – ? – *Ein Bär kommt durch die Luft*, Drama, 1930; *Affentanz*, Drama, 1931.

Bernbrunn, Margarethe (Pseu. Margarethe Carl. Adalbert Prix) **1788 – 1861** – *Das Abenteuer in Venedig, oder: Der Teutsche in Moskau*, Romantisches Schauspiel, 1838; *Die Gabe, für sich einzunehmen, oder: Artour de Montpensier*, Vaudeville, 1843.

---

* Die in der Liste aufgeführten Dramatikerinnen und ihre Werke (zumeist je zwei Beispiele) sind nur eine Auswahl und wurden für das 18. bis zum Anfang des 20. Jahrhunderts zum großen Teil den folgenden Büchern entnommen: Susanne Kord, *Ein Blick hinter die Kulissen. Deutschsprachige Dramatikerinnen im 18. und 19. Jahrhundert*. Stuttgart: Metzler Verlag, 1992, und Anne Stürzer *Dramatikerinnen und Zeitstücke. Ein vergessenes Kapitel der Theatergeschichte von der Weimarer Republik bis zur Nachkriegszeit*. Stuttgart: Metzler Verlag, 1993. Für das 20. Jahrhundert gibt es keine vollständige Liste. Dramen von GegenwartsautorInnen sind im *Dramen-Lexikon*, Hrsg. Deutsches Theatermuseum München. München: Text und Kritik, 1985 ff, enthalten.

Bernard, Anna, 1865 – 1938 – *Im Zeichen des Saturns,* 1925; *Andreas Faulhabers Tod,* 1930.

Bernstein, Elsa (Pseu. Ernst Rosmer), **1866 – 1949** – *Dämmerung,* Schauspiel, 1893; *Königskinder,* Märchendrama, 1894; *Maria Arndt,* Schauspiel, 1908; *Tedeum,* Komödie, 1896; *Wir drei,* Drama, 1891; und mehr als zehn weitere Dramen.

Beutler, Maja, 1936 – *Das Marmelspiel,* 1985.

Birch-Pfeiffer, Charlotte, 1800 – 1868 – (Liste der ca. 90 Dramen: siehe Kapitel 3)

Blum, Lodoiska von (Pseu. Ernst von Waldau),**1841 – 1927** – *Die Entführung,* Lustspiel, 1863.

Braun, Isabella, 1815 – 1886 – *Allerneustes Theaterbilderbuch,* 4 Lustspiele für die liebe kleine Jugend, 1883; *Das Hutzelmännchen,* Ein Weihnachstsspiel, 1865.

Braun, Lily, 1865 – 1916 – *Madeleine Guimard,* Lyrische Oper; *Mutter Maria,* Tragödie, 1913.

Breden, Christiane von, 1839 – 1901 – *Ein armer Spinner,* Lustspiel, 1861; *Faustina,* Drama, 1871.

Bredow-Goerne, Adele Elisa Gräfin **von, 1830 – 1885** – *Gut Freunde,* Lustspiel, 1871; *Hypathia,* Trauerspiel, 1877; *Der Lauf der Welt,* Lustspiel, 1871.

Brückner, Christine 1921 – *Wenn du geredet hättest, Desdemona: Ungehaltene Reden, ungehaltener* Frauen, 1983.

Bülow, Babette [Clara Bertha Friederike] **von, 1850 – 1927** – *Geburtstagsfreuden,* Schwank, 1884; *Theorie und Praxis,* Lustspiel, 1890.

Bürger, Elise [Marie Christiane Elisabeth], **1769 – 1833** – *Adelheit Gräfinn von Teck,* Ritterschauspiel, 1799; *Die antike Statue aus Florenz,* Scherzspiel, 1829.

Castonier, Elisabeth, 1894 – 1975 – *Die Sardinenfischer,* Schauspiel, 1933; *Dorftragödie,* Drama, o.J.

Chézy, Wilhelmine von (Pseu. Helmina, Sylander, Sylandra, u.a.) **1783 – 1856** – *Eginhard und Emma,* Spiel mit Gesang, 1817; *Der neue Narziß,* Lustspiel, 1824.

Christ, Lena (1881 – 1920) – Der *Hochzeiter,*1916; *Millionäre,* o.J.; *Bauern,* 1919.

Croissant-Rust, Anna, 1860 – 1943 – *Der standhafte Zinnsoldat,* 1896; *Der Bua, Volksdrama,* 1897.

Delle Grazie, Marie Eugenie, 1864 – 1931 – *Arme Seelen,* Drama, vor 1904; *Mutter,* Einakter, 1903

Deutsch (auch Decsy), **Juliane** (Pseu. Juliane Dery),**1864 – 1899** – *Pusztastürme,* Lustspiel, o.J.; *Die sieben mageren Jahre,* Drama, 1896; *Die Schand',* 1897.

Dohm, Hedwig, 1833 – 1919 – *Die Ritter vom goldenen Kalb,* Lustspiel, 1879; *Der Schuß ins Schwarze,* Lustspiel, 1878; *Vom Stamme der Asra,* Lustspiel, 1876.

Droste-Hülshoff, Annette von, 1797 – 1848 – *Bertha oder die Alpen,* Trauerspiel, 1814; *Perdu! oder Dichter, Verleger und Blaustrümpfe,* Lustspiel, 1840; und ca. 6 weitere Dramen bzw. Fragmente.

Druskowitz (von Calagis), Helene von (Pseu. E. René, Adalbert Brunn, H. Foreign, H. Sakkorausch, u.a.) **1858 – 1918** – *Aspasia,* Lustspiel, 1889; *Die Emancipations-Schwärmerin,* Lustspiel, 1889.

Duncker, Dora, 1855 – 1916 – *Ernte,* Schauspiel, 1902; *Gesühnt,* Volksschauspiel, 1903; und mehr als 19 weitere Lustspiele, Schauspiele, Dramen und Opern.

Ebner-Eschenbach, Marie Freifrau von, 1830 – 1916 – *Maria Stuart in Schottland,* Historische Tragödie, 1860; *Marie Roland,* Trauerspiel, 1867; *Mutter und Braut,* 1861; *Das Waldfräulein,* Lustspiel, 1873; und mehr als 20 weitere Dramen, Lustspiele und Tragödien.

Elisabeth Pauline Ottilie Luise, Königin von Rumänien (Pseu. Carmen Sylva, C. Wedi, Dito), **1843 – 1916** – *Anna Boleyn,* Historische Tragödie (mit Kremnitz, Marie von), 1886; *Dämmerung,* Schauspiel, 1889; und mehr als 12 weitere Dramen.

Ellert, Gundi – *Josephs Töchter,* 1995.

Ellmenreich, Friederike Christiana, 1777 – 1845 – *Das beste Loos ein Mann,* Lustspiel, 1827; *Der entführte Offizier,* Lustspiel, 1823; und mehr als 35 weitere Opern, Libretti und Dramen.

Endres, Ria, 1946 – *Der Kongress,* 1985; *Acht Weltmeister,* 1987; *Aus deutschem Dunkel,* 1988.

Fahrig, Clara (Pseu. A. L., Alma Leschivo) **1848 – 1905** – *Don Juan d'Austria,* Schauspiel, 1884; *Keine Ehe ohne Liebe,* Lustspiel,1884.

Ferolli, Beatrice, 1932 – *Alphabet aus der Ewigkeit, 1960; Das Haus der guten Söhne.* Psychodrama, 1964; *Antoine unter den Sternen,* 1976; *Jupiter gesucht.* Lustspiel, 1982.

Fleißer, Marieluise, 1901 – 1974 – *Fegefeuer in Ingolstadt,* 1926; *Pioniere in Ingolstadt,* 1928; *Der starke Stamm,* Komödie, 1950; *Tiefseefisch,* Schauspiel, 1972.

Fless, Bettina, 1961 – *Memmingen,* 1990; *Asyl,* 1991.

Franul von Weißenthurn, Johanna Rahel Theresia Veronika (Pseu. Johanna Weißenthurn), **1772 – 1847** – *Die Erben,* Lustspiel, 1803; *Das Nachspiel,* Lustspiel, 1800; *Der Reukauf,* Lustspiel, 1802; und mehr als 60 weitere Dramen.

Franz, Agnes Louise Antoinette Eleonore Constanze, 1794 – 1843 – *Der Glückwunsch,* Dramatisierte Charade, 1825; *Der Rosenstock oder das goldene Blatt,* Drama, 1845.

Frapan, Ilse (Frapan-Akunian) (Pseu. I. Levien), **1849 – 1908** – *Phitje Orthens Glück. Eine deutsche Komödie,* 1902; *Der Retter der Moral,* 1905.

Frischmuth, Barbara, *Der grasgrüne Steinfresser,* 1973; *Von weitem gesehen berühren die Bäume den Himmel,* o.J.; *Daphne und Io oder am Rande der wirklichen Welt,* 1982.

Frohberg, Regina, 1783 – 1850 – *Die Schwierigersöhne*, Lustspiel, 1818; *So bezahlt man seine Schulden*, Lustspiel, 1815; und mehr als 8 weitere Dramen.

Gersdorf, Wilhelmine Charlotte Eleonore von, 1768 – 1847 – *Edgar und Emma*, Duodrama, 1796; *Lenette oder der Fall edler Seelen*, Ein dialogisiertes Familiengemälde, 1791.

Gmeyner, Anna, (Pseu. Anna Reiner) **1904 – 1991** – *Automatenbüfett*, 1932; *Heer ohne Helden*, o.J.; *Welt überfüllt*, Typoskript, o.J.

Gnade, Elisabeth, 1863 – 1938 – *Die Falle*, Schauspiel, 1918; *Das Meisters Liebe*, o.J.

Goldstein, Auguste Friederike Freiin **von** (Pseu. Auguste v. Wallenheim), **1764 – 1837** – *Klara von Lauenstein*, Ein Schauspiel aus den Ritterzeiten nach Walafried, 1806; *Der todte Nebenbuhler*, Lustspiel, 1806.

Gordon, Marie (Pseu. Alexander Bergen, Marie Saphir, Max Stein), **1812 – 1863** – *Aus Liebe sterben!* Lustspiel, 1864; *Kleine Mißverständnisse*, Lustspiel, 1867.

Gottschall, Margarethe von, 1870 – 1949 – *Die heilige Elisabeth von Thüringen*, Drama, 1931.

Gottsched, Luise Adelgunde Victoria, 1713 – 1762 – *Die Hausfranzösinn, oder die Mammsell*, Lustspiel, 1744; *Panthea*, Trauerspiel, 1744; *Die Pietisterey im Fischbein-Rocke, oder Die Doctormäßige Frau*, Lustspiel, 1908-1909; *Die ungleiche Heirath*, Lustspiel, 1744.

Götze, Auguste (Pseu. A. Weimar), **1840 -1908** – *Im Bann auf Helgoland*, Schauspiel, 1893; *Nur kein Blaustrumpf*, Lustspiel, 1881.

Grazilla, Thea, ? – *Göttin Weib*, 1913; *Die Prophetin*, 1920; und mehr als 4 weitere Stücke.

Gregory-Haag, Elsa, ? – *Flucht vor Michael*, 1931; *Die Merkwürdige*, Komödie, 1929.

Grimm, Gisela, 1827 – 1889 – *Das Herz der Laïs*, Drama, 1857; *Ingeborg von Dänemark*, Drama, o.J.; und mehr als 6 weitere Dramen.

Günderrode [auch Günderode], **Karoline** [auch Caroline] **von** (Pseu. Tian; Ion), **1780 – 1806** – *Hildegund*, o.J.; *Immortalia*, Ein Dramolet, o.J.; *Magie und Schicksal*, 1805; *Mahomed, der Prophet von Mekka*, o.J.; *Mora*, o.J.; *Nikator*, Eine dramatische Skizze, 1806.

Günther, Marie, 1854 – 1916 – *Das Bild der Schwiegermutter*, Schwank, 1880; *Weltfriede*, Lustspiel, 1898; und mehr als 30 weitere Dramen.

Hammerschmidt-Hummel, Hildegard – *Annette oder Die Landschaft unseres inneren Lebens*, 1992.

Handel-Mazzetti, Enrica Freiin **von, 1871 – 1955** – *Ich kauf ein Mohrenkind*, Weihnachtsspiel, 1912; *Die wiedereröffnete Himmelsthür*, Osterspiel, 1894; (und mehr als 16 weitere christliche Stücke).

Harder, Paulina Baronin von, ca. 1867 – 1899 – *Auf Ehrenwort*, Original-Schauspiel, Um 1880; *Die Sphinx*, Schauspiel, 1870.

Hartl, Philomene, 1851 – 1928 – *Am Wetterstein*,Volksstück, 1889; *Der Prot-zenbauer*, Gebirgsposse mit Gesang und Tanz, 1880; und mehr als 7 weitere Dramen.

Hartmann, Elisabeth, ? – *Der Störfall in K.*, 1989.

Hauptmann, Elisabeth, 1897 – 1973 – *Happy end*, 1929.

Heinrich, Jutta, 1940 – *Das Geschlecht der Gedanken*, Monologversion, o.J.; *Unterwegs, 1978; Lautlose Schreie*, 1983; *Phantome eines Mannes oder Männer-dämmerung*, 1986.

Hill, Anna (Pseu. Sans Gêne), **1860 – 1912** – *Erlkönig*, Schwank, 1900; *In Feindesland*, Szene aus dem deutsch-französischen Kriege, 1899; und mehr als 5 weitere Dramen.

Hillern, Wilhelmine von, 1836 – 1916 – *Die Augen der Liebe*, Lustspiel, 1878; *Die Geier-Wally*, Schauspiel, 1880; und mehr als 5 weitere Dramen.

Hölder [auch Hoedler], **Luise** [auch Louise] **Friederike Wilhelmine** (Pseu. Luise Hold), **1763 – 1843** – *Die arbeitsamen Kinder*, Lustspiel, 1835; *Die Modedame*, Lustspiel, 1835; und mehr als 35 Stücke, meist für Kinder.

Hoffman, Bertha Wilhelmine, 1816 – 1892 – *Der böhmische Mägdekrieg*, Drama, 1871; *Schön Else*, Schauspiel, 1888.

Honigmann, Barbara, 1949 – *Das singende, springende Löweneckerchen*, 1979; *Der Schneider von Ulm*. Don Juan, 1981.

Hrotsvith von Gandersheim (935 – ca. 973) – *Galicanus; Dulcitius; Calima-chus; Abraham Pafnutius; Sapientia;* entstanden zwischen 960-970.

Huber, Therese (Pseu. Ludwig Ferdinand Huber, Therese), **1764 – 1829** – *Der Friedensstifter*, Lustspiel, 1796; *Das heimliche Gesicht*,Trauerspiel, 1790.

Huch, Ricarda [Octavia?] (Pseu. Richard Hugo), **1864 – 1947** – *Evoë*, Dra-matisches Spiel, 1892; *Tod und Muse,*1900; und mehr als 5 weitere Stücke.

Ingrisch, Lotte, 1930 – *Salzpuppen*, 1963; *Letzte Rose*, 1971; *Wiener Toten-tanz*, 1985 und bisher mehr als 20 weitere Stücke.

Jelinek, Elfriede, 1946 –*Was geschah nachdem Nora ihren Mann verlassen hatte?* 1977/1978; *Burgtheater*, 1981; *Clara S.*, 1982; *Krankheit oder Moderne Frau-en,*1984; *Präsident Abendwind*, 1988; *Wolken. Heim,*1988; *Totenauberg*, 1991; *Raststätte*, 1994.

Judeich, Helene, 1863 – 1951 – *Die singende Seele*, Mysterienspiel, 1920.

Kalkowska, Eleonore, 1883 – 1937 – *Josef*,Typoskript, o.J.; *Minus x Minus = Plus!*, 1930; *Zeitungsnotizen*, 1933; und mehr als 4 weitere Dramen.

Katharina (II.) Alexejewna, Kaiserin von Rußland, **1729 – 1796** – *Der Betrüger*, Lustspiel, 1786; *Der sibirische Schaman*, Lustspiel, 1786; und mehr als 10 weitere Stücke.

Kaus, Gina, 1894 – ? – *Diebe im Haus*, 1919; *Im Haus der Tugend*, Stück, 1926.

Kautsky, Min(n)a (Pseu. Eckert), **1837 – 1912** – *Madame Roland*, Histori-sches Drama, 1878.

Kay, Juliane, (Erna Baumann)**1899 – ?** – *Slovenska Anica*, Schauspiel, 1929; *Der Schneider treibt den Teufel aus*, Lustspiel, 1945.

Kempner, Friederike, 1836 – 1904 – *Berenize,*Trauerspiel und Jamben, 1865; *Der faule Fleck im Staate Dänemark oder eine lustige Heirat,* Lustspiel, 1888.

Kerschbaumer, Marie-Thérèse, 1936 – *Ava und Edam. Libretto,* 1983; *Zeit/ Fluchten,* 1991.

Keyserling (auch Keyserlingk), **Margarete Adelheid** Gräfin **von, 1846 – 1930** – *Sordello,* Historisch-dramatisches Gedicht, 1899; *Ein Todesurteil,* Einakter, 1908.

Kistner, Anna (auch Anny) (Pseu. Amy Albert), **1834 -1911** – *Ehestandspädagogen,* Schwank, 1883; *Ein Schatz fürs Haus,* Lustspiel, 1882, und ca. fünf weitere Dramen.

Klokow, Ida, 1850 – 1912 – *König Heinrich und Bertha von Susa,* Lustspiel, 1898; *Königin Bertha,* Historisches Lustspiel.

Klopstock, Margaretha (Meta) (Pseu. Margaretha), **1728 -1758** – *Der Tod Abels,* Trauerspiel, 1757.

Knauff, Marie, 1842 – 1895 – *Onkel Don Juan,* Lustspiel, 1873; *Redaktionsgeheimnisse,* Lustspiel, 1887.

Knorring, Sophie von, 1775 – 1833 – *Die Alte vom Bach,* Romantisches Schauspiel, 1804; *Egidio und Isabella,* Trauerspiel, 1807.

Kövesi, Christina, 1941 – *Familienglück,* 1966; *Die goldene Flöte. Märchenspiel,* 1968; *Drei Zwillinge,* 1972.

Kotzebue, Christiane Gertrude von, 1769 – 1803 – *Der Hofmeister,* Schauspiel, 1800.

Kraft, Anna, Friederike (Frieda) **Dorothea Erika** (Pseu. Werner Kraft) **1863 – 1930** – *Agrippina,* Drama aus der Zeit Jesu, 1894; *Elisabeth von Brandenburg,* Drama, 1905.

Kratz, Elisabeth, 1947 – *Blut,* 1981; *Courage,* 1985.

Krechel, Ursula, 1947 – *Erika,* 1974*; Aus der Sonne,* 1985; *Sitzen-bleibengehen,* 1989.

Kremnitz, Marie (Mite) **von, 1852 – 1916** – *Anna Boleyn,* Historische Tragödie (mit Elisabeth von Rumänien), 1886; *Die Kammerwahl,* Rumänische Zustandsburleske, 1917.

Krickeberg, Sophie Friederike (Pseu. Euphrosine, F. S. Koch) **1770 – 1842** – *Das Heiratsgesuch,* Lustspiel, 1823.

Krockow, Luise Margarethe Regina Gräfin, **1749 – 1803** – *Eduard der Dritte,* Trauerspiel nach Gresset, 1795 [oder 1757].

Krones, Therese, (Pseu. Friedrich Masche, Martin Masche u.a.), **1801 – 1830** – *Cleopatra,*Travestie mit Gesang, 1830; *Sylphide, das Seefräulein,* Romantisch-komisches Zauberspiel mit Gesang, 1828.

Kühne, Julie Mathilde, 1837 – ca. 1898 – *Elfriede Laub, oder Weib und Mensch,* Drama, 1873; *Die Emancipations-Schwärmerin,* Lustspiel, o.J.; und mehr als 6 weitere Dramen.

Landau, Lola, 1892 – ? – *Urlaub,* Einakter, 1919; *Kind im Schatten,* Tragödie, 1931; und mehr als 4 weitere Stücke.

Langhoff, Anna, – *Gedeckte Tische,* 1994.

Langkammer, Margarete (Pseu. Richard Nordmann)? – *Gefallene Engel. Ein Stück aus dem Volksleben,* o.J.; *Die Überzähligen.* – *Ein Stück aus dem Volksleben,* 1895; *Halbe Menschen,* 1899.

Langner, Ilse, 1899 – 1987 – *Frau Emma kämpft im Hinterland, 1929*; *Die Heilige aus U.S.A.,* 1931; *Katharina Henschke,* 1930; *Cornelia Kungström,* Drama, 1955; *Klytämnestra,* 1947; und mehr als 9 weitere Dramen.

Lask, Berta, 1878 – 1867 – *Die Befreiung – sechzehn Bilder aus dem Leben der deutschen und russischen Frauen,* 1925; *Leuna – Drama der Tatsachen,* o.J.

Lasker-Schüler, Else, 1869 -1945 – *Die Wupper,* 1919; *Arthur Aronymus: Die Geschichte meines Vaters,* 1932; *IchundIch: Eine theatralische Komödie,* 1939/40.

Lazar, Maria, (Pseu. Esther Grenen)**1885 – 1948** – *Der Henker,* Schauspiel, 1921; *Der Nebel von Dyburn,* Drama, 1933.

Lazarus, Nahida Ruth Anna Maria, 1849 – 1928 – *Nationale Gegensätze,* Schauspiel, 1884; *Schicksalswege,* Volksschauspiel, 1880.

Ledochowska, Maria Theresia Gräfin, **1863 – 1922** – *Baronesse Mizi,* Drama, o.J.; *Zaida, das Negermädchen,* Volksdrama, 1889; und mehr als 5 weitere Dramen.

Leony, Marie, 1852 – nach 1913 – *Fallstricke,* Lustspiel, 1898; *Romantisch,* Lustspiel, 1908.

Létang, Anna Baronin **von, 1850 – ?** – *Dem Manne ist alles erlaubt,* Schauspiel, 1882.

Leutenegger, Gertrud, 1948 – *Lebewohl, Gute Reise,* 1980.

Langthaler, Hilde – *Nur keine Töchter... Ein Stück.* 1982.

Levi, Elise, 1832 – 1892 – *Aus Goethes lustigen Tagen,* Lustspiel, 1876; *Entehrt,* Schauspiel, 1879; und mehr als 17 weitere Dramen

Lichnowsky, Mechtilde, 1879 – 1958 – *Der Kinderfreund,* 1919; *Er will wissen,* 1929.

Liebhaber, Amalie Luise Henriette von (Pseu. Amalie Luise), **1779 – 1845** – *Hermann und Thusnelda,* Trauerspiel, o.J.; *Maria Theresia,* Drama, o.J.; und mehr als 15 weitere Stücke.

Löhn-Siegel, Maria Anna, 1830 – 1902 – *Gefahr über Gefahr,* Lustspiel, 1858; *Rechter und Linker Flügel,* Lustspiel, 1861; und mehr als 10 weitere Stücke.

Löhr, Maja, 1888 – ? – *Tristans Tod,* Tragödie, 1919.

Lottingen, Eva, 1881 – ? – *Junge Mädchen,* Drama, 1920; *Das Opfer,* Drama, 1924; und mehr als 2 weitere Stücke.

Ludecus, Karoline Johanne Amalie, 1757 – 1827 – *Johanne Gray,* Trauerspiel, 1806.

Luis, Olga (Pseu. Gola Luigi) **1858 – ca. 1898** – *Auf geradem Wege,* Dramatische Skizze, 1882; *Die Kunstdilettantin,* Drama, ca.1885.

Maria Antonia Walpurgis, Kurfürstin von Sachsen (Pseu. E.T.P.A., Ermelinda Taléa) **1724 – 1780** – *Der Nothleidende,* Schauspiel, 1733; *Der Sieg der Treue,* Schäferspiel, 1767.

Maron, Monika, 1941 – *Ada und Evald,* 1982.

Marr, Elisabeth, um **1828 – 1901** – *Eine Mutter,* 1899; *Die Macht der Vorurteile,* Drama, 1849.

Märten, Lu, 1879 – 1970 – *Bergarbeiter,* 1909.

Mataja, Emilie (Pseu. Emil Marriot), **1855 – 1938** – *Der Heiratsmarkt,* 1894; *Gretes Glück,*1897.

Megerle von Mühlfeld,Therese, 1813 – 1865 – *Onkel Tom,*Amerkanisches Zeitgemälde nach Beecher-Stowe, 1853; *Ein weiblicher Monte Christo,* 1859; und mehr als 60 weitere Stücke.

Meinhof, Ulrike Marie – *Bambule. Fürsorge – Sorge für wen?* 1971.

Meller, Rosie, 1902 – ? – *Leutnant Komma,* Satirisches Spiel, 1931; *Die Weiber von Zoinsdorf,* Schauspiel, 1932.

Meng, Brigitte, 1932 – *Der König,* 1967; *Vor seinem Löwengarten,* 1969; *Die Rabenfeder,* 1970.

Mereau, Sophie, 1770 – 1806 – *Scenen aus einem Trauerspiel,* 1805.

Meyerhof, Leonie, 1858 – 1933 – *Abendsturm,* Schauspiel, 1899; *Sie hat Talent,* Lustspiel, 1888.

Meysenbug, Malwida Amalia Wilhelmina Tamina von, 1816 – 1903 – *Der Segen der heiligen Katharina,* Drama, 1886/7.

Miegel, Agnes, 1879 – 1964 – *Abschied,* Lustspiel, 1929.

Mitterer, Erika, 1906 – *Charlotte Corday,* 1932; *Verdunkelung.* Tragödie, 1958.

Monícová, Libuše, *Tetom und Tuba, 1988.*

Montenglaut, Henriette Artemisia Marianne von, 1767 – 1838 – *Merope,* Trauerspiel, 1827; *Der Sansfaçon,* Lustspiel, O.J.

Motte-Fouqué, Karoline de la, 1733 – 1831 – *Die Belagerung von Ancons,* 1815; *Kloster Mariafelde,* Einige Scenen, 1818.

Müller, Elfriede, 1956 – *Bergarbeiterinnen, Goldener Oktober, 1992.*

Mundt, Klara, 1814 – 1873 (Pseu. Luise Mühlbach) – *Mademoiselle Clairon,* Schauspiel, 1861; *Ein Vormittag in Sanssouci,* Historisches Lustspiel, 1859.

Neuber, Friederike Karoline, 1697 – 1760 – *Ein deutsches Vorspiel,* 1734; *Der Sieg der Vernunft – oder der Tod des Hans Wurst,*Vorspiel, 1737; *Der Ursprung der Schauspiele,*Vorspiel, 1738; und mehr als 20 weitere Vorspiele.

Neumann von Meißenthal, Marianne (Pseu. Nina), **1768 – 1837** – *Die Colonie,* Lustspiel, o.J.; *Nina, oder Wahnsinn aus Liebe,* Schauspiel mit Gesang, 1787.

Neumann-Hofer, Annie, 1867 – nach 1905 – *Wotans Abschied,* Komödie, 1911; *Das Wunderkind,* Komödie, 1903.

Nieberg, Mathilde, 1839 – ? – *Es lebe der Geist!* Schwank, 1893; *Frauenliebe,* Drama, 1894.

Nürnberg, Cornelie, 1874 – 1947 – *Im Banne der Götter,*Tragödie, 1920.

Obermeier, Gerlinde – *Die Weltraumuhr. Kinderstück,* 1981; *Selbstverständlich San Franzisko. Psychodrama,* 1985.

Otto-Peters, Luise (Pseu. Otto Stern),**1819 – 1895** – *Die Nibelungen,* Libretto, 1852; *Theodor Körner. Große vaterländische Oper,* 1867.

Paar, Mathilde Lisette Marie, 1849 – 1899 – *Der Buchstabe des Gesetzes,* Schauspiel, 1898; *Frauenlist und Laune,* Lustspiel, o.J.; und mehr als 23 weitere Stücke.

Pichler, Caroline [auch Karoline] (Pseu. Auguste), **1769 – 1843** – *Amalie von Mannsfeld,* Schauspiel, o.J.; *Germanicus,* Trauerspiel, 1813; *Wiedersehen,* Schauspiel, 1814.

Pierson, Caroline Wilhelmine (Pseu. R. Edmund Hahn; Caroline Leonhardt-Lyser), **1811 – 1899** – *Armida,* Schauspiel, 1879; *Starhemberg oder die Bürger von Wien,* Historisches Drama, 1836.

Prellwitz, Gertrud, 1869 – 1942 – *Das Deutschlandlied,* Für die neue Jugend, dem Volke zu spielen, 1921; *Michel Kohlhas,* Trauerspiel, 1904; und mehr als 12 weitere Stücke.

Puttkammer, Alberta von, 1849 – 1923 – *Merlin,* Schauspiel, 1919.

Puttkamer, Marie Madelaine von, (Pseu Marie Madeleine) **?** – *Das bißchen Liebe,* Schauspiel, o.J.

Rademacher, Hanna, 1881 – ? – *Utopia,* Heiteres Spiel, 1923; *Willibald Pirckheimer,* Schauspiel, 1925; und mehr als 14 weitere Stücke.

Raupach, Pauline (Pseu. A.P.) **um 1848** – *Die Frau im Haus,* Spiel, 1842; *Stolz und Liebe,* Schauspiel, 1849; und mehr als 8 weitere Dramen.

Raven, Mathilde, 1817 – nach 1898 – *Der erste April,* Dramatischer Scherz, 1870; *Ein Geheimnis,* Drama, ca. 1880.

Recke, Elisa[beth] Charlotte Konstantia von der, 1754 – 1833 – *Familien-Scenen, oder Entwickelungen auf dem Masquenballe,* Schauspiel, 1826.

Reinshagen, Gerlind, 1926 – *Kann das Theater noch aus seiner Rolle fallen oder: Die halbwegs emanzipierte Mariann,* 1972; Leben und Tod der Marilyn Monroe, 1971; *Himmel und Erde,* 1974; *Prinz Eisenherz,* 1982; *Doppelkopf,* 1968; *Sonntagskinder,* 1976; *Das Frühlingsfest,* 1980; *Die Clownin,* 1986; *Die Feuerblume,* 1988; *Tanz, Marie!* 1987; *Die fremde Tochter,*1992/3; *Drei Wünsche frei,*1992; *Medea bleibt,*1995;

Reinhardt, Friederike (Pseu. Lina Reinhardt), **1770 – 1843** – *Die Folgen der Neugier,* Schauspiel, o.J.; *Das Goldstück Kindertheater,* 1841; und mehr als 25 weiter Kinderstücke.

Reitzenstein, Sopie Mariane von, 1854 – 1894 – *Die Haussuchung,* Lustspiel, 1892.

Reitzenstein, Sophia Mariane von, 1770 – 1823 – *Die Kriegslist,* Lustspiel, 1791; *Der seltsame Freier,* Lustspiel, 1793; und mehr als 6 weitere Stücke.

Reusch, Henriette (Pseu. H.R.) **1834 – 1902** – *Die Errettung der Moses,* Dramatisches Spiel für die weibliche Jugend, 1867.

Richthofen, Julie Charlotte Dorothea Freifrau Prätorius **von, 1785 – 1840** – *Berenice, Königin von Syrien,* Trauerspiel, o.J.; *Die Leiden Medicis,* Trauerspiel, o.J.

Ringseis, Emilie, 1831 – 1895 – *Veronika,* 1854; *Die Getreue,* Dramatisches Märchenspiel, 1862; *Schneewittchen,* Märchenspiel, 1866.

Roth, Friederike, 1948 – *Klavierspiele,*1981; *Der Ritt auf die Wartburg.*1981; *Krötenbrunnen: Ein Stück,* 1984; *Die einzige Geschichte.* Theaterstück,1985; *Das Ganze ein Stück,* 1986; *Erben und Sterben. Ein Stück,* 1992.

Rubinstein, Hilde, 1904 – *Eigener Herd ist Goldes Wert?!* oder *Nora,* 1932; *Ein Hungerstreik,* Typoskript, o.J.; und mehr als 12 weitere Dramen.

Rupp, Victoria (Pseu. V. v. R.) **ca. 1755 – 1824** – *Die gute Mutter,* Lustspiel, 1777/8; *Jenny, oder Die Uneigennützigkeit,* Drama, 1777; *Marianne, oder Der Sieg der Tugend,* Rührendes Lustspiel, 1777.

Saalfeld, Martha, 1898 – ? – *Beweis für Kleber,* Tragik-Komödie, 1932; *Staub aus der Sahara,* Phantastisches Schauspiel, 1932.

Sachs, Nelly, 1891-1970 – *Eli. Ein Mysterienspiel vom Leiden Israels,*1951; *Der magische Tänzer,*1959; *Simson fällt durch Jahrtausende,*1967; und 12 weitere szenische Dichtungen.

Schabelsky, Elisabeth (Elsa) **Alexandrowna von** (Pseu. P. Lorenz; Edgar Schugay), **1860 – ca. 1902** – *Notwehr,* Volksstück, 1894; *Wahrheit,* Märchendrama, 1899.

Schäfer, Anni, ? – *Requiem,* Drama, 1925; *Die schwerste Sünde,* Drama, 1920.

Schiller, Charlotte Luise Antoinette von, 1766 – 1826 – *Der verunglückte 5. März 1802,* Schwank, 1802.

Schlegel, Anna Natalie Emilie, 1849 – 1891 – *An rechter Schmiede,* Lustspiel, 1883; *Die Heirat auf Befehl,* Lustspiel, 1883.

Schlegel, Christiane Karoline, 1739 – 1833 – *Düval und Charmille,* Bürgerliches Trauerspiel, 1778.

Schmidt, Elise, 1824 – ? – *Der Genius und die Gesellschaft,* Schauspiel, o.J.; *Der Kauf der Mark Brandenburg,* Geschichtlich-vaterländisches Schauspiel, 1860.

Schneider, Susanne, ? – *Wir Verkäufer,* 1995.

Schröder, Auguste Sophie, 1847 – ca. 1905 – *Die bekehrten Ungläubigen,* Lustspiel, 1876; *Verheiratet wider Willen oder irren ist menschlich,* Lustspiel, 1876.

Schubert, Helga, 1940 – *Verbotene Umklammerung,* 1986.

Schücking, Louise Johanne Gerhardine Ulrike (Pseu. Louise v. G.) **1815 – 1855** – *Die gnädige Frau,* Lustspiel, 1852; *Die Memoiren des Satans,* Lustspiel, 1842.

Schuselka-Brüning, Ida, 1817 – ? – *Frauengüte,* Lustspiel, 1853; *Der Reichtum der Arbeiters,* Lebensbild mit Gesang und Tanz, 1852.

Schwaiger, Brigitte, 1949 – *Nestwärme,* 1976; *Büroklammern,* 1977; *Liebesversuche,* 1979.

Seyler, Friederike Sophie, 1738 – 1789 – *Die Familie auf dem Lande,* Drama, 1770.

Siebers, Mascha – *Symeons Tod, Mann ohne Kopf, Flut, Mr. Sheldon, Goldnes Kalb,* 1982.

Silberer, Rose, 1893 – ? – *Der türkisblaue Garten,* Spiel von Liebe und Tod, 1920.

Specht, Kirsten, 1956 – *Lila; Das glühend Männla; Amiwiesen,* 1990.

Spiel, Hilde, 1911 – *Anna und Anna,* 1989.

Stach, Ilse von, 1879 – 1941 – *Der heilige Nepomuk,* Dramatische Dichtung, 1918; *Die Frauen von Korinth,* Dialoge, 1929.

Stein, Charlotte Albertine Ernestine Freifrau **von, 1742 – 1827** – *Dido,* Trauerspiel, 1796; *Die Probe,* Lustspiel, 1809; *Rino,* Schauspiel, 1776; *Die zwei Emilien,* Komödie, 1800.

Stein-Landesmann, Alice, 1882 – ? – *Der Umweg,* Komödie, 1919; *Der Dämon,* Schauspiel, 1924.

Steinlein, Laura, 1826 – 1901 – *Das Haus Cenci,* Tragödie, 1861; *Kaiser Karl V.,* Drama, 1857.

Steinwachs, Ginka, 1942 – *Tränende Herzen.* 1978; *George Sand, Eine Frau in Bewegung, die Frau von Stand,* 1983; *Erzherzog-Herzherzog, oder: Das unglückliche Haus Österreich heiratet die Insel der Stille,* 1985.

Stolberg, Friederike Louise Gräfin, **1746 – 1824** – *Emil,* Drama, o.J.

Streeruwitz, Marlene, 1950 – *Bagnacavallo; Brahmsplatz; New York, New York,* 1987; *Alkmene,* 1988; *Waikiki Beach,* 1989; *Kaiserklamm. Und. Kirchenwirt,* 1989; *Sloan Square,* 1990; *Elysian Park,* 1993, *Tolmezzo,* 1994.

Suttner, Bertha von, 1843 – 1914 – *Ermenegildens Flucht,* Erzähltes Lustspiel, 1905; *Langeweile,* Erzähltes Lustspiel, 1905; und mehr als 3 weitere Stücke.

Sydow, Wilhelmine von, 1789 – 1867 – *Eunomia,* 1830; *Die geheilte Thorheit,* Lustspiel, o.J.; und mehr als 6 weitere Stücke.

Tawada, Yoko – *Die Kranichmaske, die bei Nacht strahlt,* 1993.

Thiesler, Sabine – *Don Camillo und Peppone; Herz mit Schnautze.*

Titzenhofer, Sophie Eleonore von, 1749 – 1823 – *Das Landwehrkreuz in der Schlacht an der Katzbach,* Drama, 1816; *Osman und Bella,* Schauspiel, 1776.

Unger, Friederike Helene, 1741 – 1813 – *Der adelsüchtige Bürger,* Posse, 1788.

Viebig, Clara, 1860 – 1952 – *Der Kampf um den Mann,* Dramenzyklus (*Die Bäuerin; Fräulein Freschbolzen; Mutter; Eine Zuflucht*) 1905-1908; und mehr als vier weitere Dramen.

Wäger, Elisabeth, 1942 – *Ich hab dich, du hast mich,* 1980.

Weber-Moritz, Birgit – *Engel, flieg!,* 1994.

Wesendonck, Mathilde, 1828 – 1902 – *Gudrun,* Schauspiel, 1868; *Märchenspiele,* (Märchen und Märchenspiele), 1864; und mehr als 10 weitere Stücke.

Westphalen, Engel [auch Engeline oder Eva] **Christine, 1758 – 1840** – *Charlotte Corday,* Tragödie mit Chören, 1804; *Petrarca,* Dramatisches Gedicht, 1806.

Wickenburg, Wilhelmine Gräfin **von, 1845 – 1890** – *Das Dokument,* Schauspiel, 1880; *Eudocia,* 1880.

Wilhelmi, Hedwig Karoline Berta, 1833 – 1913 – *Eine Sünderin,* Drama, 1896; *Der Türke in Petersburg oder wie Katharina Frieden schließt,* Lustspiel, 1854.

Wilczon, Lisa, 1958 – *Das Wettrennen; Verlustobjekt Erde; Karussell, Karussell,* *1994*

Winiewicz, Lida, 1928 – *Das Leben meines Bruders,* 1966; *Ehe oder Liebe.* *Lustspiel,* 1970.

Winsloe, Christa, 1888 – 1944 – *Ritter Nérestan,* 1930; *Gestern und heute,* 1930/31; *Schicksal nach Wunsch,* Komödie, 1932; *Heimat in Not,* 1933/35.

Winter, Mona, ? – *Gern kannibalisch,* 1992.

Wissel, Else von, – *Hermann und Thusnelda,* Schauspiel, 1921.

Witasek, Lisa, 1956 – *Leibspeise,* Tragikomödie 1987; *Baum und Bank,* 1991.

Wohmann, Gabriele, 1932 – *Die Witwen, oder, Eine vollkommene Lösung,* Fernsehspiel,1972; *Wanda Lords Gespenster,* 1979, und viele weitere Hörspiele, Fernsehspiele und Filme.

Wolf, Christa, 1929 (mit Gerhard Wolf) – *Till Eulenspiegel,* 1972.

Wolzogen, Caroline Friederike Sophie Auguste von, 1763 – 1847 – *Der leukadische Fels,* Schauspiel, 1792.

Wörner, Carolina, ? – *Vorfrühling,* 1909.

Wyss, Verena – *Windgesichte.* 1988.

Wysocki, Gisela von – *Abendleben,* 1987.

Young, Betty, 1832 – 1887 – *Ein amerikanisches Duell,* 1872; *Frau Othello,* Komödie mit Gesang, 1869; und mehr als 6 weitere Dramen.

Zäunemann, Sidonie Hedwig, 1714 – 1740 – *Die von denen Faunen gepeitschte Laster,* 1736.

Zies, Gisela – *Die Schlange aber; Das Volleyballspiel, Stilleben,* 1976.

Zeller, Luise, 1823 – 1889 – *Die Brüder,* Vaterländisches Schauspiel, 1887; *Heinrich des I. Söhne,* Historisches Drama, 1873.

Abbildungsnachweis

Namenregister

Printed in the United States
By Bookmasters